AF211847

Shakjamuni Buddha

Buddhas höchste Lehre
Das Surangama Sutra

TonStrom
VERLAG

Erste deutsche Übersetzung
aus einer Zusammenstellung von Texten aus
A Buddhist Bible
und den Surangama-Texten
von
Leng Yen Ching
im Chih-Chih-Kloster
A.D. 705

BUDDHAS HÖCHSTE LEHRE
Das Surangama Sutra

Erste deutsche Übersetzung
und Ausgabe von
WOLF SCHORAT
mit persönlichen Anmerkungen

TONSTROM
VERLAG

MEIN HERZLICHER DANK

Ich möchte mich für das Fertigstellen des Manuskriptes ganz herzlich bei mir selber bedanken – bei meinen Augen und der Wachheit – und bei meinen Fingern, die auf einer geborgten Schreibmaschine den Text tippten.

Ich möchte mich bei meinem Hintern bedanken, der auf dem Stuhl saß – dem ich auch danke und die immense Konzentration spürte – sowohl im Torso als auch im Kopf und Rückrat – die von mir verlangt wurde, um diesen manchmal sehr komplexen Text nicht aus dem Blickfeld zu verlieren und ihn zu übersetzen.

Auch möchte ich den japanischen Grüntee-Herstellern danken, die den fabelhaften Göttertee Tenka-Ichi produzierten, den ich literweise mit höchstem Genuß trank, damit ich wach bleiben konnte und es schaffte, unter diesen zur Zeit ärmlichen materiellen Bedingungen diese umfangreiche Arbeit zu beenden.

Wolf Schorat, Bad Zwesten
Februar 1997

4

Inhalt

ERLÄUTERUNGEN

Sämtlicher Text in (Klammern) und kursiver Schrift sind Anmerkungen des Autors. Der Autor freut sich über Reaktionen, Fragen und Anregungen der Leser. Schreiben Sie an den TonStrom-Verlag.

VORWORT

Wenn deine Einsicht
meiner Lehre widerspricht,
so solltest du deiner Einsicht folgen.
Buddha

In dieser höchsten Lehre Shakjamuni Buddhas kommt genügend in mir auf, wo seiner Lehre zu widersprechen ist und wo ich meiner Erfahrung folge. Alle Lehren sind vortreffliche Stolpersteine für unsere Bindung an den Intellekt ..., die Gelehrten sind die dümmsten Opfer davon. Sie haben keine Erfahrung im transpersonalem oder meditativ-transzendentalen Bereich, dafür aber tausende Bücher gelesen und ihre Gehirne voller Wörter. Deswegen sind auch alle Religionsverfolger verfolgt von Ärger, weil sie ihre Erleuchteten fast gar nicht richtig verstehen können – ganz zu schweigen von der existentiellen Erfahrung – sie ja den Weg nicht nachvollzogen haben.

Das Surangama Sutra, in dem Buddha sagt, daß es seine höchste und edelste Lehre ist, in welcher er den Weg zeigt, den alle Buddhas vor ihm und nach ihm gehen müssen, ist auch nur eine Lehre – Worte, die übrig geblieben sind. Dennoch sind diese Worte von außergewöhnlicher Klarheit und unerschöpflicher Weisheit – es ist das Gründlichste, Anspruchsvollste und Tiefsinnigste, was Buddha je gesagt hat ..., nicht umsonst nennt er sie seine höchste Lehre.

In dieser Lehre – dieser Rede Buddhas – wird klar gezeigt, daß der Weg über den Ton und über das Licht, der höchste Weg zur Erkenntnis deines wahren Ichs ist.

Buddha nennt es das transzendentale Licht und den transzendentalen Ton. Er sagt, daß das Hören des transzendentalen Tons und das Sehen des transzendentalen Lichts die höchste Form der Meditation ist.

Es geht also um Licht und Ton. Die Wissenschaft, besonders die negative Wissenschaft arbeitet sehr stark mit diesen beiden Methoden, um so mehr Macht zu bekommen. Aber auch in der neutralen Wissenschaft wird immer mehr erkannt, das Licht und Töne, also Musik, der Hintergrund von dem ist, was andere Wissenschaftler durch ihre Gerätschaften, krampfhaft versuchen zu erkennen.

Biophotonen, Atome, Moleküle, Steine und Wasser sind sämtlich aus Musik – also aus Licht und Tönen ..., aber das ist ja nur eine vordergründige Erkenntnis.

Was ist das transzendentale Licht und der transzendentale Ton? Es ist nicht das, was die Wissenschaftler durch ihre Geräte erkennen und messen können. Der transzendentale Ton und das transzendentale Licht ist die Sphärenmusik – oder der Tonstrom. Es ist eine Welle von unbeschreiblicher Feinheit, zusammengesetzt aus Trilliarden hoch Trilliarden von unterschiedlichen Tönen und Bewegungen, die zusammen einen ganzen Tonstrom – oder das Transzendentale von Licht und Ton ausmachen, welches sämtliche Welten aufrecht erhält, sei es nun die physische Welt, die Astralwelt oder die geistige Welt.

Da ein lebender Buddha eins mit der hohen Schwingung dieser Sphärenmusik ist, kann auch nur ein lebender Buddha seinen Freunden und Schülern das Licht und den Ton erkennbar werden lassen. Wenn der Buddha seinen Körper verlassen hat ist das nicht mehr möglich und an seine Stelle treten dann andere Meister oder Buddhas.

Ich selber bin in Licht- und Ton-Meditation eingeweiht. Ich meditiere auf den göttlichen Ton und das göttliche Licht. Die Meisterin Suma Ching Hai hat mich am 1. Mai 1993 in München in diese Methode eingeweiht. Ich habe den transzendentalen Ton gehört und das transzendentale Licht mehrere Male gesehen – und vieles mehr ...

In einer ihrer Reden sagte sie, daß Shakjamuni Buddha im Surangama Sutra sagt, daß diese Meditationsform die höchste Form der Verwirklichung ist. Also versuchte ich die höchste Lehre Buddhas über den deutschen Buchhandel zu beziehen, aber es gab sie nicht. Die höchste Lehre Buddhas gab es tatsächlich noch nicht in deutscher Sprache. Ich suchte eine lange Zeit und reiste viel umher, um Exemplare zu finden – Berlin, dann Amerika. Als ich dann endlich das Surangama Sutra in englischer Sprache bekam und sofort mit dem Lesen begann, kam in mir der Wunsch hoch, diese phantastische Lehre in die deutsche Sprache zu übersetzen. So ist also nun nach fast 2600 Jahren zum ersten Mal die höchste Lehre Buddhas in die deutsche Sprache übersetzt ..., es freut mich sehr, es getan zu haben. Ich bin sehr dankbar, dem Shakjamuni Buddha diesen Dienst erwiesen zu haben.

Warum war diese höchste Lehre Buddhas noch nicht ins Deutsche übersetzt worden, fragte ich mich. Die Antwort war einfach, weil niemand verstand, was der transzendentale Ton und das transzendentale Licht bedeutet. Aber auch, weil niemand zuvor überhaupt darauf aufmerksam gemacht hatte. Und das wiederum kann nur jemand, der weiß was es bedeutet – in diesem Fall die Meisterin Suma Ching Hai – denn du erkennst ja nur das, was du wirklich verstehst. Die Geschichte mit dem größten Diamanten der Erde, der in Indien gefunden wurde, ist ja auch so: Ein armer Inder sammelte für seine Kinder Steine zum Spielen. Als jedoch ein erfahrener Juwelier eines Tages sah, womit diese Kinder spielten, war der größte Diamant der Erde entdeckt.

Und so ist dieses Surangama Sutra der allergrößte Diamant der Lehren Buddhas. Nur in dieser Lehre sagt Shakjamuni Buddha auch, warum er diese Lehre sonst nicht gelehrt hat ..., er sagt, wenn der Geist den Geist sucht wird er irreal. Es ist also unbedingt erforderlich einen lebenden Meister zu haben. Und die Buddhisten, sie selber haben ja keinen lebenden Meister mehr – auch die Christen nicht – oder die Moslems – oder die anderen übrig gebliebenen Verzerrungen ihrer damaligen erleuchteten Meister oder Buddhas. Und deswegen ist diese Lehre auch übersehen worden. Sie tritt jedoch immer nur in Erscheinung, wenn ein lebender Buddha oder Meister auf der Erde ist.

Wenn deine Einsicht
meiner Lehre widerspricht,
so sollst du deiner Einsicht folgen.

Buddha

Der große erleuchtete Manjusri hatte Ananda mit dieser schönen Frau alleine lassen sollen, anstatt sich mit seiner transzendentalen Kraft einzumischen. Ich weiß aber aus meiner eigenen Erfahrung, daß mir auch so etwas passiert ist und beschreibe diese Erfahrungen in meinem Buch »Salziger Honig«. Auch da wurde ich durch transzendentale Kräfte davon abgehalten, tiefer in die Sexualität zu gehen, das war eine außergewöhnliche Erfahrung.

Vielleicht schaffe ich es in zwei bis vier Jahren das Buch, welches schon vorgeschrieben ist, ins Klare zu schreiben und zu veröffentlichen.

Im Nachhinein bin ich dankbar für das, was da mit mir, gegen meinen Willen, gemacht wurde …, ich erkenne nun, warum die Unterbindung gemacht wurde – es hängt mit der Motivation zusammen, ob da Gier in der Sexualität und Sucht ist. Wenn die Motive zerstörerisch sind, ist die gesamte Sexualität ein Gefängnis – und dein Leben wird von Süchten geplagt …, ist da jedoch Liebe zwischen dem Paar, so ist alles völlig anders, denn Liebe ist ohne Süchte, ohne Gier und ohne Versklavung – sie ist die Freiheit und die Befreiung selbst.

Sexualität wurde von sämtlichen Theoretikern unterdrückt, in allen spinösen Religionen. Es ist so viel Quatsch gepredigt und gelebt worden, daß ich, seit ich auf der Erde bin, nur abwinken konnte und lächelnd »nein danke« sagte.

Ich sage mir, was ist schon Erleuchtung, wenn der Leuchtstab nicht zum goldenen Rosengarten gehen kann – aus Angst und Dummheit.

Es mag ja sein, daß Sexualität eine Quelle der Versklavung ist – das ist sie auch. Eine Quelle der Versklavung ist aber eher eine Quelle der Befreiung, denn irgendwann schafft es jeder da auch wieder rauszukommen. Auch wenn er tausendmal wiedergeboren werden muß, um das zu erkennen. Glücklich sind jene, die einen wachen Meister haben, wie Buddha oder Manjusri – oder wie in meinem Fall, die Meisterin Suma Ching Hai.

Das Phantastische ist jedoch, diese Lust und Habgier in feine Liebe zu verwandeln, die enorme Energie – und du wirst ein Leben leben, das mehr Wert ist, als eine Bank voller Gold. Alle Buddhas und alle Meister sind aus dieser Liebe zu ihrem Körper gekommen.

Nun gut, manchmal, sehr sehr selten – mit einem Augenzwinkern – ist es einfach nur Vögeln, aus dem heraus eine Schwangeschaft entsteht …, aber das passiert wirklich sehr selten. Der Hintergrund ist immer Liebe, mag das Vögelchen auch noch so vordergründig erscheinen. Die Natur hat viele Tricks auf Lager, um überhaupt Vermehrung zu bewirken – Vögeln ist nur ein Weg davon. Deswegen bin ich mit meinen Anmerkungen in dem Surangama Sutra, auch oft gegen diese sexuelle Unterdrückung.

Wer dieses Surangama Sutra wirklich mit Aufmerksamkeit liest, der wird erkennen, daß der Buddha ganz klipp und klar sagt, daß du in Wirklichkeit »Alles« bist …

Mehr braucht hier für den Moment auch weiter gar nicht gesagt zu werden.

Wenn Heilige nicht vögeln, sind sie noch Scheinheilige, wenn Meister sagen, daß Sexualität als etwas betrachtet werden soll, das man mit geschlossenen Augen tun sollte – als Pflicht – so sind sie verklemmte, dumme, ignorante Heilige, die ganz einfach abgestumpft sind und der Illusion unterliegen, das nur das Geistige das Geistige ist und das Körperliche das Körperliche sei …, dümmer geht's wohl nicht mehr. Wenn Buddhas kommen, die sagen, laß dich nicht von den horizontalen Lippen küssen und auch nicht von den vertikalen Lippen küssen, dann sei dir gewiß, daß es kein Buddha und auch kein Meister ist …, es ist nur Geistkleister, sonst nichts.

So liebe Leser, seid euch bewußt, daß dieses Surangama Sutra das Beste ist, was Shakjamuni Buddha jemals gelehrt hat. Ich freue mich, euch dieses Buch anbieten zu können. Ich hoffe, ihr könnt viel Stärkendes daraus für euch gewinnen. Niemand war jemals wieder so klar, wie Shakjamuni Buddha – und ich natürlich ... und ihr ..., wenn ihr wach seid und es wirklich wollt.

Herzlichst,
Wolf Schorat

Wenn deine Einsicht
meiner Lehre widerspricht,
so sollst du deiner Einsicht folgen.

– Shakjamuni Buddha –
vor 2600 Jahren

DAS SURANGAMA SUTRA

So habe ich es gehört:

Während der Buddha einmal in der Stadt Sravasti weilte und dabei in der Jetvana-Meditationshalle einen Vortrag vor 1200 Schülern hielt, welche alle große Gelehrte und frei von Vergiftungen waren – was bedeutet, sie alle waren von sinnlichen Verhaftungen und Verunreinigungen perfekte Befreite – sie alle waren echte Nachfolger des erhabenen Buddhas – würdig, die Verantwortung während der anhaltenden Predigten des erhabenen Buddhas über erhabene Tugenden zu teilen. Sie alle hatten die phänomenale Existenz transzendiert und konnten ihre graziöse Präsenz durch Buddhas Einfluß manifestieren – wo immer sie auch hinkamen. Sie alle waren in ihrem Erreichten transzendental so hoch entwickelt, daß sie perfekte Qualifizierte waren, um die Tugend vom erhabenen Buddha zu bekommen. Und sie alle hatten von den Lehren des erhabenen Buddhas einen so reichen Profit, daß sie sehr gut wußten, wie sie mit dem erhabenen Buddha das mysteriöse Rad der wahren Tugend für sich drehen konnten. Sie alle hatten die Verordnungen in äußerster Reinheit und mit solch einer präzisen Beobachtung eingehalten, daß sie somit als perfekte Modelle für die Dreifache Welt qualifiziert waren. Als Antwort auf ehrliche Gebete von sterblichen Wesen konnten sie unzählige Erscheinungskörper annehmen, um sie zu retten und um deren Befreiung zu vervollkommnen. Sie alle waren auch bereit, ihre helfenden Hände in die Zukunft zu reichen, sodaß alle sterblichen Wesen auch in der Zukunft, von sämtlichen Schwierigkeiten des irdischen Lebens befreit werden würden.

Unter den großen Mönchen waren auch anwesend und als Führer fungierend, der weise Sariputra, der große Maudgalyayana, der große Kaustila, Purna, Metaluniputra, Subhuti, Upanishada und noch viele andere, ebenso bekannte und hochgeschätzte Mönche. Zusammen mit ihren noblen Schülern waren auch noch viele sehende Buddhas *(Pratyeka-Buddhas)* anwesend, welche alle die Lehren gemeistert hatten und so die Praktiken perfektionierten. Sie alle

kamen, um ihre große Wertschätzung dem erhabenen Buddha ent-
gegenzubringen, aber auch, um sich in dieser großen Tugendversammlung mit all den großen Mönchen und deren vielen
Schülern, welche alle für die große Sommerhingabe gekommen
waren, zu assoziieren, gemeinsam mit ihnen zu meditieren und auch,
um sich öffentlich zu zeigen.

Neben der großen Versammlung von Mönchen und Schülern, die
alle von nah und fern gekommen waren, waren auch noch Bodhisattvas-Mahasattvas *(Die durch ein abgelegtes Gelübde die Aufgabe haben,
andere zu erleuchten.)* anwesend, welche aus allen Zehn Himmelsrichtungen gekommen waren, um ihren höchsten Respekt dem erhabenen Buddha zu zeigen, so, als ob es ein Geschenk für die
geliebten Eltern wäre. Sie kamen aber auch, um den erhabenen
Buddha zu befragen und sich von ihm höchste Lehren geben zu
lassen, die ihre mentalen Sorgen aufheben würden, um sich von
ärgerlichen Zweifeln, die ihnen ab und zu widerfuhren, in der
Meditation zu befreien.

Dann kam der erhabene Buddha vom ehrwürdigen Thron der
Tugend herunter und sofort war er mit solch einer vornehmen
Feierlichkeit und Ruhe in profunder Kontemplation absorbiert, daß
die gesamte Versammlung durch dieses Mysterium und der voll-
ständigen Ruhe aufmerksam wurde. Zur selben Zeit versammelten
sich alle Bodhisattvas-Mahasattvas – so zahlreich, wie Sandkörner im
Ganges-Fluß – um den erhabenen Buddha – mit Manjusri, dem
großen Bodhisattva als ihren Kopf – und verschmolzen ihre tiefe
Meditation mit dem vollkommenen Samadhi des erhabenen
Buddhas. Keiner von ihnen hatte jemals zuvor eine solche Serenität
und Stille erfahren, wie es jetzt die gesamte große Tugendversammlung durchzog. Wunderbare Musik, wie die Lieder des Kalavinka-
und Jiva-Jiva-Vogels schienen vom erhabenen Buddhas perfekten Samadhi zu kommen, die die Luft mit himmlischer Musik erfüllte und
dann wegflog – in alle Zehn Himmelsrichtungen des Universums.

Während dieser Versammlung kam Prasenajit, der König von
Sravasti, persönlich zum erhabenen Buddha, um ihn und die Bodhi-

sattvas-Mahasattvas in den königlichen Palast einzuladen. Prasenajit, der den Geburtstag seines Vaters Tod zelebrierte, hatte eine festliche Auswahl von erlesenem Gemüse und anderer Köstlichkeiten vorbereitet. Zur gleichen Zeit waren alle Älteren und Reichen der Stadt dabei, das Fest des Königs zu vergrößern, indem sie zusammen ein weiteres großes Fest veranstalteten und alle Schüler des Lord Buddha dorthin einluden, während der erhabene Buddha und seine großen Schüler beim König waren. Der erhabene Buddha, der das alles wußte, bat den großen Schüler Manjusri zuerst mit einer Gruppe von Bodhisattvas-Mahasattvas und Mönchen zu den Älteren und Reichen zu gehen, um deren Geschenke entgegenzunehmen.

Ananda war der einzige der großen Schüler, der merkbar abwesend war. Wegen eines zuvorigen Auftrags in einer fernen Gegend, hatte er noch nicht zurückgefunden. Bei seinem Zurückkommen war er ganz allein. Und als er die Meditationshalle erreichte, fand er sie leer vor, weder ein Jünger, noch irgendwelche Geschenke der Besitzer waren zu sehen. Bedacht wie immer, nahm Ananda seine Almosen-Schale und ging in die Stadt, um von Haus zu Haus für Nahrung zu betteln. Sein einziger Gedanke dabei war, die Gaben von allen anzunehmen, auch die vom Ärmsten. Es war egal ob die Gaben klein oder groß, attraktiv oder abstoßend waren – oder ob der Gebende von einer hohen oder niedrigen Kaste war. Für ihn war es das Wichtigste, Herzlichkeit und Mitgefühl zu praktizieren – für alle gleich, ohne jegliche Diskriminierung. Er behandelte alle gleich und dachte nur daran, den unbeschreiblichen Segen zu bekommen, alle lebenden Wesen zu befreien.

Ananda hatte gehört, daß der erhabene Buddha bei einer Gelegenheit Subhuti und Mahakatyayana einmal zurechtwies, weil sie Diskriminierung gezeigt hatten, als Mönche die Praktiken des Bettelns erlernten. Er bewunderte den befreiten und liberalen Geist des erhabenen Buddhas und sagte sich, daß er selbst nicht die selben Fehler machen wollte. Er war stolz auf seinen guten Namen und wünschte nicht, daß man schlecht von ihm sprechen würde. So ging er still über das trockene Feld, welches die Stadt umgab, mit einer erhabenen Ruhe durch das Stadttor. In seinem schönen Gewand und mit seinem ruhigen Verhalten, war er eine bemerkenswerte Person, fast so, als wäre er auf einer speziellen Mission, um zeremonielle Gaben zu bekommen.

Während Ananda weiter in geordneter Reihenfolge bettelte, kam er zum Haus der Prostituierten, genannt Maudenka, die eine wunderschöne Tochter mit dem Namen Pchiti hatte. Diese junge Frau war durch Anandas judendliche und attraktive Figur angezogen und sie bat ernsthaft ihre Mutter, den jungen Mönch durch einen Bramanyika-Zauberspruch zu beeinflussen – was die Mutter dann auch tat. Durch den Zauberspruch der Magie und vom Charme der jungen Frau fasziniert, ging Ananda in das Haus und in das Zimmer von ihr.

Als das Fest beendet war, ging der erhabene Tathagata *(Buddha)* zur Meditationshalle in dem Jeta-Gehölz, zurück. Mit dem erhabenen Buddha, dem Tathagata, gingen auch der König Prasenajit, seine königlichen Minister und viele andere Prominente, Arbeiter, Ältere und Reiche der Stadt zurück, um weiterhin seinen Lehren – von der Art, die sie nie zuvor gehört hatten – zuzuhören. Wie immer saß der Erhabene zuerst still, dann wurde er absorbiert im Samadhi *(Versenkung in dein ewig unzerstörbares Wesen)* und strahlte von der Krone seines Kopfes Strahlen von weicher und milder Helligkeit – wie Lotusblüten, umgeben von unzähligen Blättern. Im Zentrum der Lotusblütenblätter war da eine Erscheinung von dem Nirmanakaya-Buddha, der mit gekreuzten Füßen intuiviernd dasaß und die innerlichen Kräfte und Mächte ausstrahlte.

Der erhabene Buddha wußte selbstverständlich schon was mit Ananda passiert war und rief nun Manjusri zu sich und bat ihn, die großen innerlichen Kräfte wieder zu holen – und zwar dort, wo Ananda den Kräften der Versuchung nachgab. Als Manjusri das Haus erreichte, in dem Ananda weilte, verlor der Zauberspruch der Prostituierten seine Wirkung und Ananda erlangte seine Selbstkontrolle zurück. Manjusri unterstützte Ananda und Pchiti und zusammen gingen sie zurück zum Buddha.

ERSTES KAPITEL

DIE VIELEN MANIFESTATIONEN DES
WUNDERBAREN ESSENZ-GEISTES (Mind)
UND VON DEN PERFEKTEN PRINZIPEN
DER DREI EXELLENZIEN INNERHALB
DER ALL-INCLUSIVEN EINHEIT
AUS DEM SCHOSS DES TATHAGATA

FALSCHER GEIST – WAHRER GEIST

Als Ananda in die Gegenwart des erhabenen Buddhas kam, verbeugte er sich auf dem Boden in großer Demut, dabei sich selbst
vorwerfend, daß er noch nicht das volle Potential der Erleuchtung
entwickelt hat, nämlich seit Anfang seines gegenwärtigen Lebens
hatte er sich zuviel mit Studieren und Lernen beschäftigt. Ernsthaft
bat er den erhabenen Buddha, ihn mit den Tathagatas *(Vollendete)*
aus allen Zehn Himmelsrichtungen des Universums zu unterstützen,
um perfekte Erleuchtung zu erlangen – das heißt, ihn in seiner
Ausübung der drei Exzellenzien zu unterstützen: Meditation,
Samadhi *(Versenkung)* und Samapatti *(Das in Eins-Fallen, das Zusammentreffen. Eine Art der Betrachtung, die sich den Gegenstand der
Kontemplation vollkommen aneignet, ihn völlig durch einige sehr
fundamentale und beschleunigende Bedeutungen durchdringt.)*

Zur gleichen Zeit bereiteten sich nun alle der Bodhisattvas-
Mahasattvas – so zahlreich wie die Sandkörner des Ganges – zu-
sammen mit all den Mönchen, Pratyeka-Buddhas – aus allen Zehn
Himmelsrichtungen – in Übereinstimmung und mit Freude des
Herzens vor, um das zu hören, was der erhabene Buddha Ananda
wohl nun antworten würde. In Übereinstimmung huldigten sie dem
Buddha und nahmen dann wieder ihre Plätze ein, in perfekter Stille
und Geduld wartend, um die geheime Lehre zu erhalten.

Dann sprach der erhabene Buddha zu Ananda – sagend: Ananda, du und ich, wir sind vom gleichen verwandtschaftlichen Blut und haben andauernd eine herzliche Zuneigung für einander gehabt. Laß mich dir einige Fragen stellen und antworte mir spontan. Als du anfingst, dich für den Buddha zu interessieren, was war es, das dich an dem Weg der Buddhas – am Leben der Buddhas beeindruckte? Und was hat dich da am meisten beeinflußt, um alle weltlichen Vergnügungen aufzugeben und dich dazu gebracht, dich von deinen sexuellen Eigenschaften zu lösen? Ananda antwortete: Oh mein Erhabener, das erste was mich beeindruckte waren die 32 Markierungen der Exellenz in eurer Personalität – die kamen mir so fein, so sanft und brilliant, so transparent wie ein Kristall vor.

Seitdem habe ich konstant darüber nachgedacht und bin mehr und mehr überzeugt, daß diese exzellenten Eigenschaften für jemanden unmöglich sein würden, der nicht frei von sexuellen Verlangen und Begierden war. Und warum? Nämlich, wenn irgend jemand durch sexuelles Verlangen entflammt wird, gerät er durcheinander und sein Geist wird beunruhigt – er verliert die Selbstkontrolle, wird rücksichtslos und roh. Nebenbei wird das Blut im sexuellen Austausch entflammt, wird unrein und vermischt sich mit anderen unreinen Ausscheidungen. *(Anmerkung von mir, Wolf Schorat: Der Ananda hat mehr als einen Knall, als wenn Gott sich selbst unrein macht – wenn er erhaben, lustvoll mit seiner Geliebten schmust oder umgekehrt, wenn er sich mit ihr physisch-geistig – spirituell liebt. Meines Erachtens nach ist das eine Geschichte, die nicht der Wahrheit entspricht, da dieses Sutra ja erst viel später von sogenannten Buddhisten – also organisierter Religion – aufgebaut wurde. Das ist genau der gleiche Schrott, wie im Christentum und im Islam ..., okay?)* Natürlich kann von einer solchen Quelle niemals ein derartiger Heiligenschein von solch transzendierter Reinheit und goldenen Helligkeit hervorkommen – wie ich sie vom erhabenen Buddha habe ausstrahlen sehen. Das war es, weswegen ich den erhabenen Buddha bewunderte und es war diese Beeinflussung, die mich einen wahren Folger von dir werden ließ.

Der erhabene Buddha sagte dann: Sehr gut Ananda! Alle hier in dieser Versammlung – in dieser großen Tugendversammlung – habt zu wissen und zu schätzen, welches der Grund ist, warum sterbliche Wesen durch ihre bisherigen Leben, seit anfangloser Zeit, eine Folge von Sterben und Wiedergeburten – Leben nach Leben – erlebt haben. Es ist deswegen, weil sie nie ihre wahre Natur – die wahre Essenz ihres Geistes – und die selbstreinigende Helligkeit erkannt haben. Im Gegenteil, sie sind so absorbiert – in aller Zeit beschäftigen sie sich mit täuschenden und durchziehenden Gedanken, welche nichts als Falschheit und Eitelkeit sind. In diesem andauernden Zyklus des Sterbens und Wiedergeborenwerdens bereiten sie also so die Konditionen für sich vor.

Ananda, wenn du nun erwartest mehr perfekt zu verstehen, was höchste Erleuchtung und die erleuchtete Natur der reinen Geist-Essenz ist, dann mußt du lernen, Fragen ganz spontan, ohne auf diskriminierendes Denken zurückzuschauen, zu beantworten. Denn die Tathagatas in den Zehn Himmelsrichtungen des Universums sind von dem ewigen Zyklus des Sterbens und Werdens befreit – durch den gleichen einzigen Weg, nämlich durch das Vertrauen in ihren intuitiven Geist.

Wegen dieser Direktheit ihres Geistes und Spontanität ihrer Mentalität ist es, daß die Tathagatas immer waren – seit anfangloser Zeit, in endloser Zeit – von solch einer Eigenheit, ungestört durch irgendwelche Komplexitäten innerhalb ihres Geistes oder irgendwelcher aufsteigenden Gedanken oder Diskriminierungen.

(Hier ist darauf hinzuweisen, daß du dich als Mensch nicht mit deinen inneren Anläufen identifizieren sollst, sondern alles nur sehen und vorbeiziehen lassen sollst – wenn du auf dem Weg bist, dich vollkommen zu erkennen. Es ist aber auch nützlich und vorteilhaft im alltäglichen Leben zu erkennen, daß du nicht der Verstand, der Geist mit seinen mentalen Aktivitäten bist, besonders dann nicht, wenn er dir Sorgen und Schwierigkeiten bereitet und dich in die Isolation der Perfektion und Idealismen treibt ..., okay. Sei dir gewiß, du bist der Buddha, das Allumfassende, Göttliche, Ewige, Unsterbliche, Ungeborene

und so weiter – aber nicht der mentale Selbstbedienungsladen im Kopf,
der die Macht an sich gerissen hat ..., okay.)

Dann sprach der erhabene Buddha: Ananda, ich möchte dich
befragen, höre bitte vorsichtig zu. Du hast eben gesagt, daß du
während der Zeit in der du Vertrauen zu mir hattest erwacht bist und
dieses wegen der 32 Markierungen der Exellenz entstand, die du
gesehen hattest. Laß mich dich fragen: Was war es, was dir die Sinnesempfindung des Sehens gab? Was war es, was die Sinnesempfindung
erfuhr – und wer ist es, der die Empfindung der Zufriedenheit
erfuhr?

Ananda antwortete: Mein Erhabener! Während der Zeit, als ich
die Sinnesempfindung der Zufriedenheit erfuhr, war es durch meine
Augen und durch meinen Geist – als meine Augen euch, den erhabenen Buddha, sahen, mein Geist dann sofort die Erfahrung der
Zufriedenheit erfuhr. Es war weshalb ich die Entscheidung traf, euer
Schüler zu werden, sodaß ich vom Zyklus der Geburt und Wiedergeburt befreit werde.

Der Erhabene sagte: Von dem, was du gerade gesagt hast, ist das
Gefühl zufrieden zu sein, in deinen Augen und im Geist entstanden.
Aber wenn du nicht weißt, wo die Wahrnehmung des Sehens und wo
die Aktivitäten des Geistes herkommen, wirst du nie fähig sein, die
weltlichen Verbindungen und Vergiftungen zu unterwerfen. Es ist
wie ein König, dessen Stadt mit Räubern verpestet ist und der versucht, ein Ende mit dieser Räuberei zu machen, aber nicht erfolgreich war, weil er nicht den geheimen Platz der Räuber finden
konnte. So ist es im Leben der Menschen, die wegen ihrer weltlichen
Verstrickungen und Verunreinigungen andauernd Sorgen haben, die
ihre Wahrnehmung des Sehens umkehrt, sie unsicher sind und ihre
Gedanken verführt – und deswegen wandern sie ignorant und un-
kontrolliert herum. Ananda, laß mich dich fragen: Um auf deine
Augen und deinen Geist zurückzukommen – kennst du den geheimen Ort des Versteckens?

Ananda antwortete: Nobler Erhabener, in allen zehn verschiedenen Ordnungen des Lebens – die Augen sind vorne im Gesicht –

so wie eure erhabenen, klaren Lotusaugen und meine. Das gleiche ist wahr mit allen anderen Sinnesorganen – sie sind an der Oberfläche des Körpers, aber der Geist, der ist innerhalb des Körpers versteckt.

Der erhabene Buddha unterbrach: Ananda, du sitzt nun in dieser Vortragshalle – bist du nicht? Und wenn du aus dem Jetavana-Gehölz hinausschaust, kannst du mir sagen, wo die Halle und das Gehölz situiert sind?

Sicherlich, mein Erhabener! Diese ruhige und schöne Vortragshalle und das Jetavana-Gehölz-Wäldchen sind beide in Anathapindikas wunderschönem Park.

Nun Ananda, was siehst du zuerst, die Menschen in dieser Halle oder den Park draußen?

Ich sehe zuerst meinen Erhabenen, dann sehe ich die noble Audienz und andere Dinge dazu – und nur danach sehe ich draußen das Gehölz und den lieblichen Park.

Richtig Ananda! Nun sage mir, während du nach draussen in das Gehölz und den Park schaust, was ist es, daß dich fähig macht, die Unterscheidungen der verschiedenen Sichtweisen deiner Augen zu sehen?

Nobler Erhabener! Es ist, weil die Fenster und Türen der Halle offen sind – deswegen kann ich die distanzierten Wahrnehmungen von innerhalb der Halle sehen.

Vor der großen Audienz streckte dann der erhabene Gesegnete seine goldenen Hände aus und streichelte ganz weich Anandas Kopf und sprach dabei zu Ananda und der Versammlung – sagend: Da ist ein besonderer Samadhi *(Erfüllung, Vollendung, Versenkung, Enstasis)*, welcher der höchste Samadhi genannt wird, der die Krönung des erhabenen Buddhas war. Und durch ihn erreichte er perfekte Realisation von allen Manifestierungen und Transformationen. Es war eine wundervolle Tür, die sich öffnet und der sämtliche Tathagatas aus allen Zehn Himmelsrichtungen des Universums gefolgt sind. Von diesem höchsten Samadhi ist es, von dem ich sprechen werde – hört nun vorsichtig zu.

Ananda und die Audienz verbeugten sich bis zum Boden in tiefer

Bewunderung und nahmen dann wieder ihre Sitze ein und warteten geduldig auf die feierliche Lehre des Meisters.

Der erhabene Buddha sprach dann zu Ananda und der großen Versammlung – sagend: Ananda, du hast eben gesagt, daß du wegen der offenen Türen und Fenster von innerhalb der Halle nach draußen in das Wäldchen und den Park sehen kannst. Ist es möglich, daß einige in dieser großen Versammlung nur diese Außendinge sehen können und unfähig sind, den erhabenen Tathagata innerlich zu sehen?

Ananda unterbrach: Aber mein Erhabener, wie kann es sein, daß irgend jemand in dieser Halle, der dieses Wäldchen sehen kann und die Bäche draußen, aber nicht den Erhabenen innerlich sehen kann?

Ananda, es scheint absurd zu sein, aber es ist eben genau so mit dir. Du sagst, dein Geist existiert innerhalb deines Körpers und das er ganz klar von Sichtverhinderungen ist, aber wenn dieser klare Geist wirklich innerhalb deines Körpers existiert, dann müßtest du doch die Innenseite deines Körpers zuerst sehen. *(Klasse Buddha, wirklich klasse, du gefällst mir. Zugabe von mir, dem Übersetzer.)* Aber da sind keine sterblichen Wesen, die beides können – die Innenseite und die Außenseite ihres Körpers sehen. Obwohl sie nicht alle inneren Dinge, wie Herz, Magen, Leber, Nieren etc., sehen können, sollten sie dann doch aber wenigstens das Wachsen der Fingernägel sehen – oder das Längerwerden der Haare, das Verknoten der Sehnen, das Pulsieren des Pulses. Wenn der Geist innerhalb des Körpers ist, warum sieht er diese Dinge nicht? Aber wenn der Geist innerhalb des Körpers ist und diese Dinge nicht sehen kann, wie kann er dann die Dinge außerhalb des Körpers sehen? So, du mußt erkennen, daß was du über die Wahrnehmung des Geistes gesagt hast, daß er innerhalb des Körpers ist, ist unwahr.

Mit einer respektvollen Verbeugung sagte Ananda zu dem Erhabenen: Wenn ich den Worten des Erhabenen zuhöre, fange ich an zu realisieren, daß mein Geist trotzdem außerhalb meines Körpers sein könnte – er könnte wie eine Lampe sein. Wenn die Lampe innerhalb des Raumes ist wird sie sicherlich den Raum erleuchten – und dann leuchtet sie durch die offene Tür und das Fenster, um draußen zu erleuchten. Wenn es so wäre, warum ist es dann, daß man nur Außendinge sieht und nicht die Dinge innerhalb? Es muß sein, daß der Geist wie eine Lampe ist, die außerhalb des Raums gestellt wurde – dann nämlich würde es dunkel im Inneren sein. Wenn man klar erkennen kann, was dieser Geist ist, würde man nicht länger verdutzt sein, sondern würde die selbe Intelligenz und das Verstehen haben wie der Buddha …, würde es nicht so sein, mein erhabener Buddha?

Der Erhabene antwortete: Ananda, an diesem Morgen folgten mir sämtliche Mönche in die Stadt Sravasti, in geordneter Folge um Nahrung bettelnd und danach kamen alle wieder zurück zu diesem Wäldchen. Ich fastete zu dieser Zeit, aber die anderen aßen die Nahrung. Was denkst du Ananda – wenn nur einer der Mönche die Nahrung gegessen hätte, würden die anderen ihren Hunger gestillt haben?

Ananda antwortete: Nein, mein Erhabener – und warum? Nämlich, alle der Mönche sind Gelehrte, ihre physischen Körper sind trotzdem individuelle Separatheit. Wie könnte es dann sein, daß wenn nur einer ißt, alle von Hunger gestillt sind?

Der Erhabene antwortete: Ananda, wenn deine Wahrnehmung und der verstehende Geist, wirklich außerhalb deines Körpers wäre, würde das, was der Geist wahrnimmt vom Körper nicht gefühlt werden – und was der Körper fühlt, könnte der Geist nicht aufnehmen. Sieh dir meine Hand an Ananda, wenn deine Augen sie anschaut, macht dein Geist irgendwelche Unterscheidungen darüber?

Ja, mein Erhabener, er macht Unterschiede.

Der Erhabene machte weiter: Aber wenn dein Geist und dein Körper in gegenseitiger Übereinstimmung sind, wie kann überhaupt gesagt werden, daß deswegen der Geist außerhalb des Körpers existiert. Ananda, du mußt wissen, was du gerade über den Geist gesagt hast, daß er außerhalb des Körpers existiert – ist unmöglich.

Dann sagte Ananda: Infolge von dem, was der Erhabene sagt – das der wahrnehmende Geist nicht innerhalb des Körpers existiert – er kann nämlich nicht innerhalb des Körpers sehen, aber er existiert auch nicht außerhalb des Körpers – nämlich: Geist und Körper sind in Übereinstimmung gekommen und können deswegen nicht von einander isoliert werden. Aber es scheint für mich, daß der wahrnehmende Geist in irgendeiner Plazierung sein muß.

Der Erhabene befragte dann Ananda weiter: Aber Ananda, wo ist dieser Platz des Geistes?

Ananda antwortete: Mein Erhabener, seit der wahrnehmende Geist nicht die Innenseite seines eigenen Körpers sehen kann, aber Außendinge sehen kann, scheint es mir nun so, daß er in den Sinnesorganen selber versteckt sein muß. Es könnte sein, daß er wie ein Mann ist, der seine Augen mit einer kristallenen Schale bedeckt. Obwohl seine Augen bedeckt sind, ist da trotzdem keine Behinderung des Sehens. Die Augen können immer noch klar sehen und Unterscheidungen machen. Der Grund weswegen er nicht die Innenseite seines Körper sieht, ist deswegen, weil er Teil des Augenorgans ist – und der Grund weswegen er die äußeren Objekte sehen kann, ist, weil er im Augenorgan versteckt ist.

Aber Ananda, du hast doch gerade gesagt, daß der wahrnehmende Geist im Augenorgan versteckt ist, wie eine kristallene Schale, die die Augen bedeckt. Nun angenommen, ein Mann hat seine Augen mit einer kristallenen Schale bedeckt und kann aber trotzdem äußere Dinge, wie Berge, Flüsse etc. sehen, sage mir, sieht er die kristallene Schale auch?

Ja, mein Erhabener, denn er bedeckt ja seine Augen damit, also kann er auch die kristallene Schale sehen.

Der Erhabene sagte: Ananda, wenn dein Geist der gleiche ist wie die kristallene Schale, welche die Augen bedeckt, weshalb ist dein Geist, während er die Berge und Flüsse außerhalb sieht, nicht in der Lage deine eigenen Augen zu sehen? Oder angenommen, dein Geist sieht wirklich deine Augen, dann wurden deine Augen ja als irgendwelche anderen objektiven Dinge gesehen und so würden sie nicht mehr als irgendwelche abhängigen Organe bezeichnet werden. Oder wenn der Geist nicht alles sehen kann, denn wie kann vom wahrnehmenden Geist gesagt werden, daß er innerhalb vom Organ des

Auges versteckt ist – im Vergleich zu einer kristallenen Schale, welche die Augen bedeckt. Darum Ananda ist deine Darstellung unmöglich. Dann sagte Ananda zum erhabenen Buddha: Geachteter der Welten, es könnte so sein – alle sterblichen Wesen haben ihre Eingeweide innerhalb des Körpers und die Öffnungen außerhalb des Körpers. Ihre Eingeweide sind versteckt für ihr Sehen, aber die Öffnungen sind sichtbar. Während ich vor dir stehe und meine Augen öffne, sehe ich deine Helligkeit, dieses bedeutet, die Außenwelt sehen. Wenn meine Augen geschlossen sind, sehe ich die Versteckheit, dieses bedeutet, die Innenwelt sehen.

Der Erhabene unterbrach ihn: Ananda du sagst, wenn du deine Augen schließt, siehst du die Versteckheit. Aber ist diese versteckte Kondition in oppositioneller Direktion zu deinen Augen oder ist sie das nicht? Wenn es direkt oppositionell gegenüber von deinen Augen wäre, dann müßte die Versteckheit direkt vor deinen Augen sein und dann könnte es nicht als Teil deiner Innenseite gedacht werden. Oder angenommen, es bedeutet ein Teil deiner Innenseite, denn wenn in irgendeinem dunklen Raum ohne Licht von irgendwelchem Ding, wie Mond, Sonne, Lampe – die ganze dunkle Weite dieses Raums könnte als deine Eingeweide oder Herz bezeichnet werden. Oder falls es in Direktion nicht oppositionell zu deinen Augen ist, wie kommt es dann, daß die Sicht deiner Augen überhaupt beeinflußt ist? Oder wenn du die äußerliche Wahrnehmung zur Seite legst und sagen wir, es wird angenommen als wenn es innerhalb sich opponierender Direktion zu deinen Augen verhält, sodaß, wenn du deine Augen schließt, du nur Dunkelheit siehst, was bedeuten würde, daß du die Innenseite deines Körper siehst. Aber wenn du deine Augen öffnest und die Helligkeit siehst, warum siehst du dann nicht auch dein eigenes Gesicht? Wenn du doch nicht dein eigenes Gesicht siehst, würde das bedeuten, daß das Gesicht nicht in einer inneren oppositionellen Direktion zu deinen Augen ist. Oder angenommen, du kannst dein eigenes Gesicht sehen, denn beide, der wahrnehmende Geist und das Sehorgan müssen in offenem Raum sein oder sie könnten nicht länger als in innerer, gegenüberliegender Richtung gedacht werden. Wenn dein wahrnehmender Geist im offenen Raum angenommen wird, kann er natürlicherweise nicht mehr als zum Körper gehörend sein – und dann, wenn der erhabene Tathagata in der Sichtweise deines Gesichts ist, was bedeuten würde, daß er Teil deines Körpers sein würde, würden deine Augen natürlich die Wahrnehmung bekommen, aber die anderen Teile deines Körpers könnten nicht zur selben Zeit ins Bewußtsein kommen.

Oder wenn du andauernd behauptest, daß der Körper und die Augen beide ein separates Bewußtsein haben, dann würden da zwei wahrnehmende Geiste sein, was bedeuten würde, daß deine einzige Persönlichkeit zwei Buddhas sehen würde. Deswegen solltest du verstehen, daß es völlig absurd ist, wenn du sagst, in die Trübheit der Augen zu sehen, ist das gleiche, wie in die Innenseite deines Körpers zu sehen.

Dann sagte Ananda zum erhabenen Buddha: Ich habe andauernd von den Instruktionen des Erhabenen und von den Lehren aller vier Klassen deiner Schüler gelernt, daß alle Existenz der Phänomene selber einfach die Manifestation des Geistes ist und umgekehrt, daß alle Existenzen des Geistes, die Manifestationen der Phänomene sind. Nun scheint es mir, daß der denkende Geist die wirkliche Essenz meines Geistes ist und das, wann immer er äußere Objekte trifft, es eine Manifestation des Geistes ist, was bedeutet, daß der wahrnehmende Geist weder innen noch außen oder zwischen dem Körper ist.

Der Erhabene unterbrach – sagend: Was du eben gesagt hast, daß alle diese Manifestationen von Gedanken ganz einfach bedeuten, daß sie die Existenz von Phänomena sind und das, wann immer der Geist gerade äußere Objekte trifft, es eine Manifestation ist. Aber wenn dein Geist keine eigene Substanzialität hat, könnte es passieren, daß er äußere Objekte trifft, dann würde da eine neue Tatsache von neunzehn Sphären der Mentation angenommen werden, nämlich: die sechs Objekte, die sechs Sinnesorgane und die sechs Wahrnehmungen, zuzüglich die neu angenommene Normalität vom Denken – gedacht als »Ding in sich selbst«. Und dann muß eine neue

Tatsache von sieben Objekten angenommen werden: das Objekt des Sehens, das Objekt des Hörens, das Objekt des Riechens, das Objekt des Schmeckens, das Objekt der Berührung und dem einheitlichen Objekt des Denkens, zuzüglich dieses äußere »Ding in sich selbst« ..., nein, dein Vorschlag ist wirklich nicht die richtige Interpretation.

Ananda, deine Interpretation, daß der wahrnehmende Geist dort eine eigene Substanzialität hat, gerade dort wo der Punkt ist, wo sich Objekt und Gedanke treffen, würde Fesseln an deinen Geist legen – so, als ob du Fesseln an deinen Händen und Füßen haben würdest. Laß es mich dich auf diese Art fragen: Steigt dein geistiges Bewußtsein innerhalb deines Körpers – oder ohne deinen Körper? Wenn es innerhalb des Körpers erwacht, solltest du fähig sein, das Innen deines Körpers zu kennen – wenn es von außerhalb des Körpers kommt, solltest du fähig sein, zuerst dein Gesicht zu sehen.

Ananda antwortete: Mein Erhabener. Ich sehe mit meinen Augen, und ich nehme mit meinem Geist wahr. Das bedeutet nicht, daß sie austauschbar sind.

Der erhabene Buddha fuhr fort: Ananda, wenn deine Augen selber sehen können – denn angenommen, du bist in einem Zimmer – kann die Tür an der Wahrnehmung des Sehens beteiligt sein? Wenn die Tür diese Wahrnehmung mit den Augen teilt, dann würden alle toten Körper, die noch intakte Augenorgane haben, weiterhin sehen können. Wenn sie noch sehen können, wie kann dann gesagt werden, daß sie tote Körper sind. Ananda, wenn wir zugeben, daß dein wahrnehmender Geist eine Art von Substanzialität hat, ist er dann ein Körper oder sind es mehrere Körper? Ist er in einem Platz deines Körpers lokalisiert oder ist er über den ganzen Körper verteilt? Wenn es ein Körper ist und du einen Arm bindest, wird der andere dann auch gebunden sein? Wenn die sich beide gebunden fühlen, dann kann da kein sicheres Wissen vom exakten Platz dieser Bindung sein. Oder wenn die Wahrnehmung in einem Platz lokalisiert gebunden zu sein scheint, dann kann der wahrnehmende Geist nicht als Körper angenommen werden. Oder wenn der wahrnehmende Geist als viele

Körper angenommen wird oder in vielen Körpern ist, das würde bedeuten, daß es da viele Persönlichkeiten gibt – und die Frage würde entstehen, welche dieser lokalisierten Geiste wirklich zu dir gehören. Oder wenn dein Geist angenommen wird, so, als ob er einheitlich über deinen Körper verteilt wäre – und wenn dann dein Arm festgebunden wäre, dann würde dein ganzer Körper dieses Leid fühlen. Oder wenn der Geist nicht einheitlich, sondern nur verteilt an einigen Teilen des Körpers ist – und wenn du dann deinen Kopf und zur selben Zeit deine Füße berühren würdest – einer würde es wissen und der andere nicht. Wir wissen, daß das nicht so ist. Deswegen Ananda, mußt du sehen, daß deine Frage, daß wann immer der Geist äußere Objekte trifft, daß da die Manifestation des Geistes lokalisiert ist – das ist unvernüftig.

Dann sagte Ananda zum erhabenen Buddha: Nun, ich kann mich erinnern, daß mein erhabener Buddha in der Zeit als er Bruder Manjusri und andere Prinzen der Tugend lehrte, sagte, daß der Geist weder innerhalb noch außerhalb des Körpers lebt. Es scheint mir, wenn er innen ist, können wir die Innenseite nicht sehen und wenn er außen ist, können wir die Außenseite nicht fühlen. Wir wissen, daß wir die Innenseite des Körpers nicht sehen können und das muß bedeuten, daß der Geist nicht innerhalb des Körpers wohnt, es muß bedeuten, daß auf irgendeine Art unser Geist und Körper in übereinstimmender Zusammenarbeit mit sich selber, durch die Fakultät der Wahrnehmung, ist. Und das würde bedeuten, daß er nicht außerhalb des Körpers ist. Nun mein Erhabener, ich sehe, daß unser Geist und Körper in gegenseitiger Zusammenarbeit sind und trotzdem können wir nicht die Innnseite des Körpers sehen – es muß sein, daß der wahrnehmende, verstehende Geist zwischen diesen Dingen sein muß.

Der erhabene Buddha faßte zusammen: Nun Ananda, du denkst, daß der Geist irgendwo zwischen den Dingen wohnen muß. Laß uns annehmen, wenn er zwischen irgendwas wohnen würde, müßte es ja ein besonderer Platz sein wo er wohnt – wir können keinen nichtdefinitiven Platz annehmen. Nun Ananda, angenommen, du hast erraten, wo er lokalisiert ist. Wenn er zwischen äußeren Dingen oder in unserem Körper lokalisiert ist, dann würde er an der Oberfläche des Körpers sein und dieses könnte nicht bedeuten – an irgendeinem Platz innerhalb des Körpers. Wenn er zwischen den Teilen des Körpers lokalisiert wäre, dann würde er innerhalb des Körpers sein. Oder wenn er zwischen externen Dingen wäre, welches würde sein Standard der Direktion sein? Angenommen, wir nehmen das Beispiel eines Mannes der zwischen Dingen steht – und wenn er nach Osten schaut, im Westen stehen muß – oder wenn er in Richtung Westen schaut, er im Osten stehen muß – oder er in Richtung Süden schaut, er im Norden stehen muß. Wenn der Geist zwischen den Dingen steht, er jedoch keine Standard-Direktion, keinen Richtpfeil hat, ist es das gleiche wenn man sagen würde – er hat keine Existenz – oder sogar, wenn er einen Direktions-Richtpfeil hat, kann da keine Sicherheit sein, wenn beim einfachen Drehen, es entweder Süden, Norden, Westen oder Osten sein kann. Wenn so der Richtpfeil unsicher ist, gerät der Geist natürlich durcheinander.

Ananda antwortete: Was ich vom Geist sagte, »zwischen irgend etwas«, ist nicht in diesem Sinne gemeint. In einer anderen Situation hat mein Erhabener gesagt: Als Kausal- Kondition sind Augen und Sehen gegenseitig anziehend. Aber da muß etwas sein, was im Bewußtsein manifestiert ist, welches abhängig vom Auge ist. Das ist es was ich meine, daß der Geist »zwischen irgend etwas« ist. Die Augen notieren Unterschiede, während die Objekte gesehene, unsensible Dinge sind. Zwischen denen als Bewußtsein entwickelt, muß der wahrnehmende Geist zwischen ihnen lokalisiert sein.

Der Erhabene unterbrach – sagend: Ananda, wenn gesagt wird, daß der Geist zwischen den Sinnesorganen und den Objekten existiert, so laß mich fragen, ist die Essenz des Geistes separat – in zwei Teilen – oder nicht? Wenn er es ist, werden die Objekte und der ursprüngliche Geist konfus miteinander vermischt sein. Und da die Objekte nicht exakt die gleichen sein können, wie der Geist, der das Bewußtsein besitzt, müssen sie gegenüberliegend voneinander sein. Wie kannst du dann aber sagen, daß der Geist zwischen ihnen existiert? Wenn deine Äußerung, daß der Geist zwei Teile hat, einen Grund aufweist, dann bedeutet die Äußerung, daß die unsensiblen Objekte unmerklich sind das gleiche, wie wenn man sagen würde, daß es in sich selbst keine Essenz hat und deswegen unwahrnehmbar sein muß. So hat auch die Aussage »zwischen irgend etwas« keine Bedeutung. Deswegen Ananda, mußt du zugeben, daß die Aussage, daß der Geist zwischen etwas existiert, eine absurde Aussage ist, die unmöglich zu interpretieren ist.

Ananda sprach dann zum erhabenen Buddha: Nobler Erhabener! Vor einiger Zeit, als mein Erhabener mit den vier großen Bodhi-sattvas-Mahasattvas – Maudgalyayana, Subhuti, Purna und Sariputra – die verwobene Tugend besprach, hörte ich wie der Erhabene als Fakt sagte, daß die Essenz des wahrnehmenden, sehenden, bewußten Geistes nicht innen oder außen existiert, auch nicht dazwischen – er hat keine Position der Existenz. Seitdem mein Erhabener eben dieses so in seiner Lehre interpretiert hat, habe ich aufgehört willkürliche Konzepte zu machen, wo denn die Lokalisation des Geistes sein soll. Aber wenn das richtig ist und es ist irgend etwas Nichtgreifbares – in welchem Sinn kann dann davon als »mein Geist« gedacht werden?

Der erhabene Buddha antwortete: Ananda, zu dem was du eben gesagt hast, daß die Essenz von dem wahrnehmenden, sehenden, bewußten Geist, keine definitive Lokalisierung irgendwo hat, ist ja die Bedeutung klar: Er ist nicht in dieser Welt – auch nicht in dem großen offenen Raum, auch nicht im Wasser oder auf dem Land, auch nicht gehend oder mit Flügeln fliegend – oder ist er irgendwo. Aber wenn du sagst, daß dein Geist nicht länger an irgendwelchen willkürlichen Konzepten festhält – von der Existenz, dem Phänomen Geist – was meinst du damit? Meinst du, daß die Phänomene keine wahre Existenz haben – oder das sie keine greifbare Existenz haben? Wenn du meinst, daß sie keine wahre Existenz haben, würde das bedeuten, sie sind wie Haare auf einer Schildkröte oder wie Hörner auf einem Hasen …, aber solange du dabei mit der Ahnung von nichtfaßbar bleibst, kennst du nicht meine perfekte Nichtexistenz. Aber was meinst du damit? Natürlich wenn dein Geist perfekt blank wäre, muß es, soweit es dich angeht, bedeuten: absolute Nicht-existenz. Aber wenn du immer noch an einige willkürliche Konzepte von Phänomenen festhältst, mußt du ja eine Art von Existenz meinen. Wie ist es dann mit dem Eindruck von Nichtfesthalten an irgend etwas – zum Beispiel der Eindruck von »mein Geist« – da, wo du meinst – der nicht existiert – da ist. Deswegen Ananda mußt du sehen, was du gerade von der Nichtexistenz von irgend etwas gesagt hast – nur weil du nicht länger innerhalb deines Geistes daran festhältst, daß dieses die Nicht-Existenz von einem scharfsinnigen, wahrnehmenden, bewußten Geist bedeuten würde. Dieses würde ganz schön absurd sein – oder nicht?

Daraufhin stand Ananda inmitten der Versammlung von seinem Platz auf, rückte den zeremoniellen Schal zurecht, kniete sich auf sein rechtes Knie, plazierte die Innenseiten seiner Handflächen zu-sammen und wendete sich respektvoll dem erhabenen Buddha zu – sprechend: Nobler Erhabener! Ich habe die Ehre dein jüngster Verwandter zu sein und du hast mich dauernd mit viel zuneigender Fürsorge behandelt. Obwohl ich nur einer deiner vielen Schüler bin, zeigst du weiterhin deine Zuneigung für mich. Aber obwohl ich ja mental gewachsen bin, bin ich noch nicht frei von Verunreinigungen und Festhalten – und konsequenterweise konnte ich nicht dem magischen Spruch aus dem Hurenhaus entkommen. Mein Geist wurde konfus und ich war an dem Punkt, wo ich in seinen Ver-unreinigungen ertrank. Ich kann nun sehen, daß es nur wegen meiner Ignoranz war, die ja nicht die richtige Erkenntnis vom wahren, ursprünglichen, essentiellen Geist hatte. Ich bete, oh mein Erhabener, habe Mitleid und Erbarmen mit mir und zeige mir den rechten Pfad zum spirituellen Geist vom Samapatti *(Betrachtung)*, sodaß ich Selbstmeisterung erreiche und frei werde von dem üblen Mirselbst und fähig bin, alle Häretiker von den Bindungen der falschen Ideen und Taten zu befreien.

* * *

Als Ananda seine Bitte beendet hatte, beugte er sich demütig vor dem erhabenen Buddha, mit seinen Händen an der Stirn den Boden berührend – die ganze Audienz erwachte in innerer Erregung – wartete mit ernsten und ehrfurchtsvollen Herzen auf die Antwort des Gesegneten.

Plötzlich, in der mit der erwartenden Menge gefüllten Meditationshalle, erschien da eine sehr wunderbare Sicht, die alles bisher Gesehene transzendierte – die Halle war auf einmal angefüllt mit einer leuchtenden Pracht, welche aus dem Mond-Leben-Gesicht des Gesegneten herausleuchtete – wie Hunderte von tausenden Sonnenstrahlen, die überall funkeln – und wo immer die Strahlen auftrafen, erschienen dort sofort himmlische Buddhaländer – mehr noch, die Person des erhabenen Buddhas vibrierte mit sechs transzendentalen Bewegungen – gleichzeitig manifestierend und umarmend die Buddhaländer der Zehn Himmelsrichtungen von allen Universen, so zahlreich wie die feinsten Teilchen des Staubs im Sonnenlicht. Und diese all-umarmende, segnende und transzendente Herrlichkeit, vereinte alle diese unzähligen Buddhaländer in ein einziges ganzes. Und alle großen Bodhisattvas von all diesen unzähligen Buddhaländern wurden gesehen, jeder in seinem eigenen Platz – mit zusammengefalteten Händen, erwartungsvoll auf die Worte des gesegneten Erhabenen wartend ...

Dann wendete sich der erhabene Buddha der Versammlung zu – sagend: Ananda, seit anfangloser Zeit – von Leben zu Leben – haben alle empfindenden Wesen ihre störenden Illusionen gehabt, die in ihrer natürlichen Entwicklung manifestiert waren – jeder unter der konditionierenden Kraft seines eigenen induviduellen Karmas – so wie der Samentopf des Okra und der, wenn er sich öffnet, jeweils drei Samen in jede Gruppe fallen läßt. Der Grund warum alle hingebenden Schüler nicht sofort höchste Erleuchtung erlangen, ist der, weil sie zwei grundsätzliche Prinzipien nicht realisieren und deswegen erreichen nur einige Arhatship *(Ein Heiliger, der nicht mehr zu lernen braucht und völlige Erlöschung unmittelbar nach diesem Leben erreicht ..., okay? Aber lieber Leser, laß dich von diesem Erlöschen nicht*

*abschrecken – wenn du Materialist bist, ist ja sowieso alles vorbei –
wenn du stirbst, erlöschst du.* Dieses Erlöschen ist aber in Wahrheit die
*völlige, totale Einswerdung, nämlich das, was du in Wahrheit schon
immer bist.)* oder sie erreichen Pratyakaship *(Wahrnehmung, nur durch
die physischen Sinne – Materialisten.)* – und einige sogar zu eben
niedrigeren Erreichungen, zum Stadium der Devas *(Himmelswesen)*
und der Häretiker – und einige zu Marakönigen *(die überwältigenden
Leidenschaften des Menschen)* und ihrer Anhänger. Der Grund für
diese grossen Unterschiede ist, die zwei Prinzipien nicht zu kennen –
sie werden daher konfus im Geiste und fallen in falsche Praktiken. Es
ist so, als ob sie feine Delikatessen kochen wollten, aber Steine und
Sand kochen – was sie natürlich niemals könnten, auch wenn sie sie
für unendliche Zeiten kochen würden.

Welches sind nun diese zwei fundamentalen Prinzipien, Ananda?
Das erste fundamentale Prinzip ist der ursächliche Anlaß für die
Wiederholung von Sterben und Wiedergeborenwerden – seit anfang-
loser Zeit. Es ist das Prinzip der Ignoranz, dieses nach außen gehende
Prinzip der Individuation, Manifestation, Transformation, der
Wiederholung und Diskriminierung. Von der Arbeit aus diesem
Prinzip resultierten diese unterschiedlichen Variationen des Geistes
von allen fühlenden Wesen. Und alle Zeit haben sie diesen limitier-
ten, verwirrten und vergifteten Geist als ihre wahre, natürliche Essenz
ihres Geistes betrachtet.

Nun das zweite fundamentale Prinzip, ist der ursächliche Grund
von der reinen Einheit der Erleuchtung und Nirwana, das seit anfangloser Zeit existierte. Es ist das Prinzip der Integration des Mitgefühls und Mitleids, dieses nach innen ziehende, vereinigende
Prinzip von Reinheit, Harmonie, Liebenswürdigkeit, Rhythmus,
Dauerhaftigkeit und Frieden. Durch das Einziehen dieses Prinzips in
deine Helligkeit deiner eigenen Natur, kann sein vereinheitlichender
Geist entdeckt werden – entwickelt und realisiert unter allen Variationen und Konditionen. Der Grund warum dieser vereinheitlichende
Geist so schnell unter den Konditionen verloren ist, ist deswegen,
weil du so schnell deine Helligkeit und Reinheit deiner wesentlichen

Natur vergessen hast und du zwischen den Aktivitäten des Tages
aufhörst, seine Existenz zu realisieren. Deswegen Ananda, ist es, daß
du und alle fühlenden Wesen durch diese Ignoranz in Unglück und
verschiedene Teile der Existenz gefallen sind.

*(... da stimmt doch was nicht – wie kann Gott sich je selbst ver-
gessen, das ist unmöglich – aber trotzdem, ich sehe ja, wie es auf der Erde
zugegangen ist. Die Menschen haben tatsächlich gemeint – und meinen es
immer noch – sie seien die Menschen, die Körper ..., dat is nix.)*

Nun Ananda, du wünschst den richtigen Weg zu Samapatti
(Betrachtung), sodaß du vom Kreislauf des Sterbens und Wiedergeborenwerdens fliehen kannst – ist es nicht so Ananda? Dann laß
mich dir noch einige weitere Fragen stellen. Der erhabene Buddha
hob einen Arm – die Hand zur Faust gemacht – sagend: Ananda,
siehst du dieses?

Ja, ich sehe es, mein Erhabener.

Was siehst du, Ananda?

Ich sehe meinen Erhabenen mit erhobener Faust und seine
Brillianz blendet meine Augen und wärmt mein Herz.

Womit siehst du es, Ananda?

Ich sehe es natürlich mit meinen Augen, mein Erhabener.

Dann sagte der erhabene Buddha: Ananda, du hast mir gerade
geantwortet und gesagt, wenn der Tathagata *(Der so Dahingelangte,
vollkommene Mensch.)* durch sein Fingerzusammenziehen eine
leuchtende Faust macht, daß seine Helligkeit in deine Augen schien
und so dein Herz erwärmte. Sehr gut. Nun will ich dich fragen:
Während meine Faust hell leuchtet und während du sie dir nahe
anschaust – was ist es, daß die Existenz deines Geistes zum Vorschein
bringt?

Ananda antwortete: Nun befragst du mich nach der Existenz
meines Geistes. Um diese Frage nun zu beantworten, muß ich meine
Denk- und Vernunftfähigkeiten benutzen, um dabei suchend eine
passende Antwort zu finden. Ja, nun verstehe ich – dieses Denk- und
Vernunftwesen ist das, was mein Geist ist.

Der erhabene Buddha wies Ananda scharf zurecht und sagte:

Sicherlich ist das nicht sinngemäß – anzunehmen, daß dein Wesen dein Geist ist.

Ananda stand mit zusammengefalteten Händen auf und sagte erstaunt: Warum mein Erhabener, wenn mein Wesen nicht mein Geist ist, was kann sonst mein Geist sein?

Der erhabene Buddha sagte: Die Annahme, daß dein Wesen dein Geist ist, ist einfach eines der falschen Konzepte, die vom Wiederspiegeln über die Relation von dir selbst und Außenobjekte entstehen – und welche deinen wahren essentiellen Geist verdecken. Es ist deswegen, weil du seit anfangloser Zeit, bis hinunter zum gegenwärtigen Leben, deinen wahren, ursprünglichen Geist konstant mißverstanden hast. Es ist, als ob du einen kleinen Dieb als deinen eigenen Sohn behandelst. Während du so etwas tust, verlierst du Bewußtheit von deinem ursprünglichen, permanenten Geist und deswegen bist du forciert, viel Leid und sich wiederholende Geburten und Tode zu erleben.

In Schrecken und Durcheinander sagte Ananda zum Erhabenen: Ich bin dein geliebter Vetter und wegen meiner Wertschätzung deiner Eigenschaften, der Exzellenz, hast du mir erlaubt dein Schüler zu sein. Zu meinem Geist – es ist nicht nur einfach so, daß mein Geist diese Wertschätzung meinem erhabenen Buddha gegenüber gemacht hat, er hat auch Lob und Achtung zu allen Buddhas und gelernten Meistern, von allen unzähligen Buddhaländern, gemacht. Mehr als das, es ist mein Geist, der versucht hat sämtliche Arten von schwierigen Praktiken mit großer Resolutheit und Courage durchzuführen. Das sind alles Aktivitäten meines Geistes, aber auch von mir – wie können die separat sein? Sogar meine üblen Taten, die Tugend zu beschmutzen, die guten Methoden nicht zu verfolgen – das sind auch Aktivitäten von meinem Geist und von mir. Ich selbst ist mein Geist. Wenn diese Taten so gezeigt werden können, daß sie nicht die Aktivitäten meines Geistes sind, dann würde ich ja ohne Geist sein, so wie ein Abbild, das von einem Baumstamm oder von Erde wäre – oder wenn ich meine Wahrnehmumg und mein Bewußtsein abgeben würde, da würde nichts übrig sein, welches als Ich oder mein Geist angenommen würde. Was meinst du mein Erhabener, wenn du sagst, daß mein Wesen nicht mein Geist ist. Wie du sehen kannst, bin ich erstaunt und durcheinander – und diese Audienz, die sind auch im Zweifel. Bitte Erhabener, habe Einsicht für uns alle und erkläre dich selbst klarer, denn wir sind alle nur ignorante Schüler.

Daraufhin legte der gesegnete Erhabene seine Hand liebevoll auf Anandas Kopf und machte mit der Erklärung, von der wahren und essentiellen Natur des Geistes, weiter – wünschend, daß in ihnen allen ein Bewußtsein erwacht, welches die Phänomene transzendiert. Er erklärte ihnen wie wichtig es ist, den Geist frei von sämtlichen diskriminierenden Gedanken, frei vom Selbst und Nichtselbst zu halten – wenn sie es korrekt verstehen wollen. Er machte weiter: Ananda – und alle meine Schüler! Ich habe euch andauernd gelehrt, daß alle Phänomene und deren Entwicklung ganz einfach Manifestationen des Geistes sind. Alle Ursachen und Konditionen, von großen Universen bis zum feinsten Teilchen Staub – nur im Sonnenlicht gesehen, kommen in angebliche Existenz nur auf dem Weg des diskriminierenden Geistes. Wenn wir den Anfang von irgend etwas im Universum, in allen Universen, examinieren, finden wir, daß es nur eine Manifestation von ursprünglichen Essenzen ist. Sogar die kleinen Blätter von Kräutern, Fadenknoten – alles. Wenn wir sie genau untersuchen, finden wir, daß da etwas Essenz in ihrer Originalität liegt. Sogar offener Raum ist nicht Nichts. Wie kann es denn sein, daß der wunderbare, reine, ruhige und erleuchtete Geist, welcher die Quelle von allen Konzepten, von allen manifestierten Phänomenen ist, keine Eigenessenz haben sollte?

Wenn du nur kleinlich verstehst, daß dieser wahrnehmende Geist von diskriminierendem Bewußtsein, der von verschiedenen Sinnesorgane abhängig ist, das gleiche wie der Essenz-Geist wäre – dann würde der diskriminierende Geist alle diese Aktivitäten aufgeben, die auf Formen, wie Sicht, Ton, Geruch, Geschmack und Berührung, reagieren – und würde sich eine andere, mehr perfektere, Selbstnatur suchen. Ihr hört nun meine Lehre und euer Geist macht Diskriminierungen durch den Ton, der von meinem Sprechen aufsteigt, aber wenn nun der Ton aufhört und alle Wahrnehmung, die vom Ton hochgeht und zu einem Ende kommt, macht der Geist trotzdem weiter mit der Diskriminierung der Erinnerungen des Tons – und ihr findet es schwierig euren Geist in Leere und Ungestörtheit zu halten. Das bedeutet nicht, daß ich euch anweise diese folgenden Aktivitäten zu verstehen, aber ich weise euch an, ihre Natur mehr zu studieren. Wenn euer Geist, nach dem das Objekt von der Sicht entfernt ist, immer noch seine diskriminierende Natur hat, würde dieses nötigerweise bedeuten, daß euer diskriminierende Geist seine Substantialität verloren hat. Würde es nicht eher bedeuten, daß ihr nun noch eher die Schatten und Reflektionen von unrealen Sachen diskriminiert, die ihren Ursprung in der Gegenwart der Objekte von eurem Sehen hatten? Objekte sind sicherlich nicht permanent – da sie verschwinden, verschwindet euer Geist auch und wird zu Haar auf einer Schildkröte oder zu einem Horn an einem Hasen. Wenn Geist schwindet, dann würde auch die große Ordnung verschwinden – und wer würde hingebungsvoll an den Praktiken arbeiten, um weiterkommend sich von den Entwicklungen zu befreien, die aufgrund von Konzepten der Phänomene entstehen?

Mit dem gerade Gehörten wurde Ananda und die große Versammlung sprachlos und noch konfuser.

Der erhabene Buddha machte weiter: Ananda, wenn in dieser Welt Schüler konsequent Meditation praktizieren würden – und sie alle neun Stadien der Stille in der Meditation erreichen würden, frei von Vergiftungen sein würden, die von weltlicher Kontamination und Bindung sind, sie trotzdem aber nicht die Erreichung des Heiligen schaffen, ist es nur deswegen, weil ihre Bindung diese täuschende Konzeption von diskriminierendem Denken hat, die auf Unrealitäten und Fehlern basiert und sie die Delusion als real sehen. Ananda, obwohl du schon eine Menge gelernt hast, bist du jetzt noch nicht für die Ausgereiftheit der Buddhaschaft fertig.

* * *

Als Ananda diese feierliche Lehre hörte, wurde er sehr traurig und mit Tränen in den Augen, mit Stirn, Händen und Füßen den Boden berührend, gab er seine Huldigung dem erhabenen Buddha und kniend sagte er dann:

Nobler Erhabener! Seit ich mir vorgenommen hatte ihnen zu folgen, um ihr Schüler zu werden, habe ich andauernd gedacht, daß ich in eurer supernormalen Stärke Schutz finde – und das es nicht schwierig sein würde eurer Lehre zu folgen und sie in die Praxis umzusetzen. Ich erwartete, daß der Erhabene mich bevorzugen würde – mit der Erfahrung von einem Samadhi in diesem Körper. Ich schätze es nicht, daß der Körper und der Geist unterschiedlich sind und sich nicht gegenseitig ersetzen. So habe ich wohl meinen Geist verloren – obwohl ich ein Schüler von Buddha bin, mein Herz ist bis jetzt noch nicht in Erleuchtung absorbiert – ich bin wie ein verlorener Sohn, der seinen Vater aufgegeben hat. Ich sehe nun, daß ich trotz meines Lernens nicht fähig bin, es in die Praxis umzusetzen, denn ich bin nicht besser als ein ungelernter Mann. Es ist wie ein Mann, der von Nahrung redet, aber nie ißt und befriedigt wird. Wir sind alle in diesen zwei Hinderungen verfangen – Wissen und Lernen, Plagen und Leiden. Ich kann nun sehen, daß es alles wegen meiner Ignoranz ist, warum ich die wahre Ruhe und Gelassenheit der Natur des wahren Geistes nicht kenne. Bitte, erhabener Buddha, verzeih uns allen, zeige uns klar den mysteriösen, erleuchteten Geist und öffne unsere wahren Augen der Erleuchtung.

Plötzlich, vom heiligen Symbol auf der Brust des erhabenen Erwachten, zeigte sich da eine gloriose, blendende Helligkeit, welche nach außen strahlte, brilliant in Hunderten von tausenden Farbstrahlen, die bis zu den Zehn Himmelsrichtungen des Universums reichten – welche sofort in unzählige Buddhaländer geformt wurden und alle heiligen Schreine der Tathagatas *(voll Erwachten)* glorifizierten – in allen Zehn Himmelsrichtungen des Universums. Und endlich – die schillernde Pracht kam zurück, um auf Anandas Krone und den Kronen aller Anwesenden zu ruhen.

Dann adressierte der erhabene Buddha seine Rede direkt an

Ananda – sagend: Für das Wohl aller, werde ich den luminösen Strahl der Tugend heben, sodaß bei seinem Licht alle fühlenden Wesen vielleicht die mysteriöse Natur des reinen, erleuchteten Geistes realisieren und sein wahres, innerliches Auge erreichen.

Zuerst laß mich dich fragen, Ananda. Du sahst meine Faust und sie schien für dich sehr hell zu sein. Auf welche Art hat sich ihre Helligkeit manifestiert? Auf welche Art war es gesehen und auf welche Art war der Gedanke von Helligkeit entstanden?

Ananda antwortete dann: Mein Erhabener, die Helligkeit kommt vom ganzen erleuchteten Körper meines Erhabenen – was so hell ist, wie ein großes Tal voller Rubine. Dein ganzer leuchtende Körper könnte nicht entstanden sein, wenn nicht aus der Reinheit selbst. Eure Hand, die in Form einer Faust zusammengefaltet war, sah ich mit meinen Augen – mein Geist nahm die Helligkeit wahr.

Der Buddha sagte: Du sagst, daß es die Bewegung meiner Finger und das Sehen deiner Augen ist, das dir die Konzeption der Faust gibt. Bedeutet dies, daß die Natur der Bewegung von den Fingern und das Sehen der Augen und das Denken des Geistes alles gleich ist?

Ananda sagte: Ja, mein Erhabener, wenn du keine Hand hättest oder ich keine Augen, dann könnte da keine Konzeption einer Faust sein. Da muß das Zusammentreffen zweier Konditionen vorhanden sein.

Der erhabene Buddha unterbrach: Du sagtest, daß die Bewegung der Hand und das Sehen der Augen in Übereinstimmung seien und der Geist die Faust wahrnimmt. Ist das ganz wahr? Wenn ein Mann seine Hand verliert, dann verliert er sie für immer – aber wenn ein Mann seine Augen verliert, dann verliert er nicht den Sinn des Sehens – oder wird das Konzept einer Faust verlieren. Angenommen, du triffst einen blinden Mann auf der Straße und du fragst ihn in seiner Blindheit: »Was siehst du?« Er wird dir eine Antwort dieser Art geben: Ich kann nur Dunkelheit sehen, nichts anderes. Das bedeutet, daß die Objekte innerhalb des Radius seiner vorherigen Sicht dunkler wurden – da ist kein Verlust von der Konzeption, Wahrnehmung, Sehen – aber die Wahrnehmung von Dunkelheit.

Ananda fragte: Mein Erhabener, wenn der blinde Mann nur Dunkelheit wahrnehmen kann, wie kann es bedeuten, daß er immer noch die Wahrnehmung von Sehen hat?

Der Buddha antwortete: Ananda, dieser blinde Mann mit keinen Augen, sieht ganz einfach Dunkelheit, so wie jeder sehende Mann, der in einem dunklen Raum eingeschlossen – Dunkelheit sieht. Schließe deine Augen Ananda, was nimmst du außer Dunkelheit auf?

Ananda mußte soweit zugeben, daß da nur die Wahrnehmung der Dunkelheit blieb, daß da kein Unterschied zwischen einem blinden Mann, dem Mann im dunklen Zimmer – und er selbst mit geschlossenen Augen – war.

Der Buddha resümierte: Wenn der blinde Mann nur Dunkelheit sehend, plötzlich seine Sicht wieder bekommt und wieder Objekte sieht, sagen wir, daß er sie durch seine Augen sieht – dann ist eine Lampe plötzlich in einen dunklen Raum gebracht – und wir sagen, daß der Mann wieder die Objekte sieht – durch die Lampe. Das ist nicht ganz richtig wahr, denn während die Lampe Objekte aufzeigt, sind es die Augen, die sie sehen. Wenn es anders herum wäre und das Sehen zur Lampe gehören würde, dann würde sie nicht länger eine Lampe sein und das Sehen würde keine Verbindung zu ihr haben. In einem wahren Sinne nun, wie auch immer: Es ist nicht die Lampe oder die Augen, die die Objekte sehen.

(Ja, das erinnert mich an meine Zeit auf der Insel Kefalinos, wo ich mehrere Monate meditierte, um Selbsterkenntnis zu erlangen – mit einer selbstgemachten Mantra-Affirmation – und es auch nach Monaten erreichte, den Zustand, den Buddha hier beschreibt. Ich wußte dann mit 100%iger Sicherheit, daß ich nicht der Körper war, aber auch nicht der psychospirituelle Bereich meines Gehirns mit all seinen Gedanken, Phantasien, Ängsten und Träumen, sondern der unendlich Angstlose, unendlich Ruhige, unendlich Glück- selige, der weit, weit erhaben und ewig hinter all dem energetisch Organischen war. Das was du bist ist keine Energie mehr, denn Energie lebt und stirbt – es ist sehr, sehr schön, das zu erkennen. Vielleicht werde ich ja darüber noch ein Büchlein schreiben – falls ich es in diesem Körper noch schaffe ... Wolf Schorat grüßt euch!

*Die Augen sind nur Organe, aber sehr, sehr schöne, edle – sie können
gar nichts sehen.)*
Obwohl dieses die zweite Instruktion war, die Ananda zu diesem
Thema bekommen hatte, konnte er es noch nicht verstehen und saß
benommen und konfus da – hoffend noch eine klärende Interpretation, in den lieben und zarten Tönen des Meisters, zu bekommen.
Und er wartete mit einem reinen und erwartenden Herzen auf die
weiteren Erkärungen des Gesegneten.

In großer Güte ließ dann der erhabene Buddha zärtlich seine
Hand auf Anandas Kopf ruhen und sagte zu ihm: Ananda, am
Anfang meiner perfekten Erleuchtung ging ich zu dem Hirschwald
bei Sarnath, wo Kaundinya und seine vier Schüler lebten und gab
ihnen meine erste Lehre. Die Lehre war folgendermaßen: Der Grund
weswegen alle fühlenden Wesen es nicht schaffen, Erleuchtung und
Heiligkeit zu erreichen, ist deswegen, weil sie durch falsche Konzepte
über die Phänomene und Objekte, welche ihren Geist verunreinigten, irregeführt wurden. Seit der Zeit haben sie verstanden, wie
wichtig das Lehren ist – und sie sind erleuchtet worden.

Dann stand Kaundinya von seinem Sitz auf und sprach den Erhabenen an – sagend: Gesegneter Erhabener! Ich bin nun der Älteste
in dieser Versammlung und man gibt mir den Kredit, daß ich das
beste Verständnis von der Tugend habe. Ich erreichte Heiligkeit
durch Realisierung der Signifikanz von objektiven Dingen. Ich war
ein Reisender – Unterkunft suchend, wo ich meinen Hunger stillen
und mich ausruhen konnte, aber wie ein Reisender, der, nach dem er
sich nun ausgeruht und seinen Hunger gestillt hat, konnte ich nicht
länger für eine komfortable Erholung dableiben, sondern mußte für
eine weitere tägliche Reise weitermachen. Wenn er selbst der Unter-
kunftsbesitzer gewesen wäre, hätte er es so tun können, aber der
Reisende ist ja das Symbol der Impermanenz *(Unbeständigkeit)*. Wir
können auch eine Lehre vom Himmel ziehen – nach einem Regen ist
es frisch und klar und die Sonnenstrahlen durchdringen die Wolken
und beleuchten die Staubteilchen, die sich in der Luft bewegen. Wir
denken vom offenen Raum als etwas Unbewegliches, Permanentes,

während wir von Staubteilchen als Symbole von Bewegung und Impermanenz denken.

Der erhabene Buddha war mit den Worten von Kaundinya sehr zufrieden und sagte: So ist es, so ist es Kaundinya! Dann erhob der Erhabene seine Hand, öffnete seine Finger und schloß sie dann wieder – sagend: Was siehst du Ananda?

Ananda antwortete: Ich sehe meinen Erhabenen vor der Versammlung stehend, seine wunderschönen Finger öffnen und schließen.

Der Erhabene resümierte: Als du meine sich öffnenden und schließenden Finger beobachtet hast – ist die Wahrnehmung von Bewegung, meiner Hand oder meinen Augen zugehörend?

Ananda antwortete: Mein Erhabener, während sich deine Hand schließt und öffnet, sehe ich die Bewegung als zu der Hand gehörend und nicht zu den Augen.

Dann fragte der Erhabene: Ananda, was ist in Bewegung und was ist still?

Ananda antwortete: Mein Erhabener, es sind deine Finger, die in Bewegung sind, aber nun zu der Wahrnehmung meiner Augen: Nein, es kann nicht gesagt werden, daß sie die Natur von absoluter Stille haben, es kann kaum gesagt werden, daß es in Bewegung ist.

Der erhabene Buddha war mir der Antwort zufrieden und sagte: So ist es, Ananda. Dann erschuf der erhabene Buddha einen hellen Strahl aus Licht und ließ ihn pfeilartig von seiner Hand auf Anandas rechte Seite fallen. Ananda drehte schnell seinen Kopf herum, um ihn zu sehen.

Dann fragte der erhabene Buddha – sagend: Ananda, warum hast du deinen Kopf herumgedreht?

Mein Erhabener, es war deswegen, weil ich den leuchtenden Lichtstrahl, der von der Hand des Erhabenen sprang und pfeilartig erst zu meiner rechten, dann zu meiner linken Seite kam – und ich drehte meinen Kopf, um zu sehen was da kam.

Ananda, du sagtest, als deine Augen dem Licht folgten, hast du deinen Kopf von links nach rechts gedreht. Erzähl mir, war es dein Kopf oder die Wahrnehmung von dem Gesehenen, was sich bewegte?

Mein Erhabener, es war mein Kopf, der sich zu der Wahrnehmung vom Sehen bewegte – es kann nicht gesagt werden, daß sie
die Natur der Unbeweglichkeit hat, es kann aber auch nicht gesagt
werden, daß sie keine Bewegung hat.

Der Erhabene war mit Anandas Antwort zufrieden und sagte: So
ist es, Ananda. Als ich dich anschaute, so wie es fühlende Wesen tun,
war es dein Kopf, der sich herumbewegte, aber meine Wahrnehmung
vom Sehen hatte sich nicht bewegt. Und als du mich angeschaut
hast, war es meine sich öffnende und schließende Hand – nicht dein
»Sehen«, das sich bewegte? Ananda, kannst du nicht die Unterschiede
in der Natur sehen – in dem was sich bewegt und ändert und in dem,
was bewegungslos und unveränderlich ist? Es ist der Körper, der sich
bewegt und ändert – nicht der Geist! Warum schaust du andauernd
auf Bewegung, als zugehörig zu beiden – Körper und Geist? Weshalb
erlaubst du deinen Gedanken aufzusteigen und zu fallen – der
Körper den Geist kontrollierend – anstatt der Geist den Körper?
Weshalb läßt du dich von deinen Sinnen täuschen, anstatt bei dem
wahren, unveränderlichen Geist zu bleiben – und dann Sachen zu
machen, die eine umgekehrte Ordnung haben, welches zu Bewegung,
Konfusion und Leiden führt? Wenn einer seine wahre Natur des
Geistes vergißt, so wird er den Fehler machen, die Reflektionen der
Objekte als seinen eigenen Geist anzusehen – das bindet ihn an die
endlosen Zyklen der Bewegungen und Veränderungen und Leiden,
durch den sich wiederholenden Zyklus vom Sterben und Wiedergeborenwerden, die er sich selbst geschaffen hat.

*(Oh, dann ist ja alles klar, wenn du dir das alles selbst geschaffen
hast, also dein eigener Schöpfer bist, dann ist es auch nicht notwendig den
Weg der Buddhaschaft zu gehen und sich diese Arbeit mit dir selbst zu
machen. Warum? Du bist ja sowieso immer der gleiche, ob im Leiden, im
Sterben, im Glück, in der Liebe ..., mit anderen Worten: So wie es ist, ist
es genau perfekt. Worum es in dieser Meditation geht ist folgendes: Erst
einmal ist es schön zu erkennen, daß du in Wahrheit Gott bist – Buddha
– oder eben das Ursprüngliche, Ewige, Noble und sagenhaft Fähige. Da
sich natürlich fast alle Menschen in der Illusion befinden, der Körper zu*

sein, aber die Information haben, sie seien unsterblich – was immer noch viel zu wenige wissen – sind ihre Fähigkeiten sehr limitiert. Durch die Meditation werden ja Fähigkeiten erweckt, weil du immer mehr und mehr du selbst wirst – und so auch immer mehr und mehr zur gesellschaftlichen Qualität beitragen kannst ...,

Meditation muß Bestandteil der Gesellschaft werden – in Schulen und Universitäten gelehrt werden! So, nun weiter mit dem, was der schöne, klare Shakjamuni Buddha zu sagen hat – vor dem ich mich auch in Freude verneige.)

Du solltest alles, was dich verändert, als »Staubteile« sehen – und das was unveränderbar ist, als das, was deine wahre Natur des Geistes ist.

Dann realisierten Ananda und die gesamte Versammlung, daß sie von anfangloser Zeit ihre wahre Natur vergessen und ignoriert hatten, konditionierte Objekte und ihre Mentalabläufe durch falsche Diskriminierung und illusionäre Reflektionen fehlinterpretiert hatten – sie fühlten sich wie ein Baby, was die Brust der Mutter gefunden hat – und wurden ruhig und friedvoll in ihrer Gesinnung. In dieser Gesinnung falteten sie ihre Hände zusammen und machten ergebene Verbeugungen vor dem erhabenen Buddha. Sie erflehten vom erhabenen Tathagata sie zu lehren, wie sie den rechten Weg der Unterscheidung zwischen Körper und Geist machen könnten, zwischen dem Realen und Unrealen, zwischen dem, was wahr ist und dem was unwahr ist, zwischen der manifestierten Natur von Leben und Sterben auf der einen Seite – und der wirklichen Natur, von dem was ungeboren ist und nie stirbt – auf der anderen Seite, das eine Entstehen und Verschwinden, das andere für immer anwesend – innerhalb der Essenz ihres eigenen Geistes.

FRAGEN VON KÖNIG PRASENAJIT

Seine Hoheit, König Prasenajit, der in der Versammlung war, stand auf und wendete sich dem erhabenen Buddha zu – sagend: Geachteter Erhabener, damals, als ich noch nicht unter den Instruktionen des Erhabenen war, besuchte ich Katyayana und Vairotiputra *(zwei Häretiker-Lehrer)*. Die beiden lehrten, daß nach dem Tod die Zerstörung von Körper und Geist – Nirvana bedeutet *(Einssein mit dem Absoluten)*. Danach war ich hin und wieder mal mit eurer Erhabenheit zusammen – ich hatte Zweifel in meinem Geist – und nun ist sogar die Angelegenheit immer noch nicht klar. Wie kann ich ganz klar dieses Stadium von Nichttod und Nichtwiedergeburt verstehen und realisieren? Ich denke, daß alle Schüler, die gegenwärtig sind und noch nicht Heiligkeit erlangt haben, daß sie in gleicher Weise erwartend sind eure profunde Lehre perfekt zu verstehen, mein erhabener Buddha.

Der Erhabene wendete sich dem König zu – sagend: Eure Majestät! Habe ich die Erlaubnis euch einige Fragen über euren gegenwärtigen Körper zu stellen …, ist der Körper eurer Majestät so permanent und aushaltend, wie Gold und Stahl oder ist er impermanent und zerstörbar?

Oh mein Erhabener – nun, mein gegenwärtiger Körper aus Fleisch wird bald zur Zerstörung kommen.

Eure Majestät! Wenn euer Körper noch nicht zur Zerstörung gekommen ist, wie wißt ihr denn, daß das überhaupt passiert?

Mein Erhabener, es ist Wahrheit, daß der Körper bis jetzt noch nicht zur totalen Zerstörung vorangeschritten ist, aber so wie ich ihn beobachtet und auch über ihn nachgedacht habe, habe ich gesehen, daß er sich konstant verändert und konstante Erneuerung braucht. Es sieht so aus, als wenn er langsam zu Asche verwandelt wird – langsam weniger wird und verschwindet. Deshalb bin ich nun völlig überzeugt, daß er unwiderruflich total zerstört wird.

Ja, eure Majestät, dieses ist alles sehr wahrhaftig – du wirst älter und deine Gesundheit wird inperfekt. Erzählen sie mir doch ein wenig über eure gegenwärtige Erscheinung, im Vergleich mit eurer Kindheit.

Eure Erhabenheit! Als ich ein Junge war, da war meine Haut weich und elastisch, im Jungmannalter, da war mein Blut und meine Energie in voller Blüte. Nun werde ich alt, meine Stärke schwindet, meine Erscheinung ist matt und schlaff, meine Gehirn ist trübe und unsicher, mein Haar wird grau und mein Gesicht bekommt Falten. All diese Veränderungen besagen ja, daß ich sicherlich nicht mehr sehr lange leben werde. Wie kann ich da meine gegenwärtige Situation mit meiner Jugend vergleichen?

Der erhabene Buddha antwortete liebevoll: Eure Majestät, sind sie nicht enttäuscht – eure Erscheinung wird nicht so schnell dahinschwinden, wie ihr erwähntet.

Eure Erhabenheit! Es ist richtig, daß diese Veränderungen so geheimnisvoll abgelaufen sind, daß ich sie kaum fühlen konnte, aber wenn Winter und Sommer vergehen weiß ich, daß ich langsam in diese gegenwärtige Form kam. Mit zwanzig war ich jung für mein Alter, aber meine Erscheinung war dann sehr unterschiedlich – mit dreißig war ich älter, mit vierzig noch mehr – und nun, zwanzig Jahre später bin ich sechzig – und ich bin das, was ich bin. Mit fünfzig – erinnere ich mich – fühlte ich mich vergleichsweise jung und stark. Eure Erhabenheit! Ich bin bewußt, daß diese Veränderungen und Prozesse immer noch geheimnisvoll weitergehen – und das in kurzer Zeit, womöglich in zehn Jahren, das Ende erreicht ist.

Mehr noch, eure Erhabenheit – wenn ich über diese Veränderungen nachdenke, dann sehe ich, daß es keine Angelegenheit von Veränderungen in ein oder zwei Jahrzehnten ist, der Prozeß geht jährlich – und nicht nur jährlich, auch Monat um Monat, ja auch Tag für Tag. Wenn ich nun weiter daran denke, gehen die Veränderungen sogar schneller als Atem für Atem – Änderungen sind schneller, als überhaupt gedacht. Und am Ende wird mein Körper in völlige Zerstörung aufgehen.

Der Erhabene sagte: Eure Majestät ist mit dem Beobachten der

Veränderungen überzeugt worden, daß ihr letztendlich der Zerstörung übergeben werdet. Denkt ihr, daß in der Zeit der Zerstörung eures Körpers irgend etwas innerhalb des Körpers ist, was nicht zerstörbar ist?

König Prasenajit legte seine Handflächen zusammen und antwortete nüchtern: Sicherlich eure Erhabenheit, ja ich weiß es nicht – ich wünsche, ich würde wissen.

Der erhabene Buddha sagte: Eure Majestät! Ich werde euch nun die Natur des Nichtsterbens und Nichtwiedergeborenwerdens zeigen. Zur Zeit, als ihr das erste Mal den Fluß Ganges gesehen habt – wie alt seid ihr gewesen?

Der König antwortete: Ich kann mich erinnern, als mich meine Mutter das erste Mal zum Verehren des Deva-Gottes *(Götter, die sich auf einer höheren Ebene als die Men- schen befinden, aber auch sterblich sind.)* mitnahm, war ich damals gerade drei Jahre alt. Ich kann mich erinnern, wie wir den Fluß überquerten und mich auch erinnern, wie er der Ganges genannt wurde.

Der erhabene Buddha sagte: Eure Majestät! Ihr seid damals drei Jahre alt gewesen und wie ihr schon sagtet, als ihr zehn Jahre gewesen seid, ward ihr älter und hinauf zum Alter von sechzig Jahren sind die Prozesse der Veränderungen Jahr für Jahr, Monat für Monat, Tag für Tag und Gedanke um Gedanke weiter gegangen. Eure Majestät, ihr sagtet, als ihr das erste Mal den Ganges-Fluß saht, ihr drei Jahre alt ward – erzählt mir, als ihr dreizehn Jahre alt ward und den Ganges saht, wie sah er für euch aus? War in der Sicht von ihm die Wahrnehmung eures Geistes irgendwie unterschiedlich?

Der König antwortete: Meine Sicht von ihm war einfach die gleiche – so, als ob ich drei Jahre alt wäre. Und nun in meinem gegenwärtigen Alter von zweiundsechzig Jahren, während die Sehstärke meiner Augen nicht mehr so gut ist – meine Wahrnehmung von dem Gesehenen ist einfach die gleiche – wie immer.

Der erhabene Buddha machte weiter: Eure Majestät! Ihr seid durch Veränderungen seit eurer Jugend – euer graues Haar, das faltige Gesicht – etwas traurig geworden. Aber ihr sagtet, daß die Wahrnehmung der Sicht im Vergleich mit eurer Jugend sich nicht verändert hat. Sagt mir, eure Majestät, ist da eine Jugend oder ein Alter in der Wahrnehmung des Sehens?

Nicht im geringsten, eure Erhabenheit.

Der erhabene Buddha machte weiter: Eure Majestät! Obwohl euer Gesicht faltig geworden ist – in der Wahrnehmung des Sehens, da sind keine Zeichen von Alter oder Falten. Denn Falten sind Symbole der Veränderung und Nichtfalten sind Symbole der Nichtveränderung. Das was sich ändert muß natürlich Zerstörung erleiden – das Unveränderliche ist natürlich frei von Tod und Wiedergeburt. *(Es stimmt natürlich, was Buddha da sagt, aber trotzdem, so dramatisch ist die Sache nun auch nicht, denn es gibt unterschiedliche Arten von physischer Veränderung – krankhafte und harmonische Veränderungen. Manche müssen sich durch Leiden verändern, weil sie an zu feste Strukturen festhalten, die illusorisch sind – so zum Beispiel die Kriege oder Krebs und andere Krankheiten, die sich dann zeigen. Und wieder andere machen Veränderungen durch, die harmonisch sind, ja sogar durch Liebe und Schönheit gekennzeichnet sind. Es kommt nun ganz wesentlich darauf an, wie weit du dich innerlich tatsächlich mit der Wahrheit des Lebens beschäftigst – mit dir selbst ...)*

Wie ist es, eure Majestät, daß die nichtverändernde Wahrnehmung des Geistes trotzdem die Illusion von Sterben und Wiedergeburt erleidet und ihr trotzdem noch an den Lehren der Häretiker festhaltet, die behaupten, daß nach dem Sterben des Körpers, jeder völlig zerstört würde?

Nach dem Hören dieser wundervollen Instruktion, die besagt, daß nach dem Sterben irgend etwas in einem neuen Körper überlebt, waren der König und die gesamte Versammlung sehr erfreut und mit Entzücken erfüllt – es war eine höchst interessante Situation.

FRAGEN VON ANANDA

Nachdem Ananda die üblichen Referenzen zum erhabenen Buddha gemacht hatte, stand er dann von seinem Platz auf und wendete sich dem Erhabenen zu – sagend: Nobler Erhabener! Wenn die Wahrnehmung von Augen und Ohren frei von Tod und Wiedergeburt ist, warum hat mein Erhabener gesagt, daß wir unsere wahre Natur des Geistes vergessen haben und in einer Verfassung von »umgekehrter Konfusion« handeln? Ich bete mein Erhabener – und bitte habe Mitleid mit uns allen und reinige unseren vergifteten Geist und kläre die Verhaftung zu ihm.

Sofort streckte der erhabene Buddha dann seinen Arm aus, die Hand mit den Fingern nach unten – in einer mystischen Mudra *(Handgeste mit mystischer Bedeutung)* und sagte zu Ananda: Wenn du dir meine Finger ansiehst, sind diese in einer Aufwärtsposition oder in einer umgekehrten Position?

Anada antwortete: Mein Erhabener! Die meisten würden sagen, daß sie in einer umgekehrten Position sind, aber weil die Finger in einer mystischen Mudra-Position arrangiert sind, weiß ich nicht, welches die umgekehrte und welches die Aufwärtsposition ist.

Der Erhabene antwortete: Ananda, wenn menschliche Wesen dieses als in einer umgekehrten Position annehmen würden, welches würden sie dann als eine Aufwärtsposition annehmen?

Ananda antwortete: Mein Erhabener, wenn du eine Hand so drehen würdest, daß die Finger nach oben zeigen, würden sie dieses als eine Aufwärtsposition bezeichnen.

Der erhabene Buddha drehte plötzlich seine Hand und sagte zu Ananda: Wenn diese Positions-Interpretation, umgekehrt oder aufwärts, ganz einfach nur durch das Drehen der Hand gemacht ist, sodaß die Finger entweder nach unten oder oben zeigen – ohne eine Änderung in der Position der Hand, das ist als Gesehen durch Wesen in dieser Welt – dann solltest du wissen, daß die Essenz des wahren Körpers des erhabenen Tathagatas – der wahre Körper der Tugend –

anders interpretiert werden könnte, nämlich durch das Betrachten der unterschiedlichen Ansichten des Erreichten – entweder als »wahre Allwissenheit« *(Aufwärtsposition)* des erhabenen Tathagatas oder der Körper deines eigenen Geistes – die umgekehrte Position.

Nun Ananda, konzentriere deinen Geist auf dieses und erkläre es mir: Wenn du sagst, daß dein Geist in umgekehrter Position ist – in welcher Position ist dein Körper, ist der Körper auch in umgekehrter Position?

Bei dieser Frage waren dann Ananda und die gesamte Versammlung konfus – und sie schauten zu ihm hoch mit offenen Mündern – was hat er denn gemeint mit einer umgekehrten Position von beiden – Körper und Geist?

Im großen Mitgefühl des Herzens, erbarmte sich der erhabene Buddha Ananda und der großen Versammlung. Beruhigend sprach er zu ihnen und seine Stimme war wie der ruhige Ton der ozeanischen Wellen: Meine guten, treuen Schüler! Habe ich nicht andauernd gelehrt, daß alle der Ursachen und Konditionen – charakterisierende, verändernde Phänomene und die Launen des Geistes und die selbstständig entwickelten Konditionen des Geistes – daß sie alle einfach Manifestationen des Geistes sind?

Und alles eures Körpers und Geistes, alles sind Manifestationen des wundervollen, erleuchteten Geistes und der wahren Natur – der allumfassenden und mysteriösen Essenz des Geistes.

Meine guten, treuen Schüler! Warum vergeßt ihr so leicht diesen natürlichen, wunderbaren und erleuchteten Geist der perfekten Reinheit – diesen mysteriösen Geist von strahlendem Glanz? Und warum seid ihr in eurem realisierenden Bewußtsein immer noch durcheinander? Offener Raum ist nichts anderes als unsichtbare Mattheit. Die unsichtbare Mattheit, Trübheit, ist vermischt mit Dunkelheit – aussehend wie Formen, die Sinneswahrnehmung der Form, die vermischt ist in täuschende, willkürliche Konzepte der Phänomena – von diesen falschen Konzepten der Phänomene ist das Körperbewußtsein entstanden. Wenn innerhalb des Geistes dieses Zusammenwerfen von Ursachen und Konditionen, in Gruppen getrennt, in Kontakt mit den weltlichen, externen Objekten kommt, dann sind dort Wünsche und Ängste entstanden, welche den Geist teilen und ihn entweder in Konsum oder Ärger sinken läßt. Ihr alle habt dieses konfuse Konzept akzeptiert, so als wäre es eure wahre Natur des Geistes. Wenn ihr es als euren wahren Geist akzeptiert habt, ist es auch kein Wunder, daß ihr durcheinander wurdet und annahmt, es würde in eurem physischen Körper sein − und das alle diese äußeren, externen Dinge − Berge, Flüsse, der große offene Raum und die gesamte Welt − außerhalb des Körpers waren. Ist es ein Wunder, daß ihr es nicht geschafft habt zu realisieren, daß alles was ihr fälschlicherweise so wahrnehmt, seine Existenz nur innerhalb eures eigenen, wunderbaren, erleuchteten Geistes von wahrer Essenz hat.

(Okay, hier möchte ich hinzufügen, daß ich Buddhas Erfahrung teile − wohlgemerkt: Erfahrung − und nicht: intellektuelle Rhetorik − da ich in den siebziger Jahren in Afrika die gleiche Erfahrung gemacht hatte, nämlich, daß ich die gesamte Existenz in mir trage − das Sonnensystem, die Welt − ganz einfach, daß ich mich aber jetzt zusammengezogen habe und als das Kleinste, Unsichtbarste innerhalb meines Körper lebe. Der Weg in diese Form der Auflösung ist rückläufig − man geht durch den Kanal rückwärts, indem man sämtliche Formen der Inkarnation wieder zurück durchgeht − ich war also mal ein Löwe, mal ein Gorilla und so weiter ... und habe mich wohl zuerst in Afrika inkarniert ... Ich möchte nur sagen, daß ich Buddha hier total unterstütze ..., total!)

Als Vergleich dazu habt ihr den großen Ozean von Wasser, Reinheit und Ruhe aufgegeben − und hängt an einem Tropfen Wasser − was ihr nicht nur akzeptiert, sondern ihr es auch noch als den ganzen Körper des Wassers in allen tausenden von Meeren annahmt. In einer solchen Verwirrung zeigt ihr euch als Dumme unter Dummen. Obwohl ich meine Finger hochund runterbewege, ist da keine Veränderung der Hand selbst, jedoch die Welt macht einen Unterschied und sagt, daß die Finger sich nun hochund runterbewegen. Solche, die das tun, sind zu bemitleiden.

Ananda war von dieser Lehre wirklich bewegt und durch die

Barmherzigkeit des erhabenen Buddhas, war er von seiner dummen Konfusion befreit. Er bereute ehrlich und legte seine Hände zusammen, seine Achtung dem erhabenen Buddha zeigend, sagte er: Mein nobler Erhabener! Ich habe der Lehre des Erhabenen zugehört und verstanden, daß dieser wunderbare erleuchtete Geist von Natur aus perfekt ist – und der permanente Grund für meinen alles verändernden Geist ist. Aber als ich dieser Lehre der Tugend zuhörte, dachte ich an meinen konzentrierten Geist. Ich weiß, daß er von einer höheren Ordnung ist als mein konditionierter Geist, aber ich kann nicht sagen, daß das der reine, originäre Grund meines Geistes ist. Mein Erhabener, bete für uns und habe Mitleid mit uns allen und erkläre uns die komplette Lehre und beseitige diese Wurzel des Zweifels und Verdachts, sodaß wir die höchste Erleuchtung erlangen.

Der erhabene Buddha antwortete auf das von Ananda Gesagte – sagend: Ananda, von dem was du zu mir gesagt hast, kann ich sehen, daß du mir mit deinem konditionierten Geist zugehört hast – und so ist meine Lehre auch konditioniert worden. Es zeigt, daß du bis jetzt noch nicht völlig realisiert hast, was die reine Essenz deines Geistes ist. Es ist wie ein Mann, der die Aufmerksamkeit eines anderen Mannes ruft, um ihm den Mond zu zeigen, indem er mit einem Finger in Richtung Mond zeigt. Der andere Mann sollte nun in Richtung Mond schauen, statt dessen schaute er aber auf den Finger, und während er das tut, verpaßt er nicht nur den Mond, sondern den Finger auch – und warum? Weil er den Finger nämlich als den Mond betrachtet – und nicht nur das, er hat gar nicht den Unterschied zwischen Dunkelheit und Helligkeit bemerkt – und warum? Weil er den dunklen Finger nämlich für den hellen Mond hält – das ist, weil er nicht den Unterschied zwischen Helligkeit und Dunkelheit kennt. Ananda, du bist genauso dumm, wie der Mann.

Der erhabene Buddha machte weiter: Ananda, wenn du nun das was meine Lehre diskriminiert – als deinen Geist nimmst, dann wenn er die Lehre des Konzepts der Diskriminierung zur Seite legt, sollte der Geist immer noch seine diskriminierende Natur behalten – was er nicht tut. Es ist wie ein Reisender, der nur für eine kurze Zeit ein Hotel sucht, aber nicht für immer – jedoch der Hotelbesitzer, der wohnt dort dauernd und geht nicht weg. Es ist das gleiche mit dieser Schwierigkeit: Wenn der diskriminierende Geist dein wahrer Geist sein sollte, dann sollte er sich nun auch nicht ändern. Wie kann er dein wahrer Geist sein – und sobald der Ton meiner Stimme aufhört, er keine diskriminierende Natur mehr hat?

Ananda, dieses ist wahr – nicht nur im Verhältnis zur Diskriminierung von Tönen, sondern auch vom Sehen und allen anderen sinnlichen Wahrnehmungen – und wenn der Geist frei von allen phänomenalen Konzepten ist, dann muß er auch innerlich frei von Diskriminierungen innerhalb seiner eigenen Natur sein. Und wenn da auch keine diskriminierenden Objekte vor ihm sind – der Geist ist weder Leere noch irgendein Phänomen. Wenn es sein kann, daß du sämtliche Konditionen der Phänomene weglassen kannst, wird da auch keine diskriminierende Natur des Geistes übrig bleiben – denn beides, dein Geist und seine Essenz haben eine individuelle und originäre Natur, die ihre eigene und wahre Realität ist.

Ananda sagte zum erhabenen Buddha: Nobler Erhabener, wenn beides – mein Geist und die Essenz einen Ursprung haben, warum hat der wunderbare, erleuchtete Geist, der vom erhabenen Buddha gerade so beschrieben wurde, daß er eins mit meinem diskriminierenden Geist ist – warum geht er nicht zu seinem ursprünglichen Status zurück?

Habe Erbarmen mit uns und erkläre es etwas klarer.

Der erhabene Buddha antwortete – sagend: Ananda, wenn du mich mit dieser erleuchteten Essenz des Sehens ansiehst, die Wahrnehmung des Sehens ist das gleiche Ding – und doch ist es nicht das gleiche wie der erleuchtete Geist der wunderbaren Essenz. Es ist so, wie es eine Reproduktion des wahren Mondes ist – es ist nicht einmal der Schatten des Mondes. Nun Ananda, höre zu und ich werde dir zeigen, warum der ursprüngliche Geist es nicht braucht, irgendwohin zurück zu kommen.

Laß uns diese große Vortragshalle annehmen, die zum Osten hin geöffnet ist. Wenn die rötliche Sonne aufgeht ist sie mit einer glorreichen Helligkeit gefüllt, aber wenn es Mitternacht ist und es kein Mondlicht gibt und der Himmel mit Wolken und Nebel überdeckt ist, dann ist dort dichte Dunkelheit. Nochmal – sie hat nämlich Türen und Fenster, die Innenseite ist sichtbar, aber wenn es dort keine Türen und Fenster gäbe, wäre auch die Wahrnehmung des Sehens behindert – wenn da nur Raum ist, dann ist dort nur normale Leere. Aber wenn Unterscheidungen gemacht werden, konditionieren sie direkt die Konditionen des Sehens. Wenn die Luft durch Wände eingeschlossen ist, wird es alsbald eng und traurig und durchdrungen von Staub. Wenn jedoch saubere, frische Luft hinein kommt, dann wird der Staub sofort verschwinden und der Raum wird klar und erholsam für die Augen sein.

Ananda, während deines Lebens hast du viele Veränderungen erfahren, ich werde nun diese Veränderungen zu ihren respektiven Ursprüngen zurückführen. Ananda, was meine ich mit respektive Ursprünge. Ich werde es in dieser Vortragshalle erklären. Laß uns nun zuerst zur Helligkeit der rötlichen Sonne zurückkommen. Warum? Wenn da nämlich keine Sonne wäre, wäre da auch keine Helligkeit. Das heißt, der Ursprung der Helligkeit ist in der Sonne. So, laß uns nun zurückkommen zur Helligkeit der Sonne, und laß uns das gleiche mit den anderen Konditionen tun. Dunkelheit geht zum düsteren Mond, durchwandert das Licht und kehrt wieder zurück zu Türen und Fenster. Behinderungen des Lichts gehen zurück zu den dichten Wänden dieses Hauses, Konditionen gehen zur Diskriminierung zurück, Raum kehrt zurück zur Leere, Eingeschlossenheit und Traurigkeit gehen zurück zu Staub, Klarheit und Frische gehen zurück zur sauberen Luft. So könnten alle diese Existierenden in der Welt in diesen acht Arten von Phänomenen eingeschlossen sein.

Ananda, laß uns annehmen, der wahrnehmende Geist, welcher diese acht Phänomene wahrnimmt und welches wir wissen, hat seinen Grund in der erleuchteten Natur von der Essenz des Geistes – zu welchen von diesen acht Phänomenen soll er nun zurückgeführt werden? Wenn du die Fakultät der Wahrnehmung nun zur Helligkeit zurückführst, dann wenn da keine Helligkeit ist, dann wird es auch keine Wahrnehmung von Dunkelheit geben. Zwar könnten zwischen Helligkeit und Dunkelheit alle Arten von Illumination sein – Wahrnehmung in ihrer Selbstnatur besitzt keine Unterschiede. Darum können wir Wahrnehmung *(Sehen)*, die ja zu unserer Essenz, zu unserem Geist gehört, nicht zurückführen. Wir können sie nicht zu den acht erwähnten Phänomenen zurückführen.

(Ich stimme mit Shakjamuni Buddha total überein, denn in all meinen Jahrzehnten des Meditierens und den damit verbundenen Erleuchtungen, war das Sehen immer der herausragende Bestandteil meines wahren, unsterblichen, ewigen, schönen, erhabenen, noblen, angstlosen, ruhigen, glückseligen – und vielem mehr – Wesen ..., auch als ich das gesamte Universum in mir trug, sah ich, wie die Planeten und Welten in mir sind – und zwar total.)

So können wir sehen, die Dinge, die zu ihrer Ursprünglichkeit zurückgeführt werden können, gehören nicht zu deiner ursprünglichen, wahren Natur. Und das nämlich, was wir nicht zu ihrer Ursprünglichkeit zurückführen können, ist das einzige Ding, welches wahrhaftig zu uns gehört. *(Buddha, du bist phantastisch, keiner ist so überwissenschaftlich, so wahrhaftig wie du.)* Das zeigt auch, daß dein Geist seine eigene, mysteriöse Natur aus Helligkeit und Reinheit hat. Und wenn du versuchst, deinen Geist mit den unterschiedlichen Klassen der Phänomene zu verbinden, machst du dich ganz einfach konfus und durcheinander – und während du das machst, hast du deine eigene wahre Natur verloren und hast dabei unendliches Unglück erlitten – so wie ein Flüchtling auf dem endlosen Ozean von Tod und Wiedergeburt treibend. Das ist es, warum ich dich als sehr bemitleidend betrachte.

Ananda war wegen seiner wahren Natur des Geistes immer noch am Zweifeln und bettelte nun den erhabenen Buddha um weitere Erklärungen an – sagend: Mein Erhabener, obwohl ich jetzt sehen kann, daß die Natur der Wahrnehmung des Geistes konstant ist und deswegen auch nicht zu irgendwelchen Phänomenen zurückgeführt zu werden braucht, aber wie kann ich völlig realisieren, daß es meine wahre, ursprüngliche Natur ist?

Der erhabene Buddha antwortete: Ananda, bis jetzt hast du das reine Stadium der Freiheit von Intoxikationen *(Vergiftungen)* noch nicht erreicht, aber du hast mit der Kraft meiner transzendenten Fähigkeit das erste Stadium der Versenkung erlangt und somit das Stadium der perfekten Intelligenz erreicht. Im Stadium der Freiheit von Intoxikationen ist es so, wie wenn Anuruddha *(ein bedeutender singhalesischer Gelehrter)* auf die Länder der Welt schaut und sie so klar sieht, als ob er eine Amala-Frucht in seiner Hand sehen würde. In diesem Stadium – hinter diese Welt schauend – haben die Bodhisattvas-Mahasattvas mit der gleichen Klarheit alle Welten, sogar Hunderte von tausenden Welten gesehen. Es ist das gleiche mit den Tathagatas von den Zehn Himmelsrichtungen der Universen. Deren Sicht reicht überall hin, sie sehen ganz klar alle Buddhaländer der Reinheit – in einer größeren Anzahl als die feinsten Teilchen des Staubes. Aber die Wahrnehmung der Augen von einfachen, fühlenden Wesen kann nicht durch die Dicke von einem Zentimeter schauen.

Laß uns die Paläste der vier himmlischen Könige annehmen! Wie groß sind die Distanzen! Wie unterschiedlich die Konditionen des Wassers, der Erde und Luft! In diesen himmlischen Gegenden könnten viele Gleichheiten zu Licht und Dunkelheit gesehen werden – und alle anderen Phänomene von dieser Welt – dieses ist jedoch nur wegen der anhaltenden Erinnerung von Objekten, die hier in dieser Welt gesehen werden. Unter diesen himmlischen Konditionen würdest du auch da noch zwischen dir selbst und Objekten unterschiedliche Bemerkungen machen. Aber Ananda, ich fordere dich heraus, durch die Wahrnehmung deines Sehens festzustellen, welches meine wahre Essenz und welches meine Manifestation ist.

Ananda, laß uns zum extremen Limit unseres Sehens gehen – zu dem Palast des Mondes und der Sonne – kannst du da irgend etwas sehen, was zu unserer Natur gehört? Näherkommend zu den sieben goldenen Bergen, die den Berg Sumaru umgeben – schaue vorsichtig, was siehst du? Wir sehen alle Arten von Helligkeit und Glückseligkeit, aber nichts was zu unserer Natur gehört. Näher herangehend kommen wir zu den massenhaften Wolken, den fliegenden Vögeln, den eilenden Winden, dem Aufsteigen von Staub, den Bergen, den bekannten Wäldern, den Bäumen, Flüssen, Kräutern, Gemüse, Tieren – nicht was zu unserer Natur gehört.

Ananda, all diese Dinge aufnehmend, weit oder entfernt, so wahrgenommen – durch die reine Essenz deiner wahrnehmenden Augen – haben sie unterschiedliche Charakteristiken, jedoch die Wahrnehmung deiner Augen, die ist immer die gleiche. Bedeutet das nicht auch, daß die wunderbare Wahrnehmung deiner Augen, die wahre Natur deines Geistes ist?

Ananda, wenn die Wahrnehmung des Sehens nicht deine wahre Natur ist, jedoch als Objekt angenommen wird – denn, da es als ein Objekt angenommen wird – meine Wahrnehmung des Sehens wird also auch als ein Objekt angesehen – so müßtest du ja dann meine Wahrnehmung des Sehens sehen. Mehr noch, falls du die gleichen Dinge siehst wie ich, du es also als meine Wahrnehmung des Sehens siehst – denn seit du die Sphäre meines Sehens gesehen hast, solltest du aber auch die Sphäre meines Nichtsehens sehen. Warum kannst du dieses nicht tun? Weiter noch, wenn du fälschlicherweise sagst, daß du die Sphäre meines Nichtsehens sehen kannst, dann ist es einfach deine Sphäre vom Nichtsehen und es kann nicht das Phänomen meines Nichtsehens sein. Und falls nicht, wie kann es sein, daß das Phänomen deines Nichtsehens als meines zu verstehen ist? Und deswegen, wenn du wirklich die Sphäre von meinem Nichtgesehenem nicht sehen kannst, dann kann die Selbstheit von dieser Wahrnehmung des Sehens kein Objekt sein, welches mit den Augen gesehen und den Händen berührt werden kann. Und wenn es kein Objekt ist, warum ist es dann nicht deine wahre Natur? Wenn du immer noch, fälschlicherweise, deine Wahrnehmung des Sehens als ein Objekt siehst, dann sollte das Objekt dich auch sehen. Wenn du auf diese Art versuchst, die Substantialität von einem Objekt und die Selbstheit von der Wahrnehmung des Sehens von den Objekten zu erklären, sie wären hoffnungslos durcheinander gewürfelt. Niemand könnte sagen, was das Objekt und was das Subjekt ist.

Ananda, da die Natur der Wahrnehmung des Sehens universal ist, wie kann sie als etwas anderes aufgefasst werden als deine wahre Natur? Was bedeutet das Ananda, daß du deine wahre Natur, die natürlich zu dir gehört, nicht erkennen kannst – und im Gegenteil, du mich fragst, ob ich dir noch eine andere Realität zeigen soll?

Ananda sagte zum gesegneten Erhabenen: Nobler Erhabener! Wenn die Natur von der Wahrnehmung meines Sehens, meine wahre Natur ist und nicht unterschiedlich, denn als mein Erhabener und ich *(in einem Versenkungszustand)* den transzendentalen, mystischen und fabelhaften Palast der vier Könige besuchten, und als wir durch die Paläste der Sonne und des Mondes reisten, da war die Wahrnehmung unseres Sehens perfekt und universal – hinreichend – und einschließend jeden Teil der wirklichen Welt. Aber wenn wir zu dieser Jetavanagegend zurückkommen, sehen wir nur diese Halle – ein einfacher, ruhiger Platz mit Türen und Fenster – und wenn wir von innen hinausschauen, sehen wir nur die Veranda und einiges. Nun, ich habe vom Erhabenen gelernt, daß die Essenz von der Wahrnehmung des Sehens natürlich das ganze Universum durchdringt. Wenn das so ist, warum ist nun die Wahrnehmung unseres Sehens nur in dieser Halle und nichts mehr? Was bedeutet das, mein Erhabener? Bedeutet das, daß die Wahrnehmung des Sehens von der Universalität reduziert zur Endlichkeit des sterblichen Geistes ist, oder ist es, daß die Wahrnehmung des Sehens aufgeteilt durch Wände und Häuser wird. Ich kann nicht sehen, wo der Zweck deiner Aussage liegt, bitte erkäre es mehr klarer, denn wir sind sehr ignorant und dumm.

Der erhabene Buddha antwortete: Wie alle Dinge im Universum – entweder groß oder klein, innen oder außen – sie sind Objekte in der Gegenwart unseres Sehens, so würde es auch nicht richtig sein, zu sagen, daß unsere WahrnehWahrnehmung des Sehens das Potential des Vergrößerns oder Reduzierens hat. Angenommen, man nimmt ein viereckiges Gefäß – wenn du den Raum in dem viereckigen Gefäß annimmst, ist der viereckige Raum fest oder veränderbar? Wenn er fest ist und du dann ein rundes Gefäß hineinlegen würdest – der viereckige Raum würde es nicht erlauben, daß ein runder Raum eintritt – oder wenn es veränderbar wäre, dann würde ja der Raum in dem viereckigen Gefäß nicht länger als viereckig erscheinen. Du sagtest, daß du nicht sehen kannst wo der Sinn und Zweck liegt, nun hier ist der Sinn und Zweck: Es ist die Natur vom Raum – weder fest noch veränderbar zu sein – und das gleiche ist wahr von der Wahrnehmung des Geistes – so wie ich es zuvor sagte, so ist es absurd von dir, die Frage zu wiederholen.

Oder Ananda, wenn du immer noch nicht überzeugt bist – angenommen, du füllst das viereckige Gefäß mit Objekten und entfernst dann das Viereck des Gefäßes, bist du dann wegen der Existenz der Form im offenen Raum immer noch in Bedrängnis? Angenommen, es ist wahr, daß, als wir die Halle wieder betraten, die Wahrnehmung unseres Sehens limitiert wurde – und wenn wir uns die Sonne ansehen – es erscheint verlängert, um die Oberfläche der Sonne zu erreichen. Oder wenn wir eine Wand oder ein Haus bauen, die Wahrnehmung von unserem Sehen erscheint entfernt oder limitiert zu sein, aber wenn wir ein Loch in die Wand machen, ist die Wahrnehmung von unserem Sehen nicht fähig, da hindurch oder weiter zu sehen? Der Punkt meiner Erklärung ist, daß Veränderbarkeit kein Attribut von der Wahrnehmung unseres Sehens ist.

Der erhabene Buddha machte weiter: Ananda! Seit anfangloser Zeit sind fühlende Wesen verführt worden, indem sie fälschlicherweise die Natur ihres Geistes als das gleiche betrachteten, wie die Natur der anderen Objekte. Wenn sie dann so ihren wahren, ursprünglichen Geist verlieren, wird ihr Geist durch die äußeren Objekte konfus und die Wahrnehmung des Sehens wird veränderbar, um konform zu der Dimension ihres Sehens zu werden und wird so im Verhältnis zu äußeren Konditionen limitiert. Aber wenn du lernen kannst, die Dinge durch deinen wahren, ursprünglichen Geist zu sehen, wirst du sofort mit all den Tathagatas *(voll Erwachten)* gleich werden – beides, dein Körper und dein Geist werden voll erleuchtet und du wirst in das gleiche Stadium von Ausgeglichenheit und Stille kommen, so als ob du unter dem Bodhibaum

(Feigenbaum, unter dem Siddhartha einst meditierte und erleuchtet wurde.) sitzen würdest – dein Geist wird dann so perfekt universal sein, daß sogar auf der Spitze eines Haars sämtliche Königreiche der Zehn Himmelsrichtungen im Universum gesehen werden können.

Ananda sagte: Nobler Erhabener, wenn die Essenz von der Wahrnehmung des Sehens mein wunderbarer,erleuchteter Geist ist, dann muß dieser wunderbare Geist etwas sein, was wir betrachten können und wenn die Wahrnehmung des Sehens wirklich meine wahre Essenz ist, was wird dann aus meinem gegenwärtigen Körper und Geist? Ich fühle, daß mein Körper und Geist – beides, ihre separate Existenz haben – und doch diese ursprüngliche Wahrnehmung des Sehens, sogar in seinem konzentrierten Stadium der Stille erscheint es so, als ob da keine Diskriminierung zu meinem Körper gemacht wird. Wenn diese ursprüngliche Natur von meiner Wahrnehmung des Sehens wahrhaftig mein Geist ist, dann sollte er auch fähig sein, mir in der Gegenwart meines Sehens zu zeigen, daß es wirklich mein wahres Selbst ist, aber wenn er es tut, was wird aus meinem Körper, gehört er nun zu mir oder nicht? Das das Objekt nicht den Geist sehen kann, scheint es mir entgegengesetzt zu dem, was mir der Erhabene erzählt hat.

Wir bitten den Erhabenen mit uns gnädig zu sein und unseren ignoranten Geist zu erleuchten.

Der erhabene Buddha sagte: Ananda, was du eben gefragt hast – ob die Wahrnehmung des Sehens irgend etwas ist, das angenommen werden kann, als ob es in deiner Gegenwart stehe, ist nicht wahr. Wenn es wirklich vor deinen Augen präsent wäre und du es wirklich sehen könntest, da ja die Essenz von der Wahrnehmung des Sehens eine Lokalisierung hätte, würde es nicht länger ohne einen Punkt der Direktion sein. Angenommen, wir würden im Jetavana-Wäldchen sitzen und unsere Sicht würde in dem Wäldchen überall hinreichen – zu den Flüssen, zum königlichen Palast und seinen Gebäuden, hoch zur Sonne und dem Mond und hinunter zum Fluß Ganges – alle diese unterschiedlichen Phänomene, welche wir annehmen, du mit deiner Hand anzeigst, so als ob sie innerhalb des Blickfelds deiner

Sicht wären, jedes hat seine eigene Charakteristik: Das Wäldchen ist schattig, die Sonne ist hell, die Wand ist eine Barriere gegen das Licht, die Öffnung in der Wand ist eine Passage für das Licht und das gleiche ist wahr, sogar für das kleinste Teilchen, die Bäume, Gewürze, Gräser et cetera, obwohl sie alle in ihren Dimensionen unterschiedlich voneinander sind – solange es Erscheinung hat, ist da nichts, was außerhalb der Reichweite unserer Sicht der Beschreibung wäre. Wenn die Wahrnehmung des Sehens vor deinem Sehen präsent wäre, dann müßtest du auch fähig sein, mir zu zeigen, welches deine Wahrnehmung des Sehen wäre und es mir beschreiben können.

Wenn es der Raum wäre, welcher die Wahrnehmung des Sehens wäre, dann müßtest du das wissen und wenn wir die Wahrnehmung des Sehens wegnehmen würden, was würdest du dafür an ihre Stelle setzen? Wenn eines der vielen Objekte die Wahrnehmung des Sehens wäre und nun die Wahrnehmung ist, welches andere Objekt würdest du dann für das erste ersetzen? Angenommen du schaust näher und analysierst sämtliche Phänomene bevor du die ursprüngliche und erleuchtete, reine und wundervolle Natur von der Wahrnehmung des Sehens herausnimmst und sie mir einfach zeigst, so erklärbar und sichtbar wie alle anderen Dinge.

Ananda sagte zum Erhabenen: Mein Erhabener! In dieser Vortragshalle stehend und hinaussehend in die weite Distanz, zur Gegend des Ganges, hoch zur Sonne und dem Mond – überall hinschauend wo meine Hand hinzeigen kann und meine Sicht erreichen kann – da ist außer Objekte nichts sichtbar und ich sehe nichts was analog zu meiner Wahrnehmung des Sehens wäre, es ist einfach so wie der Erhabene uns gelehrt hat. Ich bin ganz einfach ein Junior-Gelehrter, noch nicht frei von Intoxikationen, aber es ist das gleiche mit den Bodhisattvas-Mahasattvas, wir sind alle gleich – unfähig die Gegenwart von irgendwas zu erkennen, was als die Wahrnehmung des Sehens zwischen all den vielen Erscheinungen des Sehens der Phänomene bezeichnet werden kann – zwischen all den Phänomenen sind wir nicht fähig herauszustellen, was ein analoges Irgendwas ist, welches alle Objekte transzendiert.

Der Erhabene war mit der Antwort sehr zufrieden und sagte: So ist es Ananda, so ist es. Da ist weder die Essenz von der Wahrnehmung des Sehens, noch irgendwelche andere essentielle Natur, die alle Objekte transzendiert. Da ist nicht solch ein »Ding«, wie die Wahrnehmung des Sehens. Nun laß mich dir einige Fragen stellen. Angenommen Ananda, du und ich sitzen wieder in dem Jetawäldchen, die Gärten überschauend, sogar zur Sonne und dem Mond und alle Multimengen von Objekten sehend – und solch ein Ding, wie die Wahrnehmung des Sehens kann für uns nicht herausgefunden werden. Aber Ananda, zwischen all diesen Multimengen von Objekten und Phänomenen – kannst du mir irgend etwas zeigen, was nicht zur Wahrnehmung des Sehens gehört? *(Ahhh, klasse Buddha, prima, da kommt Freude auf, wenn ich das übersetze, da werde ich wacher und bin wieder selbst der Schoratbuddha. Ahh, schön zu leben und zu lieben.)*

Ananda antwortete: Nobler Erhabener! Es ist wahr, ich sehe jedes Teil des Jetawäldchens, aber sehe nicht, was nicht zur Wahrnehmung des Sehens gehört – und warum? Wenn die Bäume in dem Jetawäldchen nämlich nicht zur Wahrnehmung des Sehens gehören würden, würden wir sie nicht Bäume nennen können. Aber wenn die Bäume zur Wahrnehmung des Sehens gehören, warum nennen wir sie dann noch Bäume? Es ist das gleiche mit Raum – wenn er nicht zur Wahrnehmung des Sehens gehört, warum sollten wir ihn dann Raum nennen? Ich bin überzeugt, daß überhaupt alle Objekte, seien sie nun groß oder klein, für welche Manifestation und Erscheinung auch immer – alles gehört zur Wahrnehmung des Sehens.

Der erhabene Buddha zeigte wiederum Übereinstimmung – sagend: So ist es Ananda, so ist es!

Alle Junior-Gelehrten – außer den älteren unter ihnen, die die Praxis des Meditierens beendet hatten – die der Diskussion zugehört hatten und nicht die Bedeutung dieser außergewöhnlichen Zusammenfassung verstanden hatten, wurden dann noch konfuser und ängstlicher und verloren die Kontrolle über sich selber.

Der erhabene Tathagata erkannte, daß die Junior-Gelehrten in große Verwunderung und Unsicherheit geworfen waren und durch diese Lehre ängstlich wurden – hatte Mitleid mit ihnen und redete ihnen nun allen und Ananda gut zu – sagend:

Meine guten, treuen Freunde! Seid nicht verstört durch das, was ich euch gesagt habe. All das, was die höchsten Lehrer der Tugend gesagt haben, ist wahr und sind aufrichtige Worte, sie sind weder extravagant noch phantastisch – sie sind nicht mit den durcheinander gewürfelten und paradoxen Worten der Häretiker zu verwechseln. Seid nicht verstört durch das, was euch gelehrt wird, aber arbeitet ernstfaft daran und gebt euch niemals selber auf, weder zur Traurigkeit noch zum Freudigen.

Der große Anhänger Manjusri – von allen als der Prinz des erhabenen Dharmas *(erleuchteter Lehrer der Lehren Buddhas)* betrachtet – hatte daraufhin Mitleid mit den Konfusen unter seinen Brüdern, stand von seinem Platz auf und verbeugte sich mit Achtung zu den Füßen des erhabenen Buddhas und sagte zu ihm: Gesegneter Erhabener! Hier in der Versammlung sind einige unter den Brüdern, die noch nicht voll realisiert haben, wie wichtig die Bedeutung von diesen beiden, scheinbar zweideutigen, Interpretationen ist, nämlich ob Phänomene und Raum in Bezug zu der Wahrnehmung des Sehens gehören – welches hier vom erhabenen Tathagata präsentiert wurde.

Gesegneter Erhabener! Wenn die konditionierende Ursache in der Gegenwart unserer Sicht, als solche phänomenalen Objekte wie Raum et cetera, nur so gemeint sind, daß sie zur Wahrnehmung des Sehens gehören, dann sollte Verwandtschaft aufgezeigt werden – oder wenn sie nicht so gemeint sind, daß sie zur Wahrnehmung des Sehens gehören, dann sollten sie auch nicht durch unser Sehen gesehen werden. Die Brüder sehen nicht den entscheidenden Punkt der Lehre, deswegen wurden sie konfus und ängstlich, was nicht bedeutet, daß die Wurzeln ihrer Gutheit – in vorherigen Leben der Brüder – zu weich für eine solch profunde Lehre ist, für sie muß jedoch die Erklärung sehr einfach sein. Ich bete zum gesegneten Erhabenen, sei milde mit uns und bringe uns die Wahrheit etwas einfacher. Welche Relation liegt da zwischen den phänomenalen Objekten und der Essenz von der Wahrnehmung des Sehens. Welches sind deren Ursprünge und wie ist die Zweideutigkeit – ob sie nun dazu gehören oder nicht – von der wir uns lösen müssen.

Dann antwortete der erhabene Buddha: Manjusri und alle meine guten, treuen Schüler, die Tathagatas in den Zehn Himmelsrichtungen des Universums, die alle zusammen mit sämtlichen großen Bodhisattvas-Mahasattvas im Samadhi verbunden sind, nehmen alle Wahrnehmung des Sehens, deren Ursache und Konditionen und von allen Phänomenen und Konzepten, als visionäre Blumen in der Luft wahr, die keine echte Natur der Existenz in sich selber haben – sie halten die Wahrnehmung des Sehens als zur Essenz des wundervollen, reinen, erleuchteten Geistes gehörig. Warum sollte da – ob dazugehörig oder nicht – eine Unsicherheit zwischen der Wahrnehmung des Sehens und der Wahrnehmung von Objekten sein?

Manjusri, laß mich dich fragen – angenommen da ist ein anderer Manjusri, so wie einer der du bist, was denkst du? Ist da wirklich ein anderer Manjusri oder ist das eine unmögliche Annahme?

Gesegneter Erhabener, es ist so wie du es sagst – es ist unmöglich. Ich bin der echte Manjusri, es ist unmöglich einen anderen von mir zu haben. Und warum? Wenn es nämlich möglich wäre, einen anderen in perfekter Gleichheit zu haben, dann würden ja zwei Manjusris da sein – ich jedoch würde immer noch der wahre, echte Manjusri sein – da ist keine Zweiheit von einem oder zwei.

Der erhabene Buddha war zufrieden mit der Antwort und machte weiter: Es ist genau das gleiche mit der wundervollen, erleuchteten Wahrnehmung des Sehens, dem Sehen von Objekten, aber auch die Objekte selber, sie alle gehören verbunden mit dem reinen, perfekten, essentiellen Geist von dem wundervollen, erleuchtete, höchsten Bodhi *(höchste Erwachtheit)*, aber sie wurden diskriminiert als Phänomene des Sehens, als Raum, als die Wahrnehmung des Sehens, Hörens et cetera.

(Das bedeutet: Alles ist Gott – Luft, Wasser, Blumen, Menschen, Löwen, Wolken. alles …, also Mensch, wache auf und wisse, daß du

Gott bist, daß du voll erwacht bist, und lasse dir von keinem Unter-
idioten mehr sagen, was du bist und was du zu tun hast – laß dich nicht
noch länger von der Ignoranz der Machtgierigen noch mehr verblöden,
als du es schon geworden bist, denn jeder Mensch wird als göttliches Genie
geboren – doch die allermeisten sterben als Idioten, sie haben sich völlig
mit ihrem sterblichen Körper identifiziert und sterben nun. Und weil es
die falsche Identifizierung ist – deswegen ist Menschsein tödlich. Du bist
das Göttliche – Gott selbst. Hat nicht euer geliebter Jesus gesagt: Ich und
Pappi sind eins. Und was bedeutet das – könnt ihr nicht einmal kombi-
nieren – es bedeutet doch: Ich und Gott sind Ein-und-das-Selbe. Nur jene,
die Religionen gegründet haben, um machtpolitische Ziele zu verfolgen –
sie haben den großen Gott nach außen gelegt, damit ihr ihn nie findet,
denn ihr seid ja er selbst. Die Religionen sind ja von Ignoranten etabliert
worden, nicht von dem Jesus oder dem Buddha oder dem Mohamed –
nein, sie sind von den viel, viel Dümmeren aufgebaut worden …

Ach ja, da fällt mir noch etwas ein – auch die Wissenschaftler, die
sich danach von der Religion abwendeten, auch sie haben die Wahrheit
katastrophal verblödet, nämlich durch ihre ignorante Sehweise des
Lebens. In Mikroskopen und Atomen hoffen diese Dummköpfe, die
Wahrheit zu finden. Und so etwas glauben die Massen. Die Sehweise der
Wissenschaftler hat das Sehen des Menschen total korrumpiert und nur
noch mehr verblödet – ein Zeichen, daß viele Nobelpreisträger unter-
ignorant verblödet sind …

Mit herzlichen Grüßen, Wolf Schorat)

Es ist wie mit dem Mann mit den defekten Augen, der zwei
Monde zur selben Zeit sieht. Wer kann sagen, welches der echte
Mond ist? Manjusri, da ist nur ein wahrer Mond, da kann keine
Zweideutigkeit sein – von einem der echt und der andere unecht ist.
Deswegen, wenn man sich die Manifestationen anschaut, die von
sinnlichen Kontakt mit Objekten erscheinen, dann muß man sich
erinnern, daß sie alle Illusionen sind und dann wird da auch keine
Zweideutigkeit mehr sein.

(Das haben ja einige Wissenschaftler unter ihren Geräten erkannt,
daß aus Materie, wenn sie etwas genauer betrachtet wird, Moleküle,

*Atome, Licht, Energien und dann Bewußtsein entsteht ..., nein so weit
sind sie noch nicht, aber sie wissen jedenfalls, daß alles Bewegung ist –
daß das Objektive – somit das Sehen illusorisch, nur die Oberfläche sieht.
Jedoch können Heiler(innen) und Hellsichtige die Realität schon echter
sehen. Heiler(innen) wohlgemerkt, nicht Ärzte, die können nämlich nicht
heilen, die können nur Reparaturen auf der Illusionsoberfläche aus-
führen. Ärzte sind keine Heiler – deswegen sind auch die katastrophalen,
medizinischen Kosten so hoch, weil sie nicht heilen können – und immer
mehr Raketen brauchen, um ihre Unwissenheit schnell auf den Mond zu
schießen, damit die ignorante Masse das ja nicht erfährt. So ist es Leute –
sucht euch ganzheitliche Heiler oder kooperative Ärzte, die nicht auf
Machtpositionen aus sind, sondern wirklich noch heilen wollen und
nicht nur Krankenscheine sammeln, um damit ihre drei Porsche und
sechs Villen zu finanzieren. Ist das klar genug ...?)*

Aber wenn das Gefühl immer noch andauert, daß da einige
Zweideutigkeit ist, ob die Essenz des wahrnehmenden Geistes der
wundervolle, erleuchtete Geist von der wahren Essenz ist oder nicht.
Der wundervolle, erleuchtete Geist selber kann dich von dieser
Zweideutigkeit befreien – ob er nun der wahre Geist ist oder nicht.

Ananda sagte: Nobler Erhabener! Mein Erhabener der Tugend
hatte gesagt, daß die Wahrnehmung und deren Ursache, universell
die Zehn Himmelsrichtungen des Universums durchdringend, von
Natur aus ruhig und permanent sind und das ihre Natur leer *(frei)*
von Tod und Wiedergeburt ist. Wenn dieses so ist, was ist dann der
Unterschied zwischen ihr und den häretischen Lehren, solche von
der Doktrin von »Leerheit«, die Doktrin vom »Naturalismus« und
ähnliche Lehren, alle, die besagen, daß da ein echtes Ego ist, welches
alle Zehn Himmelsrichtungen des Universums durchdringt? Mein
nobler Erhabener hat am Berg Lankara auch dem weisen Saraputra –
unserem Bruder – und so vielen anderen Brüdern Lehren gegeben, in
welchen mein Erhabener das Prinzip von Ursache und Konditionen
erklärte, welches jedoch fundamental unterschiedlich zu den Lehren
der häretischen Philosophen ist, während diese Häretiker andauernd
vom Naturalismus redeten. Nun, wenn ich von meinem Erhabenen

lerne, daß diese Natur der Wahrnehmung vom Sehen auch natürlich in ihrer Ursprünglichkeit ist, ja sogar leer von Sterben und Wiedergeborenwerden und sogar perfekt frei von allen Arten von Illusionen, scheint es aber nicht zu deinem Prinzip von »Ursache und Konditionen« zu gehören! Wie kann es vom Naturalismus unterschieden werden, der von den Häretikern gelehrt wird? Bete und erkläre uns dieses so, daß wir nicht in das Gehörte fallen, und das wir den wundervollen, erleuchteten – und die intelligente Natur des wahren Geistes erreichen.

Der erhabene Buddha antwortete – sagend: Ananda, ich habe es dir doch schon erklärt und zeigte dir die Wahrheit, aber du hast es nicht realisiert – im Gegenteil, du hast meine Lehre von der »Geistessenz« als Naturalismus verstanden und dein Geist ist durcheinander. Ananda, wenn deine Wahrnehmung vom Sehen zum Naturalismus gehört, gehört, dann sollten wir in die Essenz der Natur hineinexaminieren. Laß uns das tun. In dieser wundervollen, erleuchteten Wahrnehmung vom Sehen, was würdest du da nehmen – im Sinne von sich-selbst-gehören? Diese Wahrnehmung vom Sehen – nimmt sie ihre Helligkeit von ihrer eigenen Natur? Nimmt sie ihre Dunkelheit von ihrer eigenen Natur? Nimmt sie ihre Limitiertheit von ihrer eigenen Natur? Oder ist das Limitiertsein durch undurchdringbare Objekte auch zu ihrer Natur gehörend?

Ananda, wenn Helligkeit zu ihrer Natur gehört, dann sollte es keine Dunkelheit sehen. Wenn für sie die Möglichkeit besteht – überall im Universum zu sehen dazugehört, dann sollte es nicht durch undurchdringbare Objekte gehindert werden – das Gegenteil hiervon ist auch wahr. Wenn Dunkelheit zu ihrer Natur gehört, dann sollte da in der Wahrnehmung des Sehens keine Helligkeit sein. Wie sollte es dann die Phänomene der Helligkeit sehen?

Dann sagte Ananda zum erhabenen Buddha: Nobler Erhabener! Wenn diese wundervolle Wahrnehmung des Sehens nicht als zum Prinzip der Naturalismen dazugehörig erklärt werden kann, wie kann es dann erklärt werden, daß es zum Prinzip von Ursache und Konditionen gehört? Wenn ich überlege und die Frage studiere, wie die Wahrnehmung des Sehens durch Ursache und Konditionen entstehen kann, dann ist da mein Geist immer noch konfus. Ich bitte den Erhabenen uns das noch einmal genauer zu erkären.

Der erhabene Buddha antwortete: Ananda, zu dem was du mich gerade über die Natur von Ursache und Konditionen gefragt hast, möchte ich dir lieber zuerst noch einige Fragen stellen: Angenommen, die Natur von deiner Wahrnehmung des Sehens war nun vor uns zum examinieren. Wie könnte es für uns manifestiert werden? Würde es wegen ihrer Helligkeit sein? Oder wegen ihrer Dunkelheit? Oder wegen ihrer Klarheit des Raums? Oder wegen ihrer Undurchdringlichkeit von Objekten?

Wenn die Wahrnehmung vom Sehen durch die Gründe der Helligkeit manifestiert ist, dann könnten wir auch keine Dunkelheit sehen – oder umgekehrt. Und das gleiche würde auch wahr sein, wenn unsere Wahrnehmung vom Sehen durch die Klarheit des Raums manifestiert wäre – oder der Undurchdringbarkeit von Objekten. Nun nochmal Ananda: Ist die Wahrnehmung des Sehens durch die Konditionen der Helligkeit manifestiert? Oder den Konditionen der Dunkelheit? Oder den Konditionen von der Klarheit des Raums? Oder unter den Konditionen von undurchdringlichen Objekten? Wenn es unter den Konditionen von Helligkeit manifestiert ist, dann könnte es keine Dunkelheit sehen. Und das gleiche würde vom Gegenteil wahr sein – oder dem offenen Raum und seinem Gegenteil und undurchdringlichen Objekten.

Ananda, du mußt realisieren, daß die Natur von dieser wundervollen, intelligenten, erleuchteten Wahrnehmung vom Sehen weder zur Ursache und Konditionen gehört, noch zur Natur oder Phänomenen, auch nicht zum Sein oder Nichtsein, auch nicht zur Nichtsheit oder nicht zur Nichtsheit. Auch gehört die Wahrnehmung vom Sehen nicht zu irgendwelchen Konzepten von Phänomenen – und doch umarmt sie sämtliche Phänomene.

Nun Ananda, nach all diesen Argumenten – wie kannst du innerhalb deines Geistes diskriminieren, wie kannst du Unterschiede machen und ihnen all diese weltlichen, fiktiven Namen geben? Du könntest gleich ein Teilchen Raum nehmen oder Raum mit deiner Hand reiben, du würdest deine Stärke abnutzen und die Luft im Raum würde ungestört davon bleiben. Wie könnte es für dich möglich sein, aber auch nur ein winziges Teilchen vom Raum zu fangen? Das gleiche ist wahr von der Wahrnehmung deines Sehens.

Dann sagte Ananda zum erhabenen Buddha: Nobler Erhabener! Wenn diese wundervolle, erleuchtete Natur der Wahrnehmung des Sehens weder zur eigenen Natur oder zu Ursache und Konditionen gehört, warum erklärte mein Erhabener dann einmal den Gelehrten, daß die Natur von der Wahrnehmung des Sehens unter den vier Arten der Konditionen ist – nämlich: Raum, Helligkeit, Geist und Augen? Was hast du mit der Erklärung gemeint?

Der erhabene Buddha antwortete erklärend: Ananda! Was ich über die Ursachen und Konditionen in dieser phänomenalen Welt sagte, war nicht meine höchste und feinste Lehre. Laß mich dich noch einmal fragen Ananda: Wenn die Menshen dieser Welt sagen, sie können das und das sehen, was meinen sie damit Ananda?

Mein Erhabener, sie meinen damit, daß sie mit dem Licht der Sonne oder des Mondes oder Lampen, sehen können – und wenn es leer vom Licht der Sonne oder des Mondes oder Lampen ist, sie nicht sehen können.

Ananda, angenommen da ist kein Licht und sie sind nicht fähig Dinge zu sehen, sind sie da nicht fähig trotzdem Dunkelheit zu sehen? Wenn es möglich ist Dunkelheit zu sehen, wenn es dunkel ist, das bedeutet ja nur, daß da kein Licht ist, das bedeutet aber nicht, daß sie nicht sehen können. Angenommen Ananda, sie wären im Licht und könnten nicht die Dunkelheit sehen, bedeutet das auch, daß sie nicht sehen können? Hier sind zwei Arten von Phänomenen, nämlich Licht und Dunkelheit – und von beiden sagst du »er kann nicht sehen«. Wenn diese zwei Arten von Phänomenen zugleich entfernt würden, dann könnte er überhaupt nicht sehen, das würde – soweit es die Wahrnehmung des Sehens angeht – eine temporäre Unterbrechung von Existenz bedeuten. Aber der Fakt ist nicht so. Darum ist es ganz klar, daß du meinst, er kann überhaupt nicht sehen. Ich bin erstaunt zu wissen, was du überhaupt meinst, wenn du sagst, »er kann in der Dunkelheit nicht sehen«.

Höre nun zu Ananda, was ich dich lehren werde. Wenn du Licht siehst, bedeutet das nicht, daß die Wahrnehmung des Sehens zum Licht gehört – und wenn du Dunkelheit siehst, bedeutet das nicht, daß die Wahrnehmung des Sehens zur Dunkelheit gehört. Es ist auch das gleiche, wenn du durch klaren Raum schaust oder wenn du nicht durch undurchdringliche Objekte sehen kannst. Ananda, du solltest die Signifikanz, die Wichtigkeit, dieser vier Dinge verstehen, denn wenn du von der Wahrnehmung des Sehens redest. weist du nicht auf das Phänomen des Sehens mit den Augen, sondern der wahren Wahrnehmung, welches das erfahrende Sehen der Augen transzendiert und außerhalb der Erreichbarkeit ist. Wie kannst du dann diese transzendentale Wahrnehmung des Sehens interpretieren, als wäre sie abhängig von Ursache und Konditionen – oder Natur – oder Synthese von all diesem? Ananda, bist du nun von all dem Gelehrten im Verstehen so limitiert, daß du die Wahrnehmung des Sehens nicht als die reine Realität selber erkennst? Dieses ist eine tiefreichende Lehre und ich will, daß ihr alle über ihre Seriösität nachdenkt. Werdet nicht müde davon und gebt nicht auf, sie zu realisieren. Denn es ist die weitreichendste Lehre von allen Lehren – und es ist der sicherste Weg zur Erleuchtung. Ananda war nicht zufrieden und sagte zum erhabenen Buddha: Nobler Erhabener! Obwohl mein Erhabener uns erklärt hat, wie die Prinzipien von Ursache und Konditionen, von Naturalismus und den Phänomenen von Übereinstimmungen und Nicht-Übereinstimmungen sind – trotzdem realisieren wir all das noch nicht voll und nun, während wir der Lehre des Erhabenen über die Wahrnehmung vom Sehen zuhören, werden wir noch mehr konfuser als zuvor. Wir verstehen nicht was du meinst, wenn du sagst, daß unsere mentale Wahrnehmung vom Sehen, nicht unsere wahre Wahrnehmung vom Sehen ist.

(Kann ich gut verstehen, daß da viele ein Puzzle vor sich sehen und Chaos im Köpfchen haben. Ich muß auch lachen, wenn Ananda das so herzlich zugibt ...

Das ist ein Ding, wenn man das so liest und sich damit beschäftigt und erkennt, daß man nicht wirklich die Wahrheit sieht. Das kann ich nicht so stehen lassen − ich werde selbst zum Buddha − oder besser, werden müssen. Mir ist bekannt, daß Menschsein tödlich ist, mir ist auch schon bekannt, daß ich das gesamte Universum in mir trage − aus eigener Erfahrung ..., aber ich will es ständig, diesen allgegenwärtigen, allwissenden Seinszustand − ich hoffe, du auch ...)

Bitte, mein Erhabener, habe Mitleid mit uns, gib uns das wahre Auge der transzendentalen Intelligenz und zeige uns viel klarer unseren intuitiven Geist der Helligkeit und Reinheit. Von dem Gesagten war Ananda so überwältigt, daß er in Tränen ausbrach und sich zum Boden neigte, um die weiteren Instruktionen des Erhabenen abzuwarten. Daraufhin hatte der Erhabene Mitleid mit Ananda und für alle jüngeren Anwesenden der Versammlung und gütig wiederholte er die großen Mantras, Affirmationen − welches der mystische Weg ist, um voll die größte, tiefste Versenkung zu erreichen − Samadhi. Dann sagte er: Ananda! Obwohl du ja ein exzellentes Gedächtnis hast, scheint es nur dazu da zu sein, um dein Wissen zu erhöhen. Du bist noch weit entfernt von der mysteriösen Einsicht und Reflektion, die das tiefe Versenken begleitet. Nun Ananda, höre mir vorsichtig zu und ich werde dich detaillierter lehren, nicht für dich allein, auch für alle meine Folger in der Zukunft, sodaß alle gleich die Früchte der Erleuchtung pflücken können.

(Prima Buddha, prima ..., leg los, sag's uns. Grüßchen von Tarosch oder Wolf Schorat ... an Senga ...)

Der Grund weswegen alle fühlenden Wesen in dieser Welt jemals überhaupt an diesen Zyklus von Geburt und Wiedergeburt gebunden sind, ist wegen zwei umgekehrten diskriminitiven und falschen Wahrnehmungen der Augen, die überall entstehen, um uns an dieses gegenwärtige Leben zu binden und uns immer − im wiederholenden Zyklus von Tod und Wiedergeburt − in den Winden des Karmas drehen. Welches sind diese zwei umgekehrten Wahrnehmungen der Augen? Eine ist die falsche Wahrnehmung der Augen, die durch individuelles und besonderes Karma von jedem fühlenden Wesen entsteht – die andere ist die falsche Perzeption vom Sehen, die durch allgemeines und generelles Karma von vielen fühlenden Wesen entsteht. *(Sozusagen kollektives Karma, Volks- oder Menschheitskarma – also eine Art von Massenhypnose des Sehens.)*

Ananda, was ist damit gemeint, mit dem falschen Wahrnehmungs-Karma, das durch individuelles und besonderes Karma von einzelnen fühlenden Wesen entsteht? Angenommen in dieser Welt wäre jemand, der unter einer Entzündung der Augen leidet, sodaß, wenn er nachts in das Licht einer Lampe schaut, einen nicht dazu gehörenden Kreis von Farben sehen würde, der das Licht umgibt. Was denkst du Ananda? Ist dieser nicht dazu gehörende Farbkreis durch die Lampe entstanden oder gehört das zur Wahrnehmung der Augen? Wenn er zur Lampe gehört, warum sehen andere – mit gesunden Augen – es nicht? Wenn es zur Wahrnehmung der Augen gehört, warum sieht es dann nicht jeder? Welches ist diese fremde Sicht, die nur vom einzelnen Individuum mit entzündeten Augen wahrgenommen wird? Nochmal Ananda, wenn dieser Kreis, der das Licht umgibt, separat von der Lampe existiert, dann würden in der Nähe andere Objekte, wie Gardinen, Tische, Stühle und so weiter, auch solche Farbkreise haben. Wenn es also separat von der Wahrnehmung der Augen existiert, dann sollte es auch gar nicht von den Augen gesehen werden. Warum ist es, daß nur die entzündeten Augen es sehen?

Ananda, du solltest wissen, daß das Gesehene wirklich zur Lampe gehört – der Farbkreis aber durch die Entzündung der Augen entstanden ist, denn der Farbkreis und die Wahrnehmung befinden sich beide unter der Kondition von der Entzündung, aber die Natur, die den Effekt von der Entzündung der Augen wahrnimmt, sie ist selbst nicht entzündet. So sollte folglich nicht gesagt werden, daß der Farbkreis ausschließlich zur Lampe oder zu der Wahrnehmung der Augen gehört – auch sollte nicht gesagt werden, daß er nicht zur Lampe oder zur Wahrnehmung der Augen gehört. Es ist genau das gleiche mit dem Spiegelbild des Mondes im ruhigen Wasser: Es ist nicht der

reale Mond, aber auch nicht sein Doppel. Und warum? Die Reproduktion von jeder Sicht ist nämlich dafür durch Ursache und Konditionen verantwortlich, sodaß Gelernte und Intelligente nicht sagen,
daß die Ursache von jeder Sicht, die durch Ursache und Konditionen
verantwortlich ist, zum Objekt gehört, aber auch nicht, daß sie nicht
zum Objekt gehört. Es ist das gleiche mit der Sicht, die durch
entzündete Augen entsteht, wo nicht gesagt werden sollte, daß sie
unabhängig von der Wahrnehmumg des Sehens ist, auch nicht, daß
sie nicht unabhängig von der Wahrnehmung des Sehens ist. Würde es
nicht absurd sein, zu versuchen zu unterscheiden, welcher Teil des
Sehens zu den Augen – und welcher zur Lampe gehört ... *(Sehr gut
Buddha, sehr gut ... das paßt mal wieder ...)* und würde es nicht noch
absurder sein, versuchen zu unterscheiden welcher Teil des Sehens
nicht zur Lampe gehört und welcher Teil nicht zu den entzündeten
Augen gehört?

Ananda! Nun laß uns annehmen, was mit falscher Wahrnehmung
der Augen gemeint ist, die durch das generelle Karma von vielen
fühlenden Wesen entsteht. In dieser Welt sind viele tausende Königreiche, große und kleine. Angenommen wir denken, daß in einem
der kleinsten Königreiche alle Menschen unter dem Einfluß einer
gleichen, schlechten Kondition des Geistes sind – sie sehen alle
Sorten von unmöglichen Zeichen, die nicht von anderen Menschen
gesehen werden – zwei Sonnen, zwei Monde oder unterschiedliche
Untergänge der Sonne oder des Mondes oder Halos um den Mond
oder der Sonne oder Kometen, mit oder ohne Schweif oder fliegende
Meteoriten, die nur für eine kurze Zeit gesehen werden – oder trübe
Schatten, wie ein großes Ohr neben der Sonne oder dem Mond –
oder manchmal Regenbogen, sehr früh oder sehr spät. Angenommen, daß all diese fremden Phänomene, von üblem Omen, nur in
diesem kleinen Königreich gesehen werden und nie irgendwo anders
von anderen Menschen gesehen oder gehört wurden. Nun Ananda,
wir werden diese beiden Beispiele zusammen beachten. Zuerst laß
uns auf die individuelle und besondere falsche Wahrnehmung der
Augen kommen – gesehen von einzelnen Individuen in dem

fremden Halo um die Lampe. Obwohl es so scheint, als ob es zu den Konditionen in der Gegenwart der Sicht gehört, gehört es doch trotzdem zu Wahrnehmungen der entzündeten Augen. Der imaginä-re Halo bedeutet nur die Krankheit von der Wahrnehmung der Augen – es hat überhaupt nichts mit der Sicht selbst zu tun. Das ist die Natur von der Wahrnehmung der Augen, die den imaginären Halo sieht und ist nicht für den Sehfehler verantwortlich. An-genommen Ananda, wenn du die gesamte Erscheinung eines Landes anschaust, die Berge sehend, die Flüsse, Königreiche, Menschen etc., sie scheinen unterschiedlich in einzigartigen Fakten zu sein – in Wahrheit aber sind sie alle von der ursprünglichen, anfanglosen Krankheit der Augen. Zu beiden, der visuellen Kondition der Augen und der Wahrnehmung der Augen, scheint manifestiert in unserer Gegenwart, aber für unsere intuitive, erleuchtete Natur ist es, so betrachtet, was es wirklich ist, nämlich eine morbide Sicht, die auf kranke Augen hinweist. Irgendwelche und alle Wahrnehmungen von erleuchteter Natur, angenommen sagar die einzelne Wahrnehmung der Augen selber, sie sind so betrachtet – einfach ein verdeckender Nebel. Aber unser fundamentaler, unser intuitiver und erleuchteter Geist, der die Wahrnehmung der Augen und ihrer visuellen Kondi-tionen aufnimmt, kann niemals als irgend etwas Imaginäres oder Krankhaftes angenommen werden. Deswegen müssen wir vorsichtig sein, diese intuitive Natur, die diesen morbiden Nebel wahrnimmt und die durch die Entzündung der Augen diskriminiert wird, in den gleichen morbiden Nebel zu werfen. Wir müssen vorsichtig sein und unterscheiden – zwischen der Wahrnehmung der Augen und der tiefen Wahrnehmung der Sicht von unserem erleuchteten Geist, der sich hinsichtlich der falschen Wahrnehmung der Augen bewußt ist.

Seit die tiefe Sicht nicht mit der Wahrnehmung der Augen identisch ist, wie kann da die Wahrnehmung der morbiden Sicht, so wie deine normale Sichtweise, hören, wahrnehmen und unter-scheiden – wie kannst du weiterhin das als deinen wahren Geist bezeichnen Ananda. Wenn du dich oder mich oder irgendeine der zehn Spezies von fühlenden Wesen so in dieser Welt siehst, so siehst

du einfach nur den morbiden Nebel der Wahrnehmung der Augen –
es ist nicht die wahre, unkonditionierte Sicht. Die Natur von dieser
wahren Sicht manifestiert natürlich keine morbiden Nebel in ihrer
transzendentalen Wahrnehmung – und deswegen ist dein wahrer
Geist auch nicht das selbe, wie dein wahrnehmender, erfahrender
Geist.

Ananda! Laß uns nun annehmen, alle diese fühlenden Wesen mit
deren generellen, durchschnittlichen und falschen Wahrnehmungen
der Augen und vergleiche das mit der Person, die unter der
Augenentzündung und seinem individuellen Karma – durch falsche
Wahrnehmung der Augen – leidet. Dieses entzündete Augen-Indivi-
duum, welches einen nur imaginären Halo-Lichtkreis um das Licht
wahrnimmt, was durch den morbiden Nebel in seinem wahrnehmenden Geist wahrgenommen wird, dieses Individuum ist für
alle Menschen in dem kleinen Königreich total typisch, die diese
imaginären, unwahren Zeichen im Himmel sahen, was durch allgemeines Karma und die falsche Wahrnehmung der Augen entstand.

*(Merkwürdig ist aber: Wenn der reine Geist doch so rein ist, wie kann
er dann von etwas Nebeligem vernebelt werden – oder überhaupt, wie
kann das Göttliche sich selbst das Leben schwerer machen, indem es sich
Karma auflädt …, sich selbst täuscht, Illusionen fabriziert und dann
noch angebliches Leiden leben tutentat … Womöglich ging die ganze
Schöpferei gar nicht anders …, da eben Leben aus zwei Polen besteht, die
wieder zerfallen, aber ewiges Leben keine Pole hat, die zerfallen
können … So, diese ganze Sache hier geht nur um den Anzug, nicht um
den Träger … Karma, Astrologie, Materie, Wissenschaft … da geht es
immer nur um den Anzug, nicht um den Träger …)*

Da sind die gleichen Entwicklungen von falscher Wahrnehmung
des Sehens seit anfangloser Zeit. Angenommen, in dieser großen
Welt mit ihren Kontinenten und Ozeanen, in der sozialen Welt mit
all ihren Rassen von Menschen und Königreichen, alle diese fühlenden Wesen und alle natürlichen Phänomene, alle haben ihren
Ursprung in dem intuitiven, erleuchteten, nicht vergifteten, mysteriösen, wahren Geist – aber sie sind sämtlich Manifestationen von

den falschen, morbiden Konditionen, die respektvoll zu der Wahrnehmung der Augen gehören, den Ohren, der Nase und Zunge, der Berührung und Unterscheidung, der Emotionen und dem Denken. Alle diese fühlenden Wesen sind andauernd Subjekte für die Leiden eines unendenden Zyklus' von Tod und Wiedergeburt – im Verhältnis zu den generellen Prinzipien von Ursache und Konditionen.

Ananda! Wenn du total selbstständig von diesen falschen Wahrnehmungen und allem Konformen und Nichtkonformen zu ihnen sein kannst, dann wirst du alle Gründe exterminiert haben, die zu Tod und Wiedergeburt führen – und nebenbei wirst du eine perfekte, sichere Erleuchtung haben, die von der Natur des Nichttodes und der Nichtwiedergeburt ist. Dieses ist der reine, wahre Geist – die immer vorhandene intuitive Essenz.

78

FRAGEN – ENTSTANDEN
IM BLICKWINKEL DER REALITÄT
VOM URSPRÜNGLICHEN GEIST

Der erhabene Buddha machte weiter – sagend: Ananda! Obwohl du zuvor realisiert hattest, daß die mysteriöse, erleuchtete Natur ja von intuitiver Essenz ist, nicht beeinflußt von Ursache und Konditionen oder Natur, trotzdem warst du dir wegen ihres intuitiven Ursprungs nicht klar, welches durch Konformität zu Ursache und Konditionen oder von Nichtkonformität zu denen gemacht ist.

Du scheinst immer noch von den Objekten gefesselt zu sein, die in deiner Gegenwart sind und dich dadurch in der falschen Welt der weltlichen Konzepte halten, denn du trägst innerhalb deines Geistes immer noch Bedenken, wenn du hörst, daß dein erleuchteter Geist nicht durch Konformität zu den Prinzipien von Ursache und Konditionen zu erreichen ist.

(Was bedeutet das, frage ich mich. Es bedeutet, wenn du die Traditionen mitmachst, das Allgemeindenken- und Leben, du dich nicht erkennen wirst allein durch das Beachten der Gesetze von Menschen, die willkürlich sind und den jeweiligen macht- und lieblosgeilen Menschen angepasst sind. Jene, die dich nur als ihre Arbeitskräfte aus- und benutzen, in dieser Rattengesellschaft, die sich menschlich vorspinnt, sie sei human oder sogar demokratisch – oder noch schlimmer: religiös …)

Laß mich dir noch einige weiter Fragen stellen. Erzähle mir Ananda, hinsichtlich deiner gegenwärtigen mysteriösen und reinen Essenz von der Wahrnehmung deiner Augen, ist sie in Konformität mit Helligkeit oder ist sie in Konformität mit Dunkelheit? Ist sie in Konformität mit der Klarheit des Raumes oder ist sie in Konformität mit den undurchdringlichen Objekten? Wenn sie in Konformität mit der Helligkeit ist, dann, wenn du die Helligkeit siehst, die in deiner Gegenwart manifestiert ist, kannst du erkennen welcher Teil von der Helligkeit mit der Wahrnehmung der Augen vermischt ist? Es ist ganz klar, daß da die Wahrnehmung der Augen ist, aber wenn du die Helligkeit siehst, erkennst du welche Art von Erscheinung von der Helligkeit mit der Wahrnehmung deiner Augen vermischt ist? Wenn das Sehen der Helligkeit nicht zu der Wahrnehmung der Augen gehört, wie ist es dann, daß du überhaupt Helligkeit sehen kannst? Wenn es doch zur Wahrnehmung der Augen gehört, wie ist es dann, daß da eine Natürlichkeit ist, die die Wahrnehmung der Wahrnehmung der Augen wahrnimmt? Wenn es bestimmt ist, daß die Wahrnehmung von Augen perfekt in sich selbst ist, welcher Teil davon ist dann in Konformität mit der Helligkeit selber? Wenn die Helligkeit in sich selbst perfekt ist, dann sollte sie in Konformität mit der Wahrnehmung der Augen sein. Darum muß die Wahrnehmung der Augen unterschiedlich zur Helligkeit sein. Und die gleichen Deduktionen können nun mit anderen Phänomenen – Dunkelheit, Raum, undurchdringliche Objekte gemacht werden.

Nochmal Ananda! Hinsichtlich deiner mysteriösen, reinen Essenz von der Wahrnehmung des Sehens – ist sie zusammengesetzt mit Helligkeit oder ist sie zusammengesetzt mit Dunkelheit – oder mit Raum – oder mit undurchdringlichen Objekten? Wenn die Wahrnehmung des Sehens mit Helligkeit zusammengesetzt ist, dann, angenommen du wärest in Dunkelheit und das Phänomen der Helligkeit wäre verschwunden, sodaß es nicht mit Dunkelheit vermischt werden kann, wie kommt es, daß du trotzdem immer noch Dunkelheit sehen kannst? Oder wenn du Dunkelheit siehst und die Wahrnehmung vom Sehen ist nicht mit Dunkelheit zusammen, dann, wenn es mit Helligkeit zusammenkommt, wie kann sie auch Helligkeit sehen? Seit die Wahrnehmung der Augen Helligkeit nicht gesehen hat, wie kommt es dann, daß die Wahrnehmung der Augen Unterschiede zwischen Helligkeit und Dunkelheit machen kann? Und die gleiche Deduktion kann mit allen anderen Phänomenen – Dunkelheit, Raum und undurchdringlichen Objekten gemacht werden.

Ananda sagte dann dazwischen zum erhabenen Buddha: Nobler Erhabener! Es scheint für mich so, daß diese mysteriöse, intuitive Natur und alle von diesen konditionierenden Objekten und

Gedanken des Geistes, alle in gegenseitigem Einvernehmen sind oder vermischt zusammengesetzt sind.

Der erhabene Buddha antwortete; Ananda, du hast nun gesagt, daß die intuitive Natur nicht in Konformität und auch nicht in einer Zusammensetzung mit anderen Phänomenen ist. Ich werde dir nun mehr Fragen stellen. Zu dem was du eben gesagt hast, daß diese mysteriöse Essenz von der Wahrnehmung vom Sehen weder in Konformität, noch in Zusammensetzung mit anderen Phänomenen ist, meinst du damit, daß sie nicht in Konformität mit Helligkeit ist – oder mit Dunkelheit – oder Raum, auch nicht mit undurchdringlichen Objekten? Wenn sie nicht in Konformität mit Helligkeit ist, dann müssen die Wahrnehmung von Augen und Helligkeit, beide, eine individuelle und exklusive Sphäre haben. Kannst du die Grenzlinie zwischen ihnen zeigen? Welcher Teil gehört zur Wahrnehmung der Augen und welcher zur Helligkeit? Wenn innerhalb der Sphäre von Helligkeit, dann sollte da kein Eintritt von der Wahrnehmung der Augen sein – wie können sie sich beide beeinflussen, denn die Wahrnehmung der Augen würde natürlich nicht die angemessenen Grenzen der manifestierten Helligkeit kennen. Und wenn die Wahrnehmung der Augen das nicht weiß, wie kannst du es dann wissen? Das gleiche kann von allen anderen Phänomenen – Dunkelheit, Raum und den undurchdringlichen Objekten gesagt werden.

Nochmal Ananda. Wenn es stimmt, wie es von dir vorgeschlagen wurde, daß die Essenz von dieser mysteriösen Wahrnehmung des Sehens weder in Konformität, noch in Kombination mit Konditionen ist, meinst du dann, daß sie nicht in Konformität mit Helligkeit ist, auch nicht mit Dunkelheit, nicht mit Raum oder undurchdringlichen Objekten? Wenn die Wahrnehmung der Augen nicht in Kombination mit Helligkeit wäre, dann wäre sie ja wie zwei auseinandergehende Hörner. Sie würde so sein, wie die Relation vom Ohr zur Helligkeit, die sich gegenseitig überhaupt nicht beeinflussen. Seit die Wahrnehmung der Augen nicht die exakte Lokalisierung weiß, wo sich Helligkeit manifestiert, wie kann sie Unterschiede zwischen Zusammenheit und Nichzusammenheit machen? Das gleiche kann von allen anderen Phänomenen – Dunkelheit, Raum und undurchdringlichen Objekten gesagt werden.

Ananda, du hast bis jetzt nicht realisiert, daß die wahre Natur von allen vergänglichen Wahrnehmungen des Sehens von Objekten und flüchtigen Illusionen, die manifestiert wurden, wenn sie in der Gegenwart von Objekten waren und die verschwinden, wenn sie außerhalb der Gegenwart von Objekten sind – all das ist diese mysteriöse, erleuchtete, intuitive Essenz. Dieses ist wahr von den fünf Sinnes-Inhalten und den sechs Arten von Wahrnehmung und es ist wahr von all den zwölf Plätzen von Kontakt zwischen Bewußtsein und Objekten, hinein in die achtzehn Sphären von Mentationen in Kontakt mit Objekten durch die Sinnesorgane. Wenn sie in Konformität sind oder in Kombinationen mit Ursache und Konditionen, dann manifestieren sie diese flüchtigen, illusiven Konzepte – und wenn sie nicht verbunden sind mit Ursache und Konditionen, dann verschwinden die Illusionen. Da du diesen Vorgang nicht realisierst, nämlich, daß die wahre Natur von der Wahrnehmung der Sinne die intuitive Essenz des Geistes ist – wie kannst du dann realisieren, daß sämtliche Phänomene von Tod und Wiedergeburt – deren Erscheinen, Gehen und Kommen, Verschwinden – ganz einfach die permanent, mysteriöse, erleuchtete, unveränderliche, allperfekte, diese wundervolle Geistessenz von Tathagatas Schoß ist – darin alles in perfekter Reinheit und Einheit und Potentialität ist.

Wenn du immer noch denkst, daß deine Vorstellung von den Sinnen und Diskriminierungen richtig sind und ein wenig Selbstnatur besitzen, dann solltest du sie innerhalb der Reinheit der permanenten Realität suchen, aber du wirst nicht ein Zeichen ihrer individuellen Charakteristik finden, die deine Vorstellung davon unterstützen.

Ananda! Was ist mit der Aussage verbunden, daß die fünf Sinnesinhalte und Diskriminierungen für die beiden zu der mysteriösen Geistessenz von Tathagatas Schoß gehören. Angenommen, ein Mann mit guten, frischen Augen sieht dauernd in den hellen, leuchtenden Raum des Himmels, ohne zu zwinkern oder die Augen zu schließen.

Nach langem Schauen entsteht Vergiftung der Augen und in der Leerheit des Raumes sieht er phantastische Blüten und viele andere Phantasmen. Diese phantastischen Blüten, welche die vergifteten Augen in dem offenen Raum des Himmels sehen, kommen nicht vom Himmel und auch nicht von den Augen. Wenn du nun annimmst, sie kommen vom Himmel und wenn sie verschwinden, dann müssen sie ja zum Himmel zurück. Sobald du aber den Eindruck von Kommen und Gehen hast, dann ist der Himmel nicht länger offener Raum. Wenn offener Raum nicht länger offener Raum ist, dann könnte ja das phantastische Blühen nicht manifestiert werden oder verschwinden. Ananda, du solltest wissen, daß alles Gesehene der Augen so ist. Seit anfangloser Zeit haben fühlende Wesen die Reinheit der intuitiven Geistessenz angenommen – ihre Augen sind jedoch verschmutzt und sie sehen die Myriaden der sinnlichen Vorstellungen – und weil sie sie mögen, Leben nach Leben – und an ihnen mit der Kraft der Gewohnheiten festhalten, sind diese falschen Vorstellungen der Sinne für sie somit angenommen und real – und damit haben sie nun eine Vorstellung von Ananda aufgebaut und das, was nicht Ananda ist – jedoch wehren sie das Erwachen des wahren Ananda ab.

Wenn du nun annimmst, daß dieses phantastische Aufblühen von den Augen kommt, dann sollte das Aufblühen ja zu den Augen zurückkehren können – aber tut es das? Wenn das Aufblühen natürlich von den Augen kommt, dann würde es die Natur der Wahrnehmung des Sehens haben – und von diesen Augen ausgehend, die Wahrnehmung von Sehen haben – sie sollten also ihre eigenen Augen sehen. Wenn sie nicht die Natur des Sehens haben und wenn sie hinausgehen, dann würden sie die Objekte sehen und würden Schatten in den Himmel werfen – und wenn sie zu den Augen zurückkehren würden, sollten sie Schatten in ihre eigenen Augen werfen. Hinsichtlich unserer eigenen Annahme, die Augen, die den klaren Raum des Himmels sahen, waren gute, frische Augen und als sie diese phantastischen Blüten sahen, hatten sie Schatten in sich – wie können sie dann noch gute, frische Augen genannt werden?

Deswegen Ananda, du solltest wissen, daß die Zutaten vom Sehen alle falsch und nur Illusion sind, sie sind weder natürlich manifestiert durch Ursache und Konditionen, noch entstehen sie spontan durch ihre eigene Natur.

Angenommen Ananda, ein Mann sitzt ruhend, mit entspannten Händen und Füßen und alle Knochen seines Körper in Harmonie und Bequemlichkeit und mit seinem Geist in einer ruhigen Verfassung, weder glücklich noch unglücklich, fast unbewußt seiner selbst. Mit keinem besonderen Grund in seinem Geist, reibt er die Handflächen seiner Hände gegeneinander und sofort entsteht da die Wahrnehmung von Rauhheit, Weichheit, Kälte und Wärme seiner Hände. So, du solltest wissen, daß die Zutaten von der Wahrnehmung von Berührung auch Phantasien und Illusionen sind. Nun Ananda, all diese phantastischen Gefühle, die durch das Reiben der Hände entstehen, kommen weder von der Luft, noch von den Handflächen selber. Wenn sie von der Luft kommen würden, da sie ja die Handflächen berühren können, warum berühren sie den Körper nicht auch anderswo? Was war die Ursache für die Selektion? Oder wenn es von den Händflächen kommen würde, weshalb ist dieses Gefühl von Wahrnehmung nicht entstanden bevor die Handflächen zusammengedrückt wurden? Es ist deswegen, weil sie natürlich erst bewußt voneinander werden, weil sie zusammengedrückt wurden. Und wenn sich dann die Handflächen nicht mehr berühren, geht die Wahrnehmung von Berührung ganz natürlich zurück in den Körper. Natürlich ist da etwas im Körper, das kommt und geht, aber wie ist es, daß der Körper warten muß bis die Hände zusammengedrückt werden, damit er bewußt die Wahrnehmung der Berührung hat?

(Eigentlich eine blöde Frage ..., weil sonst ja keine Handflächen-Berührung war ..., also manchmal hat der Buddha mehr als 'n Knall. Oder waren es etwa die ignoranten Buddhisten, die dieses hier alles zusammengesetzt haben und der Buddha hat das gar nicht so gesagt. Ist ja oft in den Religionen so, in Bewegungen, die das Ziel haben, alle gleich-denkend und gleich-sehend zu machen – also kollektiv – blöde ...

oder etwa nicht. Christentum ist auch so eine Staatsreligionsseuche der bewußten Beeinflussung und Manipulation von Gefühlen und wie man zu Denken und zu Handeln hat, damit die ihre Schafe zum Hüten haben, die sie dann scheren können ... Wie gesagt, der Schäfer ist nicht der Freund der Schaaaaaafe ..., adeee ... Ich sage nur, folge keinem Buddha, keinem Jesus und keinem anderen Meister, folge nur dir selbst, denn du bist selbst das Göttliche ...)

Deswegen Ananda solltest du wissen, daß die wahrnehmenden Zutaten der Berührung doch nur Phantasie und Illusionen sind, die weder manifestiert durch Ursache und Konditionen sind, noch spontan durch ihre eigene Natur entstehen.

(Wirklich, der Buddha ist ganz schön blöde, Wahrheit ist sowohl Essenz als auch alles andere – dazu gehört auch der Körper mit seinen sämtlichen Wahrnehmungen, Gefühlen und Illusionen, Träumen und Hoffnungen und Wünschen auch. Der Buddha kann nicht mehr richtig sehen, weil er nur aus der Sicht der angeblichen Essenz sieht – was ich mehr als infrage stelle, wenn man solche blöden Bemerkungen macht. Ende der Durchsage!)

Ananda, angenommen ein Mann redet von sauren Pflaumen, er ist sofort bewußt, daß Speichel von seiner Zunge fließt – oder als er daran denkt, daß er von einer Klippe fällt, fühlt er sofort ein Wanken in seinen Knien!

(Das ist alles nur Vorstellung Buddha, sage ich, Wolf Schorat, denn bei mir kommt kein Speichel oder Schwanken in den Knien. Hier kommt also Bluddas Phantasie, die riesig ist und mit der er viele betören kann. Also Leute, seid vorsichtig ... Bluddismus schleicht sich ein und will euch fangen – die Köder sind ausgelegt ..., seid vorsichtig, bleibt bei euch selber. Habe den Mut und bleibe bei dir selbst, folge nur dir selbst, laß dich nicht von Seelenfängern, wie Jesus und Buddha und Mohamed und wie sie sich alle nannten oder genannt werden ..., benebeln ...)

Es ist genau das gleiche mit sämtlichen Denkzutaten der Wahrnehmungen. In diesem Fall kommt es weder von der Pflaume, noch von einer Pflaume, die in seinen Mund geht. Wenn Sauerheit durch die Pflaume manifestiert ist, dann muß sie für sich selbst sprechen.

Wie ist es, daß es wahrgenommen wurde – in diesem Fall bei jemanden, der darüber spricht? Oder wenn die Wahrnehmung durch das In-den-Mund-gehen entsteht, dann sollte es vom Mund gehört werden – warum muß der Speichel warten, bis er von der Sauerheit hört? Wenn es das Ohr war, was es gehört hatte, warum kam der Speichel nicht aus dem Ohr? Das gleiche ist wahr von dem Effekt des Denkens, wenn man von einer Klippe fällt. Deswegen Ananda, solltest du wissen, daß die Denkzutaten von Wahrnehmungen alles Phantasien und Illusionen sind, sie sind weder auf natürliche Art durch Ursache und Konditionen manifestiert, noch spontan durch ihre eigene Natur.

(Nur Buddha, du solltest wissen, daß die Spucke da ist, und was hat die Illusion geschaffen, die dann Realität erzeugt oder ist die Spucke, die da ist, gar nicht da. Wenn Illusion Realität erzeugt, dann ist ja Illusion Realität, denn aus Illusion kann keine Spucke entstehen – also ist das auch bloß leeres Gequatsche für jene, die nicht selbst sehen und nicht selbst denken können und die damit eingefangen werden sollen, so zu denken, wie du selbst – und da liegt der Manipulationssaffe ... hahaha ...)

Ananda! Ein Fluß fließt ohne Raum weiter, zwischen dem Wasser, was zuerst gekommen ist und dem Wasser, was danach kommt. Und so ist auch der Fluß der Bewegungen von den aktiven Zutaten von unserer Wahrnehmung. Die Natur einer solchen immer fließenden Strömung von Wasser steigt nicht aus der Luft, aber auch nicht aus dem Wasser, es ist nicht von der Natur des Wassers und auch nicht von der Natur der Luft und es ist auch nicht unabhängig davon. Wenn sie aus der Luft aufsteigt, dann würde der ganze endlose Raum der Zehn Himmelsrichtungen des Universums voll von Wasser werden und das ganze Universum würde unter Entblößung leiden. Wenn es durch Wasser allein manifestiert würde, dann würde die Substanz und Möglichkeit von Wasser nur einmal manifestiert werden, es würde keine Strömung geben, sie würde eine andere Substanz als Wasser haben. Darum Ananda, du solltest wissen, daß die Bewegungszutaten von Wahrnehmung nicht natürlich durch Ursache und Konditionen manifestiert sind und auch nicht spontan durch ihre eigene Natur. Ananda angenommen, ein Mann füllt ein Glas mit Luft in seinem eigenen Land, schließt dann die Öffnung des Glases und reist damit viele hundert Kilometer zu einem entfernten Land, nur um etwas von seiner heimatlichen Luft zu dem entfernten Land zu bringen. Dieses ist ähnlich zu den Bewußtseinsinhalten von Wahrnehmung. Wenn das Glas geöffnet ist, vermischt sich die Luft aus dem Glas mit der anderen Luft und es kann weder gesagt werden, daß sie von dem heimatlichen Land kommt, noch kann man sagen, daß es die reine Luft des entfernten Landes ist. Wenn sie vom heimatlichen Land käme, dann müßte die Luft dort weniger werden und die Luft im entfernten Land sich vermehren – im Gegenteil, wenn er das Glas öffnet, sieht er nichts was da rein- oder rausgeht. Deswegen Ananda, du solltest wissen, daß die bewußten Zutaten vergeblich und illusiv sind, sie sind weder durch Ursache und Konditionen natürlich manifestiert und auch nicht spontan durch ihre eigene Natur.

Dann fragte der erhabene Buddha Ananda: Ananda, wenn wir von der höchsten Realität als den Bauch des Tathagatas denken, von wo aus alle Manifestierungen hervorkommen – in welchem Sinn kann gesagt werden, daß die sechs Sinnes-Wahrnehmungen zu dieser wahren, mysteriösen Geist-Essenz gehören.

(Jaja Buddha, ich verstehe dich sehr gut, weil ich das schon selbst erfahren, erlebt habe – mich als unabhängig von allen Sinnen, die ganz für sich alleine lebten, handelten, dachten und phantasierten – mit ihren Freuden und Ängsten ... und ich war dahinter – erhaben, endlos, endlos, endlos ... endlose Ruhe, endlose Angstlosigkeit, endlose Glückseligkeit ... und mehr ..., jaja ...)

Laß mich dir diese Verbindung erklären. In Bezug auf das, was ich dir kurz vorher erzählt habe, das lange Schauen in den hellen, klaren Himmel war der Grund, weswegen die Wahrnehmung der Augen kontaminiert war. In dieser Lehre, beides, die Wahrnehmung der Augen und der kontaminierte Zustand, wurde so gezeigt, daß sie die wahre Natur der reinen Weisheit zurückhielten. Es ist wegen dieses Zwanges – durch Erkundigungen so plaziert – der gegenüberliegenden, aber falschen, Wahrnehmungen von Helligkeit und Dunkelheit, daß die Wahrnehmung des Sehens, welche die phänomenalen Objekte wahrnimmt, so dargestellt wird, als ob sie die Natur von wahrnehmendem Sehen hat. Aber diese Wahrnehmung des Sehens, abseits von Helligkeit und Dunkelheit, hat keine Substantialität in der Existenz. Ich werde dir das als Fakt zeigen. Ananda, du weißt ganz genau, daß die Wahrnehmung des Sehens selbstständig von Helligkeit und Dunkelheit ist, sie hat ihren Ursprung auch nicht in den Sinnesorganen, die nur Sensationen aufnehmen, sie steigt auch nicht aus dem umgebenden Raum auf. Wenn es nämlich von der Helligkeit kommen würde, dann würde es nicht die Dunkelheit wahrnehmen, und wenn es von der Dunkelheit kommen würde, wäre es auch nicht fähig die Helligkeit wahrzunehmen. Wenn es von den Sinnesorganen käme, würden sich die Sensationen ändern, aber es würde nichts von Helligkeit und Dunkelheit wissen. Die Essenz von der Wahrnehmung des Sehens ist so, daß sie keine eigene Natur hat. Wenn sie nämlich von dem Raum kommen würde, dann wenn sie weitergeht, um ein Objekt in ihrer Gegenwart zu sehen, so sollte sie fähig sein das Augenorgan auf dem Weg zurück zu sehen. Wenn es vom Raum käme, dann müßte der Raum ja sein eigenes Sehorgan haben und welche Relation würde es mit deinen Augen haben. Deswegen Ananda, du solltest wissen, daß die Wahrnehmung der Augen falsch und phantastisch ist und das sie weder manifestiert durch Ursache und Konditionen ist oder spontan durch ihre eigene Natur entstanden ist, denn sie hat keine eigene Natur.

(Das gleiche wird dann in dem Urtext für alle anderen Sinnesorgane, wie Hören, Tasten oder Riechen ..., bewiesen.)

Ananda angenommen, ein Mann hat eine warme und eine kalte Hand und beide Hände berühren sich. Wenn die Kälte die Wärme übersteigt, dann werden beide Hände kalt oder wenn die Wärme die Kälte übersteigt, werden beide Hände warm. Durch diese Art der Wahrnehmung von zwei Sensationen zur selben Zeit und von der einen, die stärker als die andere ist, sind die Konditionen durch die

Phänomene der Kontaminierung so aufgebaut – das gleiche ist durch
den Kontakt der beiden Hände in unterschiedlichen Graden von
Wärme und Kälte manifestiert. Diese Wahrnehmung von zwei
Händen und ihrer Kontamination – beide sind in dem kontaminier-
ten Zustand mit eingeschlossen – manifestiert durch den zusammenhängenden Zwang der Weisheitsnatur. Es ist durch die Bedeutung des
Konflikts zwischen diesen falschen Wahrnehmungen von Separatheit und Kontakt, daß da diese Manifestation von Berührung
entstanden ist, die dann die Vorstellung von Kontakt wahrnimmt,
welche die Basis von der Wahrnehmung der Berührung darstellt.
Wenn diese Wahrnehmung von Berührung als eigenständig gezeigt
werden kann – beide, die unangenehme Vorstellung der Separatheit
und die angenehme Vorstellung von Kontakt, dann hat es trotzdem
keine Eigensubstanz als Eigenexistenz. Ich werde dir das nun als Fakt
zeigen. Aber zuerst sollst du wissen, daß diese Wahrnehmung von
Berührung nicht von Separatheit oder Kontakt kommt, weder zeigt
sie ihre Existenz durch die Bedeutung des Gefühls von Unangenehmheit oder Angenehmheit, noch kommt es durch Spontanität durch
ihre eigene Sinnesberührung – und letztlich ist es auch nicht vom
Raum manifestiert. Und warum? Wenn nämlich die Wahrnehmung
von Berührung dadurch entsteht, daß sie mit etwas in Kontakt
kommt – und dann, wenn sie von etwas weggenommen wird, sollte
die Wahrnehmung von Berührung verschwunden sein, aber sie
nimmt immer noch ihre Separatheit wahr. Und das gleiche ist wahr
im Zusammenhang mit den Phänomenen von unangenehm und an-
genehm, dann wenn die Wahrnehmung von Berührung von den
Sinnen des Körpers entspringt. Da könnten keine von diesen vier
Phänomenen, Separatheit, Kontakt, Unangenehmheit und
Angenehmheit, sein. Und weiter noch – die Wahrnehmung deines
Körpers hat natürlich keine eigene Natur. Wenn die Wahrnehmung
von Berührung so angenommen wird, als wenn sie aus dem Raum
entspringt und Raum würde Gebrauch von der Wahrnehmung von
Berührung machen – und dann, was würde die Relation zwischen
der Wahrnehmung, die aus dem Raum entspringt und die

Wahrnehmung, die im Körper entspringt, sein? Deswegen Ananda, du solltest wissen, daß die Wahrnehmung von dem Sinn der Berührung falsch und phantastisch ist, daß sie nicht durch Ursache und Konditionen manifestiert ist und auch nicht spontan durch ihre eigene Natur.

Dann machte der erhabene Buddha weiter: Ananda, wenn ein Mann müde wird, sich hinlegt und schläft, wenn sein Schlaf dann ausreichend war und er aufwacht, seine Augen öffnet, sieht er Objekte und fängt an zu denken was das ist. Wenn er sein Gedächtnis verliert wird er nervös. Dieses kann man als umgekehrte Konzepte von Tod und Wiedergeburt und Transformation und Kontinuität annehmen, welche sich in einer mehr geordneten Folge entwickeln – an der sich der Geist gewöhnt. Diese Phänomene, die analog verbunden sind mit den Phänomenen der Sinne vom Sehen, Hören, Riechen, Schmecken, Berühren, sind mit dem mentalen oder denkenden Geist verbunden. Die Wahrnehmung vom Denken oder die Resultate des Denkens, mit dessen Kontaminierungen, sind mit den anderen Sinneswahrnehmungen und deren Kontaminierungen eingeschlossen, etwa so, als ob Hemmungen auf unsere wahre Natur gelegt werden.

Es ist nämlich die Plazierung zwischen zwei falschen Vorstellungen, wie Tod und Wiedergeburt, daß die Wahrnehmung vom Denken manifestiert wird. Der Geistsinn, angenommen als ein Objekt in Kontakt mit anderen Sinnen, empfängt die Vorstellung von Ideen, Gedanken und Erinnerungen, als wären sie in umgekehrter Folge, nämlich als ob sie sich in Richtung Diversität bewegten – und so bewegt er sich immer weg von dem wahren Geist, der immer in einem reinen, unveränderbaren und einheitlichen Zustand ist – und so wird er nie seine Quelle in der Weisheit vom wahren Geist erreichen. Dieses ist charakteristisch von allem bewußten und diskriminierenden Denken.

Wenn diese Wahrnehmung vom Denken getrennt wird, vom Dualismus der Phänomene, wie Tod und Wiedergeburt, Wachen und Schlafen et cetera, verliert es ihre ganze Substantialität. Ich werde dieses nun als Fakt beweisen.

Ananda du solltest wissen, daß dieser Sinn des Denkens nicht von Wachen und Schlafen kommt, nicht von Tod und Wiedergeburt, auch nicht von seiner eigenen Natur oder vom Raum. Und warum? Wenn nämlich die Wahrnehmung vom Denken vom wachen Seins-zustand kommen würde, dann wenn Schlafen dominierend ist, sollte es völlig verschwinden – und wer würde derjenige sein, der erwacht? Wenn die Wahrnehmung vom Denken nur in der Gegenwart von etwas existieren würde, dann wenn nichts gegenwärtig wäre, dann würde es als nicht existierend aussehen – und wer ist es dann, der den Tod erleidet? Wenn es vom Tod manifestiert wäre, dann würde Denken sofort mit dem Ankommen des Todes verschwinden – und wer würde die Wiedergeburt erkennen. Wenn die Wahrnehmung des Denkens aus der eigenen Natur entspringen würde, dann würden die beiden Phänomene von Wachen und Schlafen, wie das Öffnen und Schließen der Lotusblume sein. Wenn es nun abhängig von beidem, Wachen und Schlafen, wäre, würde es so sein, wie die visionären Blumen, die durch entzündete Augen gesehen werden – die über-haupt keine Substantialität haben. Wenn es nun vom Raum mani-festiert wäre, würde es natürlich zur Wahrnehmung des Raums gehören – und was würde dann ihre Relation zu unserem Sinn vom Denkensein? Darum Ananda, solltest du auch wissen, daß die Wahrnehmung aus Denken falsch und phantastisch ist, daß es nicht aus Ursache und Konditionen manifestiert ist und auch nicht spontan durch ihre eigene Natur.

* * *

Dann machte der erhabene Buddha weiter, sagend: Nochmal Ananda, was ist damit gemeint, wenn gesagt wird, daß die zwölf Lokalisierungen des Kontakts zwischen Bewußtsein und Objekten ja von Natur aus zu der mysteriösen Geist-Essenz gehören, die als der Bauch des Tathagatas, des Vollendeten, der absoluten Essenz, gilt, aus dem das, was immer ist und war und sein wird, kommt?

Ananda angenommen, du schaust auf die Jetavana-Ebene und all ihren wunderschönen Teichen und Quellen, was denkst du? Ist es, daß all dieses Gesehene die Wahrnehmung aus den Augen entwickelt oder ist es, daß der Augen-Sinn das Gesehene entwickelt. Wenn es so ist, daß der Sinn von den Augen das Sehen entwickelt, dann wenn der Raum sieht, da Raum eine andere Natur hat als das Sehen, dann sollte Sehen verschwinden. Wenn die Natur des Sehens verschwindet, dann würden alle Manifestationen aus Sehen zum Scheitern kommen. Wenn alle Phänomene aus Sehen zum Scheitern kommen, wie können wir dann von der Substantialität des Raumes sicher sein? Und das Umgekehrte ist auch wahr, wenn nämlich alle Phänomene von Raum zum Scheitern kommen, wie können wir dann sicher sein von der Substantialität von dem Gesehenen, das wir sehen. Und weiter noch, wenn die unterschiedlichen Sicht-Objekte die Wahrnehmung der Augen entwickeln, dann wenn die Augen den Raum anschauen, da die Natur vom Raum unterschiedlich von der des Gesehenen ist, dann sollte die Wahrnehmung von Gesehenem sofort verschwinden, denn alle diese gesehenen Objekte würden nicht-existent werden. Wie können wir dann sicher sein, von den Phänomenen – Raum und Gesehenem? Deswegen Ananda solltest du wissen, daß die Wahrnehmung aus den Augen und den Gesehenen-Objekten, die sie sehen und auch den Raum, das alle leer und ohne Standort sind, was einfach bedeutet, das beides, der Standort von dem Gesehenen-Objekten und die Wahrnehmung aus den Augen, falsch und phantastisch sind, weder manifestiert durch Ursache und Konditionen, noch spontan durch ihre eigene Natur.

Das gleiche ist wahr mit allen anderen Wahrnehmungen von der Lokalisierung durch Kontakt mit anderen Sinnes- Objekten, sie haben keine Substantialität und sind falsch. Angenommen Ananda, du hast innerhalb deines Geistes unter den Konditionen von einem Denksystem wahrgenommen, das angenommen wird als Ursache von Wahrnehmungen der Sinne, und das du andauernd diskriminiert hast – unter diesen Konzepten – durch drei Attribute, nämlich, gute Gedanken, schlechte Gedanken und nicht interessierte Gedanken. Sind diese Attribute innerhalb des Geistes entstanden oder in einer anderen Position, selbstständig vom Geist? Wenn sie innerhalb des intuitiven Sinnes des Geistes entwickelt sind, dann können sie nicht die selben Dinge sein, wie die Sinnes-Objekte selber – oder wie die Beeinflussungen, die ja den Geist konditionieren. Wenn dieses System von Konzeptionen angenommen wird, als wenn es irgendwo anders entwickelt wird, selbstständig vom Geist, ist dann die Natur von seinen Eigenschaften wirklich rechtmäßig als Wahrnehmung bezeichnet? Wenn sie als Wahrnehmung benannt werden, dann muß es unser Geist sein, der diese Wahrnehmung macht und nicht irgend ein anderer Geist außerhalb des Geistes. Wenn die Wahrnehmung zu einem anderen Geist gehört, da der Geist ja kein Objekt ist, wie kann seine Wahrnehmung dann die gleiche sein, wie deine eigene Wahrnehmung? Oder, wenn es einfach Du-Selbst bedeutet, da du unterschiedlich zu deinem Geist wärst, denn das würde bedeuten, daß du zwei unterschiedliche Persönlichkeiten wärst oder wenigstens, daß du zwei unterschiedliche Geiste hast. Wenn die Natur von den Eigenschaften von unserem System von Wahrnehmungen – Nicht-wahrnehmung ist, dann dieses System als inneres Objekt an-genommen ist, hat es keine der Charakteristiken von Sehen, Ton, Düfte, Berührung, Selbstständigkeit, Übereinstimmung, Kälte, Wärme – wo können wir es lokalisieren? Da es keine definitive Lokalisierung hat, weder in Raum noch Form, wo in all dieser irdischen Welt könnte es seine Lokalisierung haben? Und seit es keine Kondition ist, die den Geist beeinflußt, wie kann es überhaupt eine Lokalisierung haben? Deswegen Ananda solltest du wissen, daß das System von Sinnes-Konzepten und auch die Konzepte des Denkens leer sind von irgendeiner Lokalisation. Das bedeutet, daß die Lokalisierungen von Kontakt von den Konzepten innerhalb des Geistes und das System von Sinnes-Konzepten, beides gleich falsch und phantastisch ist, sie sind weder manifestiert durch Ursache und Konditionen, noch sind sie spontan aus ihrer eigenen Natur.

* * *

Der erhabene Buddha fuhr fort Ananda weiter zu fragen – sagend: Was ist nun mit der Behauptung gemeint, daß die achtzehn Sphären von Mentation, Sinnes-Organe, Sinnes-Geist und Sinnes-Wahrnehmung, alle zu der mysteriösen Essenz von Tathagatas Leib gehören?

Wir haben schon gezeigt, daß die Wahrnehmung des Seh-vermögens an die Augen gebunden ist und deren Kraft des Sehens in Kombination mit den Objekten des Sehvermögens. Laß mich dich fragen, ist dieses Bewußtsein, das von den Augen abhängig ist, einfach nur durch die Augen entwickelt – und auch limitiert durch die Augen – oder ist es auch entwickelt durch die Bedeutung von Sehvermögen und festgehalten durch Sehvermögen? Wenn die Bewußtheit des Sehvermögens durch die Augen entwickelt wurde, dann wenn es selbstständig vom Sehvermögen und Raum wäre, kann es ja keine Diskriminierungen machen und so, trotz deiner Bewußt-heit, wofür wird es gut sein? Mehr noch, da ja die Wahrnehmung des Sehvermögens nicht zu Farben gehört – Grün, Gelb, Rot und Weiß, kann es keine Erscheinungen manifestieren und deswegen – was sollen ihre Grenzlinien sein? Oder wenn die Wahrnehmung der Sehkraft sich durch die Sehkraft selber entwickelt, denn da ja nur Raum ist und keine Sehkraft, wird dein Bewußtsein von ihr ver-nichtet werden – und wie kannst du etwas von der Natur des Raumes wissen? Und wenn die Landschaft sich ändert, dann bist du dir dessen bewußt und es würde bedeuten, das die Landschaft das Gesehene der Sehkraft ändert. Aber da sich dein Bewußtsein nicht ändert, was wird dann die Linie zwischen deinem Bewußtsein und deiner Wahrnehmung sein? Oder wenn dein Bewußtsein ein Subjekt für Veränderung wäre, zusammen mit der Veränderung des Ge-sehenen, dann würden alle Phänomene von Unterschieden verschwinden. Oder wenn dein Bewußtsein permanent und un-veränderbar wäre, da es ja von den Objekten des Gesehenen ent-wickelt wurde, sollte es keine Lokalisierung aus dem Raum erkennen. Oder wenn dein Bewußtsein bei beiden entwickelt wurde, Augen und Gesehenem, dann wird ein Teil deines Bewußtseins, welcher von den

Augen entwickelt wird, sensibel sein – und der andere Teil, der von den Objekten entwickelt wird, unsensibel sein. Wenn der Sinn deiner Augen und das Gesehene in Kontakt sind, wird ein Teil von deinem Bewußtsein wahrnehmend sein und der andere Teil nicht wahrnehmend sein – es würde bedeuten, wenn diese beiden Teile vom Bewußtsein sich von sich selbst trennen würden, dann müßten sie beide unabhängig vom Geist sein. Und wenn der Sinn deiner Augen und das Gesehene separat sind und ein Teil deines Bewußtseins zu deinen Augen zurück will und ein Teil zurück zu den Objekten will, würde das bedeuten, das diese beiden Teile deines Bewußtseins in separatem Kontakt mit deinen Augen und den Objekten sind, deswegen der Körper und seine Attribute konfus vermischt sein würden – und was sollen deren Grenzlinien sein?

Darum Ananda – weil diese drei Lokalisierungen, wo die Wahrnehmung des Gesehenen unter den Konditionen des Sinnes der Augen ist – und das Gesehene, wo die Wahrnehmung von Gesehenem von deinem Bewußtsein, abhängig von den Augen, entsteht – sie sind alle leer von irgendwelchen substantiellen Existenzen, so wie diese drei Phänomene von der Wahrnehmung von Gesehenem, das Gesehene selbst und die der Mentation über das Gesehene – sie sind weder manifestiert durch Ursache und Konditionen, noch spontan durch ihre eigene Natur – und das gleiche gilt auch für alle anderen Sinne: Hören, Riechen, Schmecken, Berühren und Sehen.

Nochmal Ananda, du hast verstanden, das die Wahrnehmung des denkenden Geistes unter den Konditionen von dem denkenden Geist und seinen Konzepten von Phänomenen sind und das es vom Bewußtsein, abhängig vom denkenden Geist, manifestiert ist. Ist dieses, vom denkenden Geist abhängige, Bewußtsein durch die Art des denkenden Geistes entwickelt und durch den denkenden Geist gehalten? Oder ist es entwickelt durch Wege von seinen Konzepten von Phänomenen und gehalten durch seine Konzepte von Phänomenen? Wenn es durch Wege des denkenden Geistes entwickelt wurde, denn innerhalb deines denkenden Geistes muß etwas Bewußtes sein, welches deinen denkenden Geist entdeckt. Sollte da aber nicht diese Art von Gedanken sein, wäre der denkende Geist nicht entwickelt worden. Sollte es dann unabhängig von solchen Konditionen sein, würde es keine Erscheinung vom Denken haben – und was würde dann der Nutzen vom Bewußtsein sein? Mehr noch – in Beziehung zu deinem Geist und all seinen Attributen vom Denken und Diskriminieren – sind die in Einheit oder sind es unterschiedliche Dinge? Wenn sie in Einheit mit dem denkenden Geist sind, dann sind sie nicht unterschiedlich vom denkenden Geist – und wie könnten sie dann irgendwelche anderen Manifestationen haben? Wenn sie nicht in Einheit mit dem denkenden Geist sind, dann sind sie differenzierte Dinge und separat untereinander – und in diesem Fall, der denkende Geist unbewußt ihnen gegenüber sein würde. Sollte der denkende Geist ihnen gegenüber unbewußt sein – wie könnte dann der denkende Geist entwickelt worden sein? Wenn sich der denkende Geist ihrer bewußt ist, was ist es, was sich hinsichtlich des denkenden Geistes bewußt ist?

So, egal ob Bewußtsein und dessen Attribute in Einheit mit dem denkenden Geist sind oder in Separatheit, da ist keine Art dieser Existenz – und wie kann Bewußtsein dann durch Himmelsgewölbe beschränkt sein? Wenn dieses Bewußtsein, das abhängig vom denkenden Geist ist, durch die Art des Denkens entwickelt wird, nämlich über Phänomene, dann würden alle Phänomene der Welt zu den fünf Sinnesobjekten gehören. Angenommen, du lenkst deine Aufmerksamkeit den fünf Phänomenen, Sehen, Ton, Düfte, Geschmack und Berührung, zu, welche ja alle sehr klar und deutlich in ihren Manifestationen sind – und wenn diese fünf Arten von Phänomenen mit ihren respektiven Sinnes-Organen gehen, zeigt es, das sie nicht vom denkenden Geist gemanagt werden, wenn bestimmt ist, daß Bewußtsein durch Konzepte von Phänomenen entwickelt wird, dann bitte konzentriere deine Reflektionen und erzähle mir, was ist die Erscheinung in deinem denkenden Geist von diesen Konzepten und Phänomenen. Wenn du alle solche Phänomene wie Gesehenes, Raum, Bewegung, Stille, Übertragbarkeit, Nichtübertragbarkeit, Kombinationen, Separatheit, Tod und

Wiedergeburt, zur Seite legst, dann würdest du fähig sein, dir die Erscheinung des Bewußtseins zu erdenken. Sobald Bewußtsein erscheint, werden alle Phänomene – wie Gesehenes, Raum, Bewegung et cetera – dann auch manifestiert.

(Und hier liegt die Mausefalle aller Lehren und Wahrheiten von falschen Propheten und Tricksern und Täuschern, aber auch von Gurus und Meistern und Buddha ..., insbesondere die, welche komplizierte Vernunftsgebäude aufgebaut haben, in denen nur der Meister dich befreien kann, oder der Guru – auch wenn er immer wieder beteuert, daß du selbst Gott bist ..., du aber seine Methode verfolgen mußt, um dahin zu kommen ... Wenn Jesus sagt, nur über mich kommt ihr zum Vater – dann sage ich, der spinnt und will dich in seinem Machtbereich haben. Oder wenn Buddha gesagt haben soll, das alles Leben Leiden ist, so spinnt Buddha mächtig. Ich selber bin der lebende Beweis, das alles Leben kein Leiden ist – und Veränderung ist nicht gleichbedeutend mit Leiden. Oder wenn die Licht-Ton-Meister der Sat-Guruschulen, bis hin zu Guru Nanak und alle daraus folgenden Meistergurus sagen, daß du nicht alleine zu Gott kommst, so ist das Täuscherei und Illusion, denn das ist nur deren eigene, mentale Gestaltung, weil sie dieser Linie von Denk- und Vorstellungsstrukturen gefolgt sind. Darum sage ich euch, folgt keinem Buddha und folgt keinem Jesus, folgt auch keinem Meister, folgt nur euch selber, denn ihr seid ja selber das Göttliche – ihr seid ja selber Gott. Habt mehr Zuversicht in euch selber, denn durch das Folgen von Buddhas, Gurus oder Meistern, sind nun diese vielfältigen Quatsch-religionen entstanden – anstelle freier, göttlicher, wundervoller, erleuchteter, mysteriöser und nobler Erscheinungen.)

Und sobald Bewußtsein verschwindet – alle diese Phänomene wie Gesehenes, Raum, Bewegung et cetera, werden auch verschwinden. Es ist so, das keine substantielle Existenz von den Objekten von den Phänomenen von Konzepten, welche wir ja als Ursache von Bewußtsein annehmen, so klar zeigt, daß da keine substantielle Natur und Manifestation für das Bewußtsein – durch die Bedeutung von

Objekten von den Phänomenen von Konzepten – manifestiert ist. Seit Bewußtsein keine substantielle Natur, Manifestation und Existenz hat – wie kann dessen Sphäre hervorgebracht werden? Darum Ananda solltest du auch wissen, das diese drei Lokalisierungen, wo die Wahrnehmung des denkenden Geistes – als bestehend unter der Kondition von dem Sinn aus dem denkenden Geist und von seinen Konzepten von Phänomenen – seinen denkenden Prozeß, den Denkprozeß, entwickelt – das Bewußtsein abhängig davon ist und so seine Sphäre völlig leer von irgendwelchen substantiellen Existenzen ist. So, diese drei Phänomene nun, die Wahrnehmung aus dem denkenden Geist, seine Konzepte darüber und seine Sphäre des Denkens, sind weder manifestiert durch Ursache und Konditionen, noch spontan durch seine eigene Natur.

* * *

RELATIONEN VON WAHRNEHMUNGEN ZU DEN VIER GROSSEN ELEMENTEN

Dann sprach Ananda zum erhabenen Buddha – sagend: Nobler Erhabener! Du hast uns ständig gelehrt, das sämt liche Variationen der Veränderungen in der Welt durch Kombination von Konformität der vier großen Elemente im Zusammenhang mit den Prinzipien von Ursache und Konditionen geschieht. Wie ist es nun, daß der erhabene Tathagata das Prinzip von Naturalismus und das Prinzip von Ursache und Konditionen ablehnt? Ich bin durcheinander, was du uns denn überhaupt zu lehren versuchst. Bete nobler Erhabener, habe Mitleid mit uns und zeige uns noch einmal die wahre, perfekte Lehre des mittleren Weges, der frei von allen doppeldeutigen Aussagen ist.

Daraufhin sprach der gesalbte Erhabene zu den Jüngern – sagend: Ananda, zuerst gefiel dir das erreichte Hinayana *(Hinayana ist der Weg, wo der Erleuchtete nur für sich erleuchtet wird und nicht das Gelübde abgelegt hat, nach seiner Erleuchtung allen fühlenden Wesen, den Weg zur Befreiung zu zeigen.)* nicht, der Weg der Arhatship und Pratyakabuddhas, und du hattest all deine Energie in die Suche nach vollkommener Erleuchtung gelegt. Wie kommt es, daß du immer noch deinen Geist mit solchen fiktiven Aussagen von falschen Konzepten von Ursache und Konditionen ärgerst?

(Ahh, mir geht ein Licht auf – dieses Urasche-Wirkungs- Prinzip, was du säest, sollst du ernten – Kausalitätsroulett. Das ist nur auf der niederen Ebene der Energie wirksam, nämlich auf der Energie-Ebene, dem Plus-Minus-Bereich, weil ja sonst keine Bewegung möglich wäre. Das was wir, du und ich in Wahrheit sind, ist aber über dem Yin-Yang oder Hell-Dunkel-Bereich – und der ist frei von Ursachen und Wirkungen, weil er der Verursacher dieses Lebens ist ..., was hältst du, Leserin und Leser, davon? Stimmt, ich habe mich eigentlich auch so erlebt – als völlige Ganzheit ..., weit, weit über dem Energiebereich der objektiven Existenzen. Damals, als ich das ganze Universum in mir trug,

da war ich totale Einheit, bestehend aus Endlosigkeit ..., mhmm, dat war prima! Gruß von Wolf Schorat ..., ich vergesse auch immer wieder, wer ich wirklich bin.)

Obwohl es wahr ist, daß du sehr gelehrig bist, du bist wie der Mann, der die Namen der Drogen kennt, aber wenn Medizin zu ihm gebracht wird, konnte er deren unterschiedlichen Eigenschaften und Vorteile nicht erklären. Ananda, man muß Mitleid mit dir haben. Nun höre mir sehr genau zu, ich werde deine Frage beantworten, indem ich klar die Unterschiede im Detail erklären werde. Und nicht für dich allein Ananda, sondern zum Vorteil aller Jünger der Zukunft, die Mahayana *(Mahayana ist das große Fahrzeug, wo du eben nach deren Denken, Einsicht und vollkommene Erleuchtung erlangst und das Gelübde abgelegt hast, dem gesamten Leben zu dienen und es zu befreien. Die gehen davon aus, daß das Leben unfrei ist und sogar Leiden ist ..., sooon Quatsch, als ob der Tathagata sich selbst das Leben so gebaut hat, daß es leidvoll ist ..., das ist mir einfach zu blöde. Veränderungen ja ..., aber leidvoll? Okay, man braucht ja nicht gleich Atombomben zu werfen oder andere umzubringen und so weiter, aber für mich ist das Leben eben nicht: alles Leben ist Leiden – wie das die Buddhisten den Leuten vorillusionieren, um damit Menschen zu fangen, die es noch nicht besser sehen oder leben können ...)* praktizieren werden, sodaß alle das Prinzip der Realität erreichen können.

Ananda zeigte sich durch seine perfekte Ruhe und Aufmerksamkeit aufnahmebereit für die Lehre des gesegneten, erhabenen Buddha.

Der erhabene Buddha sagte: Ananda, es ist genau so, wie du gerade sagtest: All die Variationen und Änderungen in der Welt sind manifest – durch Wege der Konformität und Kombination der vier großen Elemente: Erde, Wasser, Feuer und Luft. Wenn die Substanz von diesen vier grossen Elementen von der Natur der Nicht-Konformität und Nicht-Kombination wären, dann könnten sie sich nicht in Konformität zusammentun, so wie Raum nicht in Konformität mit dem Gesehenen sein kann. Oder wenn die grossen Elemente in Konformität und Kombination miteinander sind, so

sind sie wie alle anderen Transformationen, die für ewig im Prozeß
der gegenseitigen Vervollkommnung sind, aber vom Anfang bis zum
Ende – ununterbrochen vom Tod zur Wiedergeburt und von Wiedergeburt zum Tod gehen, wie ein flammendes Rad.

*(Sooo, hier stellt sich gleich die Frage: Was soll diese ganze Seelen-
fängerei der Gurus und der Meister oder der Religionen – aller Religionen. Wenn alles deine eigene Schöpfung ist, dann sind die Religions-
anhänger alle in die Falle gegangen – nämlich von denen die sich selber
nicht kannten und bloße Grenzen dadurch aufgebaut haben, wie sie
heute von den Weltreligionen existieren. Da re–ligio, also verbinden, ja
eine Illusion ist oder aber eine bewußte Täuschung oder aber das Nicht-
wissen derer, die predigten, daß du eine Seele hättest …, wo es aber gar
nichts zu verbinden gibt, das ist ja das Schöne daran. Denn der Rest der
Unstimmigkeiten ist bloße Magie, Energieverschiebung – Transformation ist blosse Energiearbeit – alles Arbeit am sterblichen Teil des
Körpers. Wo du doch selbst das Unsterbliche bist, was kann da repariert
oder verbunden werden. Deswegen sind alle Religionen falsche Weltbilder
und falsche, den Menschen unterdrückende, Einsichts- und Denksysteme,
die nur auf Gruppenmacht aus sind, aus denen sie sich dann ihren
Lebenssaft saugen …, bis die Menschen so die Schnauze voll haben von
den sinnlosen Täuschungen und Machtstrategien, das sie nur noch für
sich selbst leben – ihren Freunden und dem Staat und den Religions-
heucheleien adeeee sagen … Ist ja auch richtig so … Gruß von Wölfi,
auch an Andreaschein …)*

Ananda! Die Manifestation der vier großen Elemente ist wie
Wasser, das ununterbrochen eingefroren zu Eis wird und genauso
schnell wieder in Wasser getaut wird. Angenommen, wir nehmen die
Natur des Erdelements. In einer rauhen und harten Form bedeckt sie
die Erde, aber in einer hoch verfeinerten Form ist es der unendliche
Staub des Raumes – und sogar alles, was das Auge sehen kann, kann
auch so reduziert werden – nämlich in seine sieben ursprünglichen
Elemente. Wenn wir diesen unendlichen Staub des Raums analy-
sieren, werden wir mehr und mehr die ungefähre Reinheit des
Raumes erreichen, aber es wird uns nicht zum absoluten Vakuum

bringen. Du solltest wissen Ananda, wenn diese unendlich kleinen
Stäubchen des Raums wirklich zu seiner Reinheit und Leere des
Raums reduziert wäre, würde es aus dieser unvorstellbaren Reinheit
sein, sodaß die Phänomene des Gesehenen auch manifestiert sind.
Du hast mich nun gefragt, wie es ist, daß durch die Art von Konformität und Kombination alle Arten der Transformation in dieser
Welt manifestiert sind. Laß uns zuerst diesen höchst verfeinerten
Staub examinieren, der ungefähr in der Nähe der Natur des offenen
Raums ist – und was finden wir da. Ananda, wieviel Raum – reduziert zu kleinen Teilchen – denkst du, würde der Raum in Konformität und Kombination nehmen, um der höchst raffinierte Staub
zu werden? Nun wie auch immer wieviel Raum kondensiert wird,
seine Ungefährheit könnte nie die Ungefährheit vom raffiniertesten
Staub werden – und wie auch immer wieviel Staub analysiert werden
würde, es könnte niemals die Konformität und Kombination von
der Reinheit des Raumes werden. Mehr noch, im Zusammenhang
der Wahrnehmung dieser feinen Staubteilchen, die die Ungefährheit
des Raumes sein sollen, wieviele Elemente von der Wahrnehmung
des Sehens würde es in Kombination brauchen, um den reinen Raum
wahrzunehmen? Und sogar, wenn die Phänomene des Sehens zusammengefügt sind, würde es nicht der Raum werden und wenn die
Elemente des Raums zusammengefügt wären, würde es nicht gesehen
werden. Tatsächlich Ananda, du bist dumm, solch eine Frage zu
stellen, denn in Tathagatas Schoß – die wahre Natur des Sehens – ist
die reale Leere des Raumes das wahre Vacuum, während die wahre
Natur des Raumes das reale Sehen ist, das ist die wahre Essenz. *(Ahh,
kenne ich von mir selbst, damals in Afrika, Marokko, Mirleft, als ich
rückläufig durch meine Inkarnationen ging und dann aus meinem
jetzigen Körper und dann den Körper verließ, ausstieg, aufstieg und mich
mehr und mehr von ihm entfernte – und dann anfing, mich auszudehnen und auszudehnen und auszudehnen – und anfing die Erde,
dann das Sonnensystem, dann das Universum in mir zu tragen ... das
war alles reines Sehen. Ich war sozusagen, genau wie jetzt, dieses wache
Wesen – nur ohne Körper – und trug die gesamte Universum-Schöpfung*

in mir. Ich sah, daß ich wahr-sehe – ich war da also das reine Sehen, das der Raum ist … Okay, da habe ich mich also als die reine Essenz erfahren – war nicht schlecht, ganz schön gigantisch, aber selbst unfaßbar, weil ich hinter mir gar nichts war, ich war dieses sehende Wesen. Der Raum, den wir also um uns herum sehen, ist in Wahrheit dein eigenes, gigantisches Auge des Sehens, in dem deine eigene Schöpfung betrachtet wird – im menschlichen Körper ist das Sehen sozusagen zusammengezogen und komprimiert, sodaß es nur aus den Augen sieht, das ändert sich aber, umso mehr du versuchst wieder du selbst zu werden, das was du ursprünglich warst und eigentlich immer bist – dann wird dein Sehen größer, heller und weiter und sieht nachher überall hin …)

In Tathagatas Schoß sind Raum und Gesehenes von beständiger Frische und Reinheit, überall das phänomenale Universum durchdringend und ist für immer spontan manifestiert und perfekt in Übereinstimmung mit der Menge des Karmas akkumuliert – unter der bewußten Aktivität von fühlenden Wesen. Jedoch die Menschen der Welt, die ignorant gegenüber diesem Prinzip sind, werden konfus in der Verbindung und Verfangenheit von Ursache und Konditionen und Naturalismus, welches die Diskriminierungen von ihrer mentalen Bewußtheit sind – und es überhaupt nur figürliche Worte sind, die keine Bedeutung in der Realität haben.

DAS ELEMENT DES WASSERS

Ananda! Nun laß uns zum Element des Wassers kommen. Von
Natur aus ist Wasser impermanent, ob es nun in dem Fluß eines
Stromes ist oder in der Welle eines Ozeans. Wo entsteht Wasser
ursprünglich? Der große Zaubermeister in der Stadt Sravasti versucht
es rein vom Mond zu bekommen, um es dann mit seiner magischen
Medizin zu mischen. Er wartet bis da heller Mondschein ist und hält
dann ein Gefäß geöffnet, welches er die magische Perle nennt, um
das reine Mondwasser zu bekommen. Ananda, was denkst du davon?
Ist dieses Wasser von der magischen Perle oder kommt es aus dem
Raum oder kommt es wirklich vom Mond? Wenn nun das Wasser
vom Mond kommt, dann könnten diese Perlen in jeder entfernten
Distanz so gemacht werden, daß sie Wasser abgeben und alle Wälder
und alle Länder wo diese Perle gefunden würde, müßte Wasser
ausschütten und es würde unnötig sein, in einer mondbeleuchteten
Nacht einen Eimer zur Quelle zu tragen, Aber wenn du solch eine
Perle hast und es kommt kein Wasser von ihr, würde das ein Beweis
sein, daß Wasser nicht vom Mond kommt?

Oder wenn das Wasser von der magischen Perle kommen würde,
dann müßte diese besagte Perle ja andauernd Wasser abgeben und es
würde unnötig sein zu warten, bis der Vollmond da ist. Wenn das
Wasser aus dem leeren Raum kommt, zwischen Mond und Perle,
denn da der Raum ja endlos ist und Wasser auch endlos wäre, dann
würden ja alle fühlenden Wesen auf der Erde in Gefahr sein, zu
ertrinken. Warum ist es, daß da immer noch lebende Wesen im
Wasser sind? Auf der Erde und in der Luft? Denk vorsichtig Ananda.
Hier ist der Mond, der sich ruhig im Himmel bewegt – der Meister
der Magie steht da mit der magischen Perle in seiner Hand – und
erinnere dich, der gigantische Raum zwischen dem Mond und der
Perle – sie sind weder in Konformität, noch in Kombination. Nun
von wo kommt das Wasser? Sicherlich kann es nicht nirgendwo
herkommen. Und dann nochmal, bedenke, wo immer ein Meister

der Magie, an irgendeinem Platz in dem Mondlicht, stehen würde, da könnte Wasser erscheinen – angenommen, da sind Magier überall in der Welt und Wasser erscheint überall, was würde das bedeuten? Ananda! Warum ist es, daß du immer noch in Ignoranz bist, daß in Tathagatas Schoß die wahre Natur des Wassers ist, die wirkliche Leere, während die wahre Natur vom Raum, die echte Wasseressenz ist. In dem Schoß des Tathagatas *(Gottes also – oder Allahs oder das höchste Bewußtsein oder der allmächtige Gott, die allmächtige Gottheit, die ja nicht weiblich ... und schon gar nicht männlich ist. Gruß von Wölfi an Andreaschein!)* ist beides – Wasser und Raum, sie leben in Frische und Reinheit und durchdringen überall das Universum und sind frei manifestiert und korrespondieren perfekt zur Akkumulation von Karma durch die bewußte Aktivität von fühlenden Wesen. Menschen dieser Welt jedoch, die davon ignorant sind und meinen, Wasser wird durch Ursache und Konditionen manifestiert oder spontan durch dessen eigene Natur – sie sind ganz schön konfus. *(Alles ist also Gottheit – göttlich.)* Wobei alle diese falschen Voreingenommenheiten und Voraussetzungen einfach Diskriminierungen sind, die ihre eigenen mentalen Bewußtseinsinhalte sind und nur bloße Wortfiguren sind, die keine Basis in der Realität haben.

DAS ELEMENT DES FEUERS

Nun Ananda, laß uns das Element des Feuers betrachten. Feuer hat keine individuelle Natur, aber es hängt von anderen Einflüssen ab. Wenn du in die Richtung der Stadt Sravasti zu der Zeit siehst, wenn die Menschen dabei sind das Mittagsmahl zu bereiten, würdest du sehen, daß jeder Haushalt dabei ist, eine Linse aus poliertem Metall, oder andere Linsen, in das Sonnenlicht zu bringen. Sie alle machen das gleiche, aber jeder bewegt sich als Individuum anders. In der gleichen Art und Weise haben sich hier diese zwölfhundert Bettelmönche für einen Grund versammelt, aber jeder hat seine eigene Individualität, jeder hat seinen eigenen Körper und seinen eigenen Familiennamen – so wie Sariputra, der in einer Brahmanen-familie geboren wurde und Urbinzuru, der in einer Kasyapafamilie geboren wurde – und bis runter zu dir, der letzte von allen Anandas, geboren in der Familie von Gotama. Alle diese sind Beispiele von Individualität unter den Konditionen von Konformität und Kombination.

Wenn die Qualität des Feuers durch Konformität und Kom-bination entwickelt wurde, dann, wenn man eine Linse zur Hitze des Sonnenlichts raushält, um damit das Feuer zu entfachen, kommt das Feuer vom Glas oder Spiegel oder kommt es vom wurmzerfressenen Holz, das die Hitze bearbeitet oder aber kommt das Feuer von der Sonne, Ananda? Wenn das Feuer von der Sonne kömmen würde und das wurmzerfressene Holz berührt, weshalb ist dann nicht auch der ganze Wald voller wurmzerfressenen Holz berührt? Wenn es von der Linse kommen würde und es heiß genug ist das wurmzerfressene Holz zu entflammen, warum brennt die Linse selber nicht? Wie ist es, daß da kein Feuer zwischen der Sonne und dem Holz ist, bis deine Hand die Linse raushält? Nochmal Ananda, denk vorsichtig. Hier sind besondere Konditionen, die gegenwärtig sind und Feuer entstehen lassen – du hältst eine Linse in deiner Hand, das Sonnen-licht kommt von der Sonne, das wurmzerfressene Holz ist vom

Boden gewachsen – aber wo kommt das Feuer her und wie verweilt es hier? Mehr noch – die Linse und die Sonne sind separat und durch sehr große Distanz entfernt. Da scheint keine Konformität oder irgendeine Kombination zu sein, aber es kann nicht sein, daß das Feuer von nirgendwo herkommt.

Ananda, warum ist es, daß du immer noch in Ignoranz bist, daß in dem Schoß Tathagatas die wahre Natur des Feuers ist, die reale Leere, während die reale Natur des Raumes, die richtige Feueressenz ist. In dem Schoß des Tathagatas ist beides, Feuer und Raum, sie leben in Frische und Reinheit und durchdringen überall das Universum und sind frei manifestiert, und sie korrespondieren perfekt zu der Akkumulation von Karma durch die bewußte Aktivität von fühlenden Wesen. Deswegen solltest du wissen Ananda, daß, wo immer auch Menschen dieser Welt ihre Linsen raushalten, Feuer entfacht werden könnte – und da Feuer überall entfacht werden kann, ist da der Platz wo das Feuer entsteht. Menschen dieser Welt jedoch, die dessen ignorant sind und meinen, Feuer sei durch Ursache und Konditionen manifestiert und spontan durch die eigene Natur, sie sind ganz schön durcheinander. Wobei alle diese falschen Voreingenommenheiten und Voraussetzungen ganz einfach ihre eigenen mentalen, bewußten Inhalte sind, die nichts anderes sind, als bloße Wortfiguren, die keine reale Bedeutung in der Realität haben.

DAS ELEMENT DES WINDES

Nun Ananda, laß uns das Element des Windes betrachten. Er hat keine sichtbare Substantialität – und hat auch keine Permanenz, wenn er in Bewegung oder Ruhe ist. Angenommen, wann immer du diese Versammlung betrittst und deine Kleidung komplett in Ordnung ist, bewegt sich aber doch die untere Ecke deiner Kleidung und eine kleine Brise bläst auf die Gesichter deiner Brüder, die in der Nähe sitzen. Was denkst du Ananda, kommt diese kleine Brise aus der unteren Ecke deiner Kleidung oder kommt sie von dem Luft-Raum dazwischen oder kommt sie von den nahen Gesichtern? Wenn es nun von deiner Kleidung kommt, dann muß deine Kleidung in einer bewegten Verfassung gewesen sein, als du sie angezogen hast – und warum ist deine Kleidung nicht von dir weggeflogen? Wenn diese Brise von deiner Kleidung kommt, dann wenn ich vor dir stehe und dich den Dharma *(unser wahres Wesen)* lehre, mit dem Halstuch, das ruhig von meiner Schulter hängt, wo ist da die Brise? Kannst du ihr Versteck finden? Oder wenn sie von dem Raum von Luft kommt, wieso sind deine Halstücher bewegungslos? Mehr noch – da die Natur des Raumes permanent ist, dann sollte die Brise, falls sie vom Raum kommt, doch permanent blasen. Da aber keine Brise vorhanden ist, bedeutet das, daß sie nun auch kein Raum ist? Wenn die Brise kommt und geht, was für eine Erscheinung hat sie? Wenn sie kommt und geht, dann würde Raum seinen Tod und Wiedergeburt haben und würde nicht mehr Raum genannt werden. Wenn es Raum genannt wird, wie kann er aus seiner Leere Wind herausbringen? Wenn die Brise, die an einem Gesicht gefühlt wird, von dem Gesicht kommt, dann sollte es auch von dem Gesicht gefühlt werden. Da es deine Kleidung ist, warum bläst diese Brise nicht zu dir, warum bläst sie weg von dir? Und nochmal Ananda, wenn du über diese Dinge nachdenkst – die Zusammenstellung deiner Kleidung, die nahen Gesichter, die Stille der Luft, der Raum, welcher nicht teilnimmt an der Bewegung der Brise – was ist der Ursprung der Brise und wo kommt sie her? Und mehr noch – die Natur der Brise und des Raumes sind weit auseinander, sie sind weder in Konformität, noch in Kombination mit sich selber – und doch muß die Brise von irgendwo herkommen, es ist nicht ihre Natur von nirgendwo herzukommen. Ananda! Warum ist es, daß du immer noch in Ignoranz bist, daß der Schoß des Tathagatas die wahre Natur des Windes ist *(Also der Schoß Gottes, der Schoß Allahs ...)* und das sie die wahre Leere ist, während nun in der wahren Natur vom Raum, die wahre Wind-Essenz ist.

(Leere ist hier als das absolut nobelste, edelste und sinnlich nicht sichtbare – ursprüngliche, ewige und mehr als glückselige Wesen aller Daseinsbereiche. Leere ist somit nichts Negatives, sondern das was du bist, ist absolute Spitzenklasse und Liebe – das so ungefähr ist die Leere, die vom Papst und den Kirchenmanagern bewußt als negativ dargestellt wird, damit sie ihre eigenen Schafe besser ausbeuten können. Ich selbst bin auch nicht für Buddhismus – dat is auch nix – die in ihren orangenen Windeln und Dalai-blah-blah – denn alle Sekten sind in der globalen Entwicklung der humanitären Schönheit Grenzen, die ja nun bekanntlich schwer zu überwinden sind. Siddhartha ist hier ein guter Wegweiser, um einen darauf aufmerksam zu machen, was dein wahres Wesen ist. Dafür danke ich Siddhartha Gautamo ...)

In Tathagatas Schoß ist Wind und Raum, sie kommen in Frische und Reinheit vor und durchdringen alles überall im phänomenalen Universum und sind frei manifestiert und in perfekter Korrespondenz zu der Menge von Karma zusammengefügt, durch die bewußte Aktivität von fühlenden Wesen. Und nochmal – wo immer eine einzige Person ihre Kleidung arrangiert, da kommt eine Brise hervor – und wenn die ganze Welt ihre Kleidung arrangiert, entsteht überall Wind. Wenn Wind überall hervorkommt, wo kann eine »partielle« Lokalisierung sein, die der Ursprung des Windes sein würde? Menschen der Welt jedoch, die ignorant in dieser Hinsicht sind und meinen, Wind sei manifestiert durch Ursache und Konditionen oder spontan durch seine eigene Natur, sind konfus geworden, denn alle diese falschen Voreingenommenheiten und

Voraussetzungen sind einfach Diskriminierungen ihrer eigenen mentalen Bewußtheit, sie sind einfach nur figürliche Worte, die keine Basis in der Realität haben.

DAS ELEMENT DES RAUMES

Ananda, die Natur des Raumes besitzt keine Form und ist nur durch Farben manifestiert. Nun angenommen, in der Stadt Sravasti sind alle neuen Häuser mit Distanz zum Fluß gebaut und alle Familien, entweder zur Ksatriya-Familie oder zu einer Brahmanen-Familie oder zu einem Sudra *(Nach indischer Sichtweise und Einteilung – und damit Begrenzung – die unterste der vier abgestuften Klassen von Menschen. Überhaupt das Göttliche in Klassen einzuteilen, ist ja schon katastrophal kaputtmachend von diesen indischen Philosophen, die nur ihre mentale Logik über diese indischen Menschen legte – als Ketten. Es soll der unentwickelte Mensch sein, unintellektuell, ohne Kraft, unfähig zur Schöpfung und intelligenten Produktion, der nur zur ungelernten Arbeit und dem Dienst mit den Händen befähigte Mensch – nach indischer Denkweise dieses faschistischen Philosophen. Diese Sudra galten danach als minderwertiger Typus ..., hier kommt schon der ganze geistige Faschismus durch, der auf fühlende Wesen angewendet wurde, um sie zu kategorisieren und abzustempeln – so wie ja auch heute in der Bioethik, der Philosophie der Biologen, ein starker Faschismus des Denkens und Handeln-Wollens zum Vorschein kommt, der sogar so weit geht, daß diese Bioethiker sogar sagen, daß Menschen, die nicht rational denken können, keine Menschen sind und das das Recht auf Euthanasie wieder angewendet werden soll ..., wegen dieser minderwertigen Typen. Katastrophale Seuche, dieser geistige Faschismus – auch in der spirituellen und yogahaften Entwicklung vieler Menschen. Die Buddhisten haben zum Beispiel in der Mongolei die Schamanen getötet – reduziert, weil sie ihnen ein Dorn im Auge waren bei der Übernahme ihrer soooo noblen Buddhanatur und des Buddhismusfaschismus ... Es sind die bekannten Farcen, sich hinter hohen Erleuchteten zu verstecken – bekleidet durch Begriffe, wie Christen und Buddhisten oder Moslems oder Sikhs oder Juden, um dann diesen engstirnigen Faschismus knallhart durchzuziehen. Die Schamanen waren den Buddhisten ein Dorn im Auge, weil die Schamanen keine organisierte Religion gründen, sondern die Freiheit und Individualität des Menschen achten. Jedenfalls soviel zu diesem Sudra-Abwertungs-Faschismus ..., des geistigen Faschismus ..., hier hilft tatsächlich nur echte, nur die bedingungslose Liebe ...)* oder zu einem Bradha oder zu einer Chandra-Familie gehörend – jede dieser Familien hat dafür eine Quelle zu graben, um Wasser zu haben. Wenn sie nun einen Meter Erde herausgegraben haben, ist da nun auch ein Meter Luft-Raum offen – und so machen sie weiter, sogar bis zu drei Metern, aber da ist andauernd die gleiche Menge an offenem Raum übrig. Die Menge von offenem Raum ist total identisch mit der Menge des ausgegrabenen Erdreichs. Was denkst du, Ananda? Ist der Raum, der nun offen ist, durch die Grabearbeit gekommen oder kommt er nur von sich selber, ohne einen Grund? Wenn der Raum nur von sich selber kommt, ohne eine Ursache, warum müssen wir zuvor die Erdmasse bewegen, bevor er sichtbar wird? Anstelle von Raum sehen wir überall die undurchdringbare Erde. Wenn aber der Raum von der Erde kommt – denn wenn die Erde herausgegraben wird, sollten wir ja sehen, wie der Raum seinen Platz von der Erde einnimmt, wenn sie herausgegraben wird – wie können wir sagen, daß der Raum von außerhalb der Erde kommt? Wenn der Raum weder von der Erde, noch von sich selber kommt, dann könnten wir sagen, das Erde und Raum das gleiche ist, aber wenn da kein Unterschied zwischen den beiden ist, würde da ja eine Gleichheit sein, aber wenn die Erde herausgegraben wird, warum kommt der Raum nicht auch hoch? Oder wenn der Raum durch Graben herauskommt, warum sollte da auch die Erde mit hochkommen? Wenn aber der Raum nicht durch das Graben rauskommt, während die Erde ausgegraben wird, warum sehen wir in dem Loch dann Raum übrig? Ananda, du solltest deinen Geist konzentrieren, reflektiere und gib intensives Verständnis zu der Kondition des Grabens – Erde kommt heraus und Raum füllt sich auf – versuche zu realisieren, woher der Raum kommt. Da Graben eine Tatsache ist, während Raum ein Phänomen der Leere ist, kann da keine Korrespondenz zwischen den beiden sein – weder sind sie im gegenseitigen Einverständnis mit sich selber, noch in Konformität, auch nicht in Kombination mit sich selber und jetzt kann nicht gesagt werden, daß die Natur des Raumes von nirgendwo herkommt. Mehr noch – wenn die Natur des Raumes perfekt und überall im Universum ist, dann solltest du wissen, das in unserer Überlegung, Raum zusammen mit Erde, Wasser, Feuer und Wind ist und das sie als die vier großen Elemente bekannt sind, dessen ursprüngliche Natur perfekt ist – und sie alle in Einheit zusammen zum Schoße des Tathagatas gehören – sie sind alle leer von Tod und Wiedergeburt.

(Das würde ja bedeuten, daß die Elemente nie verschwinden und auch diese Lehre, die besagt, daß das Universum irgendwann einmal zerstört wird – dann ist ja auch falsch, daß es eine Veränderung innerhalb der elementaren Formen gibt, aber keine Vernichtung des Universum zum Beispiel ... Prima, also diese Welt, wie wir sie hier sehen – jetzt einmal als Mensch betrachtet – ist ewig ..., so wie wir es als Tathagatas Schoß sind ..., das ist Freude.)

Ananda, dein Geist scheint immer noch in einem Zustand der Verwirrung zu sein, du realisierst noch nicht einmal, daß diese vier großen Elemente zum Schoße des Tathagatas gehören. Du solltest vorsichtig beobachten, ob der Raum von einem unsichtbaren Platz hervorkommt oder ob er von irgendwo herkommt, was man außen sehen kann – oder kommt er von Heraus oder Hinein? Du bist ignorant, daß innerhalb des Schoßes vom Tathagata die Intuition der Essenz, die reale Leere ist, während die wahre Natur des Raumes, reale Erleuchtung ist. Innerhalb Tathagatas Schoß sind sie ewig in Frische und Reinheit, alles und das gesamte Universum durchdringend – und sie sind manifestiert, frei und perfekt in Korrespondenz zur Menge des Karmas, welches akkumuliert wurde durch bewußte Aktivität von fühlenden Wesen.

Angenommen Ananda, wenn da eine Quelle gegraben ist, dann ist Raum zum Limit von einer Quelle manifestiert und wenn alle Zehn Himmelsrichtungen des Universums leer würden, da würde dann der Raum der Leere überall im Universum manifestiert werden. Wenn der Raum von Leere überall perfekt sämtliche Zehn Himmelsrichtungen des Universums durchdringt, wo kann dann der Raum der Leere gesehen und wo kann er lokalisiert werden? Aber die Menschen der Welt sind in Ignoranz und Konfusion, sie nehmen nämlich fortwährend an, daß der Raum der Leere durch Ursache und Konditionen oder spontan durch seine eigene Natur manifestiert ist, wo doch alle diese falschen Voraussetzungen und Voreingenommenheiten ganz einfach Diskriminierungen sind, die ihr eigenes, mentales Bewußtsein macht – sie sind nur figürliche Worte, die keine Basis in der Realität haben.

DAS ELEMENT DER WAHRNEHMUNG

Nun Ananda, die Wahrnehmung des Sehvermögens, des Sehens, wird auf die gleiche Art und Weise angenommen. Sie hat keine Substantialität in sich selbst und ihre Existenz ist abhängig von Gesehenem und Raum. Angenommen, hier in diesem Park von Jetavana ist es Morgen, Tagesanfang, und nach Sonnenuntergang wird es dunkel – und wenn Mondlicht da ist, dann haben wir Helligkeit und wenn kein Mondlicht da ist, dann ist da Dunkelheit. Der Unterschied zwischen Dunkelheit und Helligkeit ist durch unsere Wahrnehmung des Sehens gemacht. Was denkst du Ananda? Ist diese Wahrnehmung des Sehens in einer Einheit mit Dunkelheit und Helligkeit und Raum – oder ist sie nicht in Einheit mit ihnen? Ist es von der gleichen Substantialität mit ihnen, ist es von unterschiedlicher Substantialität von ihnen oder ist es nicht von unterschiedlicher Substantialität? Wenn unsere Wahrnehmung des Sehens in Einheit mit Helligkeit, Dunkelheit und Raum wäre, dann wenn Helligkeit und Dunkelheit durch ihre erscheinenden und nicht erscheinenden Komponenten in gegenseitiger Übereinstimmung sind, ist es so, wenn es Dunkelheit und keine Helligkeit ist – und wenn da Helligkeit ist, dann ist da keine Dunkelheit – wenn die Wahrnehmung des Sehens in Übereinstimmung mit Dunkelheit wäre, dann wenn es hell ist, muß es folglich keine Wahrnehmung des Sehens sein. Oder wenn es in Einheit mit Helligkeit wäre, wenn es dunkel ist, dann könnte auch keine Wahrnehmung des Sehens sein. Wenn beides hell und dunkel wäre und es verschwinden würde, wie kann es dann die Unterschiede zwischen Helligkeit und Dunkelheit wahrnehmen. Oder wenn da ein Unterschied zwischen der Wahrnehmung des Sehens und Helligkeit und Dunkelheit wäre und die Wahrnehmung des Sehens kein Erscheinen oder Verschwinden hat, wie können sie dann in Einheit mit ihr sein? Wenn Wahrnehmung des Sehens nicht in Einheit mit Helligkeit und Dunkelheit ist, dabei dann Helligkeit, Dunkelheit und Raum nicht beachtend – und angenommen, du versuchst diese Wahrnehmung des Sehens zu analysieren, erzähle mir, wie es dir erscheint. Selbstständig von Helligkeit, Dunkelheit und Raum, würde Wahrnehmung des Sehens nicht existent sein, so wie das Haar einer Schildkröte oder die Hörner eines Hasen. Laß uns nun annehmen, daß diese Phänomene von Helligkeit, Dunkelheit und Raum alle unterschiedlich zueinander sind, von welchem dieser drei Phänomene ist dann die Wahrnehmung des Sehens manifestiert? Helligkeit und Dunkelheit sind in Kontrast zueinander, wie kann dann gesagt werden, daß die Wahrnehmung des Sehens in Einheit oder mit einem von beiden ist? Wenn die Wahrnehmung des Sehens selbstständig zu allen diesen Phänomenen ist, dann muß es leer von Existenz sein – und wenn es so ist, wie kann dann behauptet werden, daß es nicht in Einheit mit ihnen ist? Die Bereiche des Raumes und dem Gesehenen sind von Natur aus leer von irgendwelchen Limitierungen, wie kann gesagt werden, daß da Unterschiede zwischen ihnen sind? Wenn gesagt wird, daß, wenn die Wahrnehmung des Sehens Helligkeit sieht und dann, wenn sie Dunkelheit sieht, dabei ihre Natur keine Unterschiede erlebt, wie kann dann gesagt werden, daß da keine Unterschiede zwischen ihnen sind?

Ananda! Du solltest vorsichtig betrachten, erforsche die Details, konzentriere deine Aufmerksamkeit, bring deine große Wissenseinsicht mit hinein – auf all diese Konditionen der Helligkeit – wenn die Sonne scheint, Dunkelheit ist, wenn kein Mond ist, Gesehenes, welches unbehindert durch den Raum reist und aber durch die große Erde behindert wird – in all diesen unterschiedlichen Konditionen – durch welche Art ist die Wahrnehmung des Sehens manifestiert? Von allen diesen Dingen – die Wahrnehmung des Sehens scheint falsch und leer zu sein, sie ist nicht in Konformität mit Helligkeit, Dunkelheit oder Raum und auch nicht in Kombination mit ihnen – und doch kann es nicht sein, daß die Wahrnehmung des Sehens von nirgendwo herkommt.

Ananda! Wenn die Wahrnehmungen des Sehens, Hörens, Verstehens et cetera, jeweils eine Natur hat, die unlimitiert und perfekt ist, alles im Universum durchdringt und von Natur aus unveränderlich ist, dann solltest du auch wissen, daß die Natur der multimehrfachen und unterschiedlichen Wahrnehmungen, endloser, unbeweglicher Raum, zusammen mit den beweglichen Elementen von Erde, Wasser, Feuer und Wind – alles zusammen, als die sechs großen Elemente angenommen werden. Deren ursprüngliche Naturen sind perfekt und in Einheit – sie alle gehören zu dem Schoß des Tathagatas und sind leer von Tod und Wiedergeburt. Da deine Geist-Essenz aus der Wachsamkeit gefallen ist, hast du es nicht geschafft zu realisieren, das alle deine Wahrnehmungen des Sehens, Hörens, Verstehens und Fühlens, ganz logischerweise zu der Natur von Tathagatas Schoß gehören. *(Mit anderen Worten – alles ist Gott, jedes Gesehene und alle Menschen und Tiere und Pflanzen und Wolken und Flüsse und Vögel und Atome und und und ...)* Du solltest hierüber meditieren und feststellen, ob deine Wahrnehmung des Sehens, Hörens, Verstehens und Fühlens zu Tod und Wiedergeburt gehört oder zu einer großen Einheit. Gehören sie zu einer anderen Natur oder gehören sie zu Nicht-Tod und Nicht-Wiedergeburt – oder gehören sie nicht zu einer Einheit und nicht zu unterschiedlichen Naturen. Du hast bis jetzt noch nicht voll realisiert, das innerhalb des Schoßes des Tathagatas die ursprüngliche Natur der Wahrnehmung intuitiv und erleuchtet ist und die Intuition von der alleinigen und allumfassenden Essenz, ihre Fakultät des Sehens, Hörens, Verstehens und Fühlens, überall manifestiert und die ursprüngliche Natur der Wahrnehmung des Sehens innerhalb des Schoßes von Tathagata immer in Frische und Reinheit ist – alles und die gesamten Universen durchdringend – und sie sind frei und perfekt in Korrespondenz zum angesammelten Karma und durch die bewußten Aktivitäten von fühlenden Wesen manifestiert. Um nun auf eines unserer Sinnesorgane zurückzukommen – der Sinn des Sehens, die Wahrnehmung des Sehens reicht zu jedem Teil des gesamten phänomenalen Universums und das gleiche ist wahr mit all den anderen Sinnesorganen, Sehen, Hören, Berühren, Riechen und Bewußtsein – diese wunderbaren Qualitäten von deren

Wahrnehmung reichen überall hin – sie durchdringen alles in den Zehn Himmelsrichtungen der phänomenalen Universen. Jedoch all die Menschen der Welt sind ignorant hierfür, in dem sie annehmen, die Wahrnehmung des Sehens ist durch Ursache und Konditionen oder spontan durch ihre eigene Natur manifestiert – sie sind durcheinander. Wobei alle diese falschen Voraussetzungen und Voreingenommenheiten einfach Diskriminierungen sind, die ja ihr mentales Bewußtsein gemacht hat, sie sind einfach nur figürliche Worte und Sprachfiguren, die keine Basis in der Realität haben.

DAS ELEMENT DES BEWUSSTSEINS

Ananda! Bewußtsein hat keine Originalität, Echtheit, Ursprünglichkeit in sich selbst. *(Ist also eine Illusion ...)* Es ist eine illusive Manifestation – entwickelt durch die Bedeutung der sechs Sinnes-Objekte. Angenommen du würdest über diese Versammlung schauen, ohne irgendwelche besonderen Unterscheidungen zu machen und läßt alle die unterschiedlichen Personen in deinem Geist reflektieren, so wie in einem Fernglas. Dein Bewußtsein würde trotzdem von all den unterschiedlichen Personen Bemerkungen machen – es würde in schöner Ordnung sagen: Dieses ist mein Bruder Manjusri, dieses ist Bruder Purna, dieses ist Bruder Subhuti, dieses ist Bruder Sariputra et cetera. Was denkst du Ananda? Ist dieses diskriminierende Bewußtsein manifestiert von den Phänomenen oder ist es manifestiert vom Raum oder ist es spontan manifestiert ohne Grund?

Wenn die Natur deines Bewußtseins durch die Wahrnehmung deiner Augen manifestiert ist – laß uns annehmen, da ist keine Helligkeit, keine Dunkelheit, kein Sehen und kein Raum. Wenn diese alle nicht existent wären – denn natürlich wird da keine Wahrnehmung von Gesehenem sein – und wenn da keine Wahrnehmung des Sehens durch deine Augen ist, wie kann dann irgendeine Bewußtheit erscheinen? Oder wenn die Natur von deinem Bewußtsein durch Phänomene manifestiert ist, aber nicht durch die Wahrnehmung deiner Augen, denn da ja keine Wahrnehmung von Helligkeit sein kann, kann da dann auch keine Wahrnehmung von Dunkelheit sein. Wenn da keine Wahrnehmung von Helligkeit oder Dunkelheit ist, dann kann da auch kein Gesehenes oder Raum sein. Wenn da keine Phänomene von Gesehenem oder Raum sind, von wo kann dann Bewußtsein entstehen? Oder wenn die Natur deines Bewußtseins durch die Leere des Raumes manifestiert ist, denn da ja da nun keine Phänomene sind, kann da auch keine Wahrnehmung durch deine Augen sein – und nichts kann unterschieden werden –

und natürlich, Bewußtsein könnte nicht sagen, dieses ist Helligkeit, dieses ist Dunkelheit, dieses ist Gesehenes oder dieses ist Raum. Wenn Bewußtsein zu Nicht-Phänomenen gehört, dann wird da auch keine Kondition in dessen Gegenwart sein und somit wird alle Wahrnehmung des Gesehenen, des Hörens, des Verstehens, des Fühlens leer sein – man kann es nicht lokalisieren – und deswegen wird es keine Existenz haben. Wenn da keine Existenz sein kann, unter diesen beiden Konditionen von Nicht-Phänomenen und Nicht-Wahrnehmung von Gesehenem, ist es dann möglich unter irgendeiner anderen Kondition Existenz zu haben? Wenn das möglich ist, dann müssen die Konditionen eine unterschiedliche Natur haben von den Phänomenen des Gesehenen oder den Phänomenen des Raumes – und das resultierende Bewußtsein wird irgend etwas Unterschiedliches vom Bewußtsein sein – basierend auf Unterschiede von Gesehenem, Hören und so weiter. Oder wenn die Natur von deinem Bewußtsein spontan – ohne besonderen Grund – manifestiert ist, warum siehst du dann den hellen Mond nicht in irgendeiner abnormen Art?

Ananda! Du solltest über diese Frage nachdenken – vorsichtig – konzentriere dich, benutze dein fundiertes Wissen, betrachte jedes Detail, alle Konditionen und die Lehren, die besagen, das die Wahrnehmung des Sehens abhängig von den Augen ist. Wahrnehmung von Phänomenen entsteht von Konditionen innerhalb deiner Gegenwart, was Existenz bedeutet, beschreibbare Formen – und die Nicht-Existenz bedeutet die Abwesenheit von Phänomenen. Diese Konditionen von Bewußtsein – von welcher Ursache sind sie entwickelt? Es kann nicht sein, daß sie von nirgendwo herkommen. Und zu den Mönchen, die noch nicht den Status erreicht haben und sie absorbiert im Schoße des Tathagatas sind, deren Bewußtsein gehört zur Aktivität und die Wahrnehmung des Gesehenen zur Gelassenheit – nun zusammenfassend: Wahrnehmung des Gesehenen und das Bewußtsein, welches davon abhängig ist, sind weder manifestiert durch die Art der Konformität zu irgend etwas, noch durch Kombination mit irgend etwas – und es ist alles das gleiche mit anderen Wahrnehmungen, Hören, Verstehen, Fühlen – und mit deren korrespondierendem Bewußtsein.

Ananda! Wenn dein Bewußtsein von keiner Quelle manifestiert ist, dann solltest du wissen, daß beides, diskriminierendes Bewußtsein und die unterschiedliche Wahrnehmung des Sehens, Hörens, Verstehens und Fühlens – sie sind alle in Perfektion existierend und von ausgeglichener Natur, welche nicht manifestiert ist von einer äußeren Quelle – und das alle von ihnen – Wahrnehmungen, Bewußtsein, zusammen mit Erde, Wasser, Luft, Feuer und Raum – als die sieben großen Elemente angenommen werden. Deren ursprüngliche Natur ist perfekt und in Einheit innerhalb des Schoßes vom Tathagata – und deswegen sind sie frei von Tod und Wiedergeburt.

(Okay, sagt Wolf Schorat ..., wenn das so ist, ihr Darlings da draußen, jetzt beim Lesen dieses Buches, dann bedeutet das auch kristallklar, daß es absolut nicht nötig ist, einen Meister, einen Buddha, einen Guru oder sonstwen zu haben, da jeder jedes, alles, ja das Optimale an allem ist und sein kann, egal unter welchen Lebensbedingungen ihr euch auch befinden mögt – und da die Schöpfung bunt ist und keinem idiotischen kollektiven, nationalen Zwängen jemals unterliegen wird, ist auch jede Form des Kommunismus ein Wahn des menschlichen Geistes – somit sag ich nochmal, ist alles und jedes das Ursprüngliche, das Göttliche – und alle Religionen sind ignorante Machtstrukturen, die aus Ängsten und Unwissenheit – und aber auch bewußten Lügen, bewußten Verdummungen, bewußten Mord- und Totschlag- Strategien, Macht über die Menschen, die in Wahrheit das Göttliche selber sind, also frei und unbestimmbar und nicht dazu da sind, um ausgenutzt zu werden für staatliche oder religiöse Zwecke. Religion ist immer auf Allmacht aus, also auch auf Staatsmacht und globaler Macht. Diese ganze globale Verblödungsgesellschaft wird solange zerstört werden, bis allgemein bekannt wird, daß jedes Wesen göttlich ist – und daraus erst kann sich eine mehr als humane Ethik formen, die jenen die Fähigkeit gibt, zu erkennen, wie dieser gigantische, ignorante Aufbau des Wirschafts- und Politsystems als Machtgeschwür des Leidens für fast alle transformiert

*werden kann, sodaß alle, aber auch alles mit Licht und Liebe und mit
Weisheit und Kraft und Fähigkeiten da sein kann – und Erfüllung
findet in einer immer blühenden Entwicklung ... Was hältst du davon,
liebe(r) Leser(in) ...?)*

Ananda! Der Grund weswegen du nie fähig warst, zu realisieren,
das deine Wahrnehmung des Sehens, Hörens, Verstehens und
Fühlens und deine mentalen Fakultäten für diskriminierende,
phänomenale Objekte und sich entwikkelnde Gedanken, die zu dem
in Relation stehen, ist, weil alles zu deinem eigenen Schoß des
Tathagatas gehört.

*(Also hier sagt Siddhartha Gautamo Buddha noch einmal ganz klar,
das alles dein eigener Schoß ist – alles ist dein eigenes Wesen. Also Leute,
wacht auf – zu euch selber, ich bitte euch darum – wacht zu euch selber
auf und seid nicht diese blöden Bürger oder stupiden Religionsfanatiker,
öffentlich oder im Stillen, denn das Christentum ist voller Fanatiker,
jene, die bis zum Letzten daran glauben, anstatt sich selber zu
kennen ..., denn dann ist keine Religion mehr von irgendeinem
Wert ..., Gruß an Andrea in Holzen.)*

Ananda, du solltest über diese Fragen meditieren, nämlich, ob
die sechs unterschiedlichen Lokalisierungen des Bewußtseins von
den Sinnesorganen abhängig sind – sind alle ein Bewußtsein oder
sind sie unterschiedlich? Oder ob sie in der Leere des Raums
existieren – oder ob sie eine phänomenale Existenz haben? Oder ob
sie in einer Verfassung von Nicht-Einheit und Nicht-Unterschied
sind – oder in einer Verfassung von Nicht-Raum und Nicht-
Existenz? Natürlich hast du nie gewußt, daß innerhalb des Schoßes
vom Tathagata die ursprüngliche Natur von Bewußtsein erleuchtet
und intelligent ist, das deine erleuchtete Intuition, deine wahre
Essenz des Bewußtseins ist und das diese wundervolle Intuition in
Ausgeglichenheit da ist, alles überall durchdringend, durch die
gesamte phänomenale Welt und alle Zehn Himmelsrichtungen des
gesamten Universums umarmt. Warum stellst du also noch Fragen,
wo die Lokalisation dieser Existenz ist? Mehr noch – es ist frei und
in perfekter Korrespondenz manifestiert mit der Menge des

Karmas – angesammelt durch die bewußte Aktivität von fühlenden Wesen.

(Aber diese fühlenden Wesen setzen sich ja aus diesem Tathagata oder dem allmächtigen Göttlichen – aus seiner eigenen Erschaffung zusammen, also aus Licht und Tönen – und dann aus Bewegungen, aus subatomaren Licht- und Toneinheiten und aus immer größer werdenden, sogenannten Phänomenen, wo ja selber die Phänomene das Tathagata-Wesen oder das Allah-Wesen ist, denn es gibt keine Trennung, auch wenn es sinnlich so aussieht, als ob der Körper, mit dem du dich als einziges identifiziert hast, abstirbt. Das stimmt zwar, aber es ist die Eigen-Kreation dessen, was du wirklicher bist – das Ewige, Unsterbliche, das sich nur diese Formen gibt, um kreativ zu sein. Unser Körper ist ein Taucheranzug für diesen Teil der Schöpfung, diesen Teil der Welt – wir haben noch den Astralkörper für die Astral-Welt, wir haben noch den Mentalkörper für die Mental-Welt, wir haben noch den Kausalkörper für die Kausal-Welt, wir haben noch den Geistkörper für die Geist-Welt – und dann unsere nichtgeschaffene Immerkeit – unser wahrhaftiges, unsterbliches Zentrum – Allah, Gott, Tathagata – oder was auch immer für eine Bezeichnung ..., ganz schön faszinierend.)

Aber die Menschen dieser Welt, die ja hinsichtlich dieser Wahrheit ignorant sind und die Natur des Bewußtseins als manifestiert von Ursache und Konditionen sehen oder spontan durch seine eigene Natur, sie sind ganz schön durcheinander. Wo doch alle diese falschen Voraussetzungen und Voreingenommenheiten ganz einfach Diskriminierungen sind, die ihr eigener Geist herstellt, sie sind nur figürliche Worte und Sprachfiguren, die keine Basis in der Realität haben.

* * *

ANANDA ERKLÄRT JETZT
SEIN VERSTÄNDNIS

Ananda und die gesamte Versammlung, die diese wundervolle und profunde Instruktion vom erhabenen Tathagata erhalten haben und dadurch eine Verfassung von perfekter Anpassung des Geistes erreicht haben, wurden vom Geist und allen Erinnerungen perfekt befreit, Denken und Wünschen wurden so perfekt frei, in beidem – Körper und Geist. Jeder von ihnen verstand klar, daß der Geist zu all den Zehn Himmelsrichtungen des Universums reichen kann und das die Wahrnehmung des Sehens ebenfalls zu den Zehn Himmelsrichtungen des Universums reichen kann. Es war so klar für sie geworden, so, als ob sie ein Grashalm in ihrer Hand hielten. Sie sahen, das alle weltlichen Phänomene nichts anderes als ihr eigener, wundervolle, intelligente, originärer Geist der Erleuchtung waren, der alle Zehn Himmelsrichtungen des Universums umarmt. In Kontrast zu diesem wundervollen, alles umarmenden Geist der Erleuchtung, deren physischer Körper von deren Eltern kommt, schien wie kleine Teile von Staub im offenen Raum der Zehn Himmelsrichtungen des Universums umhergewirbelt zu sein. Wer würde deren Existenz oder Nicht-Existenz wahrnehmen? Deren physischer Körper war wie ein Schaumteilchen auf einem gigantischen und weiten Ozean, mit gar nichts Unterschiedlichem an ihnen, was zeigen würde, von wo sie kamen und wenn sie verschwinden, wohin sie gehen. Sie realisierten sehr klar, daß sie nun endlich ihren wundervollen Geist erreicht hatten – einen Geist, der permanent und unzerstörbar war.

(Hier möchte ich nochmal auf den gigantischen Quatsch derjenigen hinweisen, die sich Buddhisten nennen und daran interessiert sind, das alle so denken und wie sie selber sind – keiner der Buddhisten ist ein voll erwachter Buddha – obwohl er es ist. Jeder Buddhist lebt auf Hoffnung und Glaube, so wie die Christen und Islamis, sie alle predigen Worte und nichts als das – dadurch das sie die Wahrheit nicht erlebt und auch nicht

einmal verstanden haben, verdammen sie ihren Körper, der ja selbst ein Körper des Tathagatas ist, der ihn sich ja selber geschaffen hat. Es ist die übliche blinde Leier, das Leben nicht total zu leben und zu erkennen, du kannst sowohl göttlich vögeln, als auch tathagatamäßig mehr als glückselig sein. Sie verstehen nicht, daß alles Tathagata ist – alles, aber auch alles. Und diese Angstmache, daß du, der du dich ja nur mit dem Körper identifizierst, eben sooo ein völlig wirres, irrsinniges Staubkörnchen bist, stimmt nicht, das völlig verloren hier im Universum herumtorkelt. Natürlich sind solche Zustände Zeichen dafür, daß du anfängst, dich an dich selber zu erinnern und anfängst zu suchen, was du wahrhaftig bist. Aber egal unter welchen Bedingungen du auch lebst, du bist immer voller Unsterblichkeit und mehr als glückselig. Laßt euch nicht von Sektenmentalitäten dümmer machen. Noch einmal, keiner von den Päpsten oder Mullhas oder Brahmanen oder Dalai-blah-blahs ist in seinem Wesen voll erwacht – sie predigen alle bloße Worte ... Sei dir gewiß, das du das Ewige, Unsterbliche, Schöne und viel viel mehr bist ... Dein Freund, Wolf Schorat)

Daraufhin machte die gesamte Versammlung mit zusammengefalteten Händen ihre Ehrerbietung zum erhabenen Buddha, in sehr großem Respekt und in Ehrlichkeit, so als ob sie zum ersten Mal ihren transzendenten Wert realisiert hätten.

Dann sang Ananda die folgenden Verse, die den erhabenen, noblen Buddha lobten – und die gesamte Versammlung stimmte nun ebenfalls ein und gab so ihr einstimmiges Lob zum erhabenen Tathagata:

> Ohh, du serener, allmächtiger, unveränderbarer
> Erhabener mit absoluter Kontrolle über Gut und Böse,
> einzig ist dein alles umarmendes Surangama,
> was mir hilft, die falschen Gedanken zu entwurzeln,
> die mich für unzählbare Äonen gehalten haben,
> und es mich lehrt, wie ich den Körper
> der großen Ordnung sofort erreichen kann.

Möge ich nun die Früchte gewinnen und
Erleuchtung erreichen, um fühlende Wesen
zu retten, welche so zahllos sind, wie
die vielen Sandkörner des Ganges.

Zu Myriaden Buddhaländern gebe ich nun total
meinen Geist, um meine Schulden zu bezahlen,
in Dankbarkeit für die Gnade des Erhabenen.

Ehrfürchtig flehe ich nun den Weltgeachteten an,
meinen Schwur zu versiegeln, die fünf Realitäten
wieder zu betreten – und wenn auch nur ein Wesen
es nicht schafft, ein Buddha zu werden,
ich sofort mein Recht zurücknehme,
Nirvana-Erlösung zu erreichen.

Ohh, großer Held,
der Mächtige, der mitfühlende Eine.
Mögest du auch meine letzten geheimen
Delusionen zerstören, sodaß ich schnell
zur höchsten Erleuchtung komme,
sitzend das Rad des Gesetzes drehend,
um lebende Wesen zu retten,
sodaß die Leere zu einem Ende kommt
und mein Geist nicht weich wird.

DIE PHÄNOMENE IM
REICHTUM DES TATHAGATAS

Meditative Studie von allem als unreal.
Der eine Geist, der die Quelle für beides ist:
Delusion und Erleuchtung.

Purnamaitrayaniputra, der in der Versammlung war, stand von
seinem Sitz auf und rückte seine Robe zurecht, kniete sich auf sein
rechtes Knie und sprach mit gefalteten Händen zum erhabenen
Buddha – sagend: Gesegneter Erhabener von der höchsten Majestät!
Du hast vollkommen die Gesetzes-Lehre erklärt – und hast es so zum
Wohl von allen fühlenden Wesen gemacht. Der Erhabene hat mich
beschenkt, indem er mich als seinen ersten Lehrer unter seinen
Nachfolgern ernannt hat. Aber als ich dieser erhabenen Lehre des
Tathagatas zuhörte, schien ich wie ein Tauber zu sein, der einer weit
entfernten Mücke zuhörte, zu weit entfernt, daß man sie sehen
könnte. Obwohl die Instruktion des Erhabenen klar war und meinen
Geist von seinen Illusionen befreite, trotzdem konnte ich nicht alle
tiefen Lehren verstehen – auch war mein Geist nicht komplett frei
von seinen Zweifeln und Verdächtigungen. Oh, gesegneter Erhabener! Da sind zwischen uns viele Brüder *(Schwestern kannten die
damals wohl noch nicht ..., wa ... Grüße an meine Geschwister,
Brigitte, Marlies und Karin.)*, wie Ananda, die eine meßbare Realisation erreicht haben und Erleuchtung, die damit verbunden ist, aber
sie sind bis jetzt nicht fähig gewesen, sich von allen gewohnheitsmäßigen Sentimenten, Emotionen und Wünschen zu befreien.
Obwohl wir komplett unsere gewohnheitsmäßigen Vergiftungen
aufgegeben haben – aber als wir der tiefen Lehre des Erhabenen zu-
hörten, trotzdem noch Zweifel übrig hatten, für die wir jedoch
demütig um Vergebung bitten.

Gesegneter Erhabener! Die Sache, die uns beunruhigt, die wir
nicht voll verstehen, ist folgende: Wenn alle der Sinnesorgane,
Objekte der Sinne, Zutaten der Emotionen, Lokalisierungen von

Wahrnehmungen zwischen Objekten und Bewußtsein und Sphären von Mentationen über Objekte, alle als Manifestationen im Schoße des Tathagatas angenommen werden, welcher in seiner ursprünglichen Natur andauernd in Frische und Reinheit weilt – wie haben alle die konditionierten Phänomene von Flüssen, Bergen, Erde und so weiter, welche von anfangloser Zeit vorhanden waren, in folgenden, verändernden Prozessen – wie sind sie jemals in die Manifestation gekommen?

Und noch eine Frage. Der erhabene Tathagata hat gesagt, das alle der vier großen Elemente, Erde, Wasser, Feuer und Wind, perfekt und anpassend in ihrer Natur sind und überall das gesamte, phänomenale Universum durchdringen – wie können sie überall durchdringend sein und zur gleichen Zeit in perfekter Ungestörtheit?

Gesegneter Erhabener! Wenn die Natur der Erde universal ist, wie kann sie gleichzeitig und im selben Raum, mit Wasser co–existieren? Oder wenn die Natur des Wassers universal ist, wie kann Feuer gleichzeitig existieren – das heißt, wenn Wasser und Feuer gleichzeitig präsent sind, universal im selben Raum und zur selben Zeit, wie ist es, daß sie sich nicht beide zerstören? Oder, da die Natur der Erde dicht und undurchdringbar ist und die Natur vom Raum leer und durchdringbar ist, wie können diese beiden differenten und sich bekämpfenden Naturen, gegenseitig universal und zur selben Zeit sein? Diese Dinge sind zu schwierig für uns zu verstehen. Ich bitte den erhabenen Tathagata Mitleid mit uns zu haben, und uns diese Teile noch klarer zu erläutern. Nachdem er seine Fragen beendet hatte, wartete der Jünger Purnamaitrayaniputra auf die Instruktionen des erhabenen Buddhas.

Dann antwortete der gesegnete Erhabene Purna und all den fortgeschrittenen Jüngern, die Selbstmeisterung erreicht hatten – sagend: Heute will ich euch die ursprüngliche Natur von der wahren Transzendenz erklären, sodaß alle von euch, die die universale Natur des Arhats *(Ein Arhat ist jemand, der nicht vor hat, die fühlenden Wesen des gesamten Universums zu retten, wie die Bodhisattvas, sondern der nur für sich selbst an seiner Befreiung arbeitet. Er ist schon frei von den zehn Daseinsbindungen, wie Persönlichkeitsglaube, Zweifelsucht, Gier, an Riten und Regeln hängen, sinnlichen Begehren, Wut, Begehren nach Fein- und Unkörperlichkeit, Aufgeregtheit und Unwissenheit. Ein Arhat ist jemand, dessen Wünsche sämtlich erfüllt sind und dessen Geist durch vollkommene Erkenntnis befreit ist.)* erreicht haben und das all jene, die nun Arhatschaft erlangt haben, jedoch trotzdem noch nicht die Konzeption von ihrer eigenen Selbstheit als etwas Separates von der Selbstheit von anderen losgelassen haben, um zu der wahren Zurückgezogenheit für ihre Praktiken der Meditation zu kommen und um das Nirvana zu erreichen. Bitte hört vorsichtig dieser Lehre zu. Dann warteten Purna und alle anderen der fortgeschrittenen Jünger ergeben auf die Instruktionen des Erhabenen.

Der erhabene Buddha sagte: Purna! Um auf deine erste Frage zurückzukommen, warum die Phänomene der Flüsse, Gebirge, Erde et cetera, in Manifestation kamen, wenn die Sinnesorgane, Objekte der Sinne, Zutaten der Emotionen, Lokalisierungen von Wahrnehmungen zwischen Objekten und Bewußtsein und Sphären von Mentationen, alles immer in Frische und Reinheit von Tathagatas Schoß vorhanden ist. In meiner vorherigen Instruktion machte ich dir klar, daß der ursprüngliche, intuitive Geist, seine eigene mysteriöse Erleuchtungs-Natur besitzt und das dieses Erreichen zu diesem ursprünglichen, intuitiven Geist, den Vorhang von dieser mysteriösen, erleuchteten Natur nimmt – hast du nicht verstanden?

Purna antwortete: Ja, gesegneter Erhabener! Ich habe versucht zu verstehen, dein Prinzip, das die Lehre darstellt, aber trotzdem, es ist mir nicht klar.

Der erhabene Buddha fragte ihn: Purna, als ich von der erleuchteten Natur des Geistes sprach, was habe ich damit gemeint? Habe ich damit gemeint, daß unsere ursprüngliche Natur in sich selber erleuchtet ist und wir sie deshalb intuitiver Geist nennen? Oder bedeutet es, daß unser intuitiver Geist in sich selber nicht erleuchtet ist, sodaß wir von ihm als »der erleuchtete Geist aus Intuition« sprechen?

Purna antwortete: Gesegneter Erhabener! Wenn dieser unerleuchtete Geist so sein soll, wie unser intuitiver Geist – was würde das sein,
was erleuchtet wäre?

(Im nachfolgenden Text folgt eine Testreihe, um den Jünger Purna auf
das Entstehen von Ideen und Phänomenen hinzuweisen, welche die Ursa-
chen von Illusionen sind. Das Wahre wird hier nicht erkannt durch das
Erkennen des Falschen. Hier wird nur die Ursache für das Entstehen der
Illusionen von Buddha aufgezeigt. Ein Zen-Meister würde jemanden mit
seinem Stock anständig eins auf die Schulter schlagen, um die übrigen
Zweifel zu erschüttern – aber in einer Buddhaschule, da ist so etwas nicht
erlaubt – und so muß Buddha alle Illusionen zu ihrer Quelle zurück-
verfolgen, um damit klarzustellen, daß ja alle Illusionen als das Falsche
vom Richtigen entstehen – und so setzte er das, von einer Realität
geprägte, Bild ein, welche die normale Quelle von beidem ist: Delusion
und Erleuchtung … Ein Gruß von Wolf Schorat an Peter Schorat.)

Purna, unterbrach der erhabene Buddha, wenn da nichts ist, was
erleuchtet werden kann, dann würde da auch keine erleuchtete Natur
der Intuition sein. Solange du an diskriminierenden Konzepten
festhältst, wie: Da ist etwas Natur von Nicht-Intuition oder ist da
keine Natur von Nicht- Erleuchtung – zeigst du nur deine Ignoranz,
diese gehören nicht zu deiner erleuchteten Natur des Geistes in
Erhabenheit und Intuition, denn die ürsprüngliche Natur der
Intuition ist natürlich in sich selber erleuchtet. Es ist wegen dieser
willkürlichen Konzepte, das die falsche Expression, hinsichtlich
erleuchtetem Geist, von Intuition ihren Anfang nimmt. Wie auch
immer – intuitiver Geist ist nicht durch irgend etwas anderes
erleuchtet – er ist ja selbst erleuchtet. Sobald angenommen wird, das
der erleuchtete Geist durch irgend etwas anderes erleuchtet wird,
entstehen falsche Konzepte, nämlich das Andere oder eben Objekte –
und daraus entsteht für diese Funktionen und Prozesse alles
Phantastische an Konzepten. Und deswegen sind aus dieser perfekten
Einheit des intuitiven Geistes unzählige Variationen manifestiert
worden – und dafür sind sämtliche Klassifikationen unter diesen
Unterschieden entwickelt worden.

(Trotzdem Buddha, Siddhartha ..., es ist aus dem erleuchteten Geist ja selber entstanden – also besteht kein Grund deswegen zu sagen, das die Phänomene Illusionen sind und das Unterschiede ein Dilemma sind, da sie ja selber aus dem Göttlichen gemacht wurden und somit in ihrer Schaffung selber göttlich sind – egal unter welchen mentalen, physischen und emotionalen Bedingungen das Leben erlebt wird – es ist und bleibt total und völlig göttlich oder allahig oder höchstes Bewußtsein – oder wer weiß, was für ein Wort dafür genommen wird. Trotzdem, da das Göttliche auch Leiden geschaffen hat, das Üble, muß es das auch selber erfahren ..., jedoch meine eigene Erfahrung ist folgende: Das tut es nicht – die Leiden sind tatsächlich niedrigschwingende Phänomene, die die hohen Schwingungen von deiner wahren Natur nicht erreichen – und so in Ignoranz deiner selbst und nicht so hoch schwingend, bist du als Identifikation als Mensch, durch Entscheidungen und Handlungen tatsächlich mit diesen Leidensarien beschäftigt ..., deswegen sage ich euch noch einmal: Menschsein ist absolut, nämlich absolut tödlich ... fangt an euch zu erinnern, wer ihr wirklich seid, nämlich dieses erleuchtete, intuitive, fabelhafte Wesen, von dem Buddha damals vor 2600 Jahren zu Purna sprach – ich spreche hier jetzt von meiner eigenen Erfahrung meines wahren Wesens.)

Aus diesen Unterschieden entstehen nun Konzepte, wie Mögen und Nicht-Mögen – und dann noch weitere Konzepte von Nicht-nichtmögen und Doch-dochmögen – und der Geist ist in einen wilden, konfusen Zustand geworfen worden, in ein völliges Durcheinander – und dieses Durcheinander wird durch Gewohnheit dann am Geist befestigt und vergiftet ihn so – *(Das stimmt nicht, Buddha, als ich meine Selbsterkenntnis am Myrtos-Strand, auf der Insel Kefalinos, hatte, erkannte ich, das mein wahres Wesen endlos frei davon ist. Es ist nur der mentale Bereich, das Denken, die Vorstellungen, die Träume und eben der psycho-spirituelle Bereich, der dadurch konfus wird ..., ich, das Ewige, bin total frei von dem Chaos ...)* und am Ende entwickeln – innerhalb deines Geistes – diese Bindungen und Kontaminierungen das Bewußtsein zwischen Unterschieden von Selbst und Nichtselbst von Objekten – und so wird der reine Geist in den Fällen von

Anhaften und Kontaminationen vermischt. *(Also hier muß ich jetzt noch einiges dazu sagen, denn meine Erfahrung ist ganz anders – der ursprüngliche Geist kann in die mentale Konfusion niemals verwickelt werden – er ist ewig frei, weil ich es selbst so erfahren habe – es ist nur der menschliche, mentale Gehirnapparat, der diese Konfusion hat und erlebt – und das zeigt sich ja auch an der globalen Zerstörung in allen Bereichen der Natur et cetera. Wenn nämlich der ursprüngliche Geist, also dein wahres, unsterbliches Wesen, auch davon vergiftet wäre, dann würde ja der Mensch das gesamte Universum zerstören und nicht nur das Ursprüngliche – sogar selbst das ist totaler* Quatsch. *Deswegen, weil der Buddha sowas nicht gesagt haben kann, denn der Buddha hat dieses Surangama Sutra nicht geschrieben – es ist erst sehr viel später aufgeschrieben worden – von Mönchen – aus der Erinnerung – und die waren keine Buddhas. Das waren wohl Gelehrte, Worttheoretiker, die keine Erfahrung ihres wahren Wesens hatten, das kommt hier klar zum Vorschein – und nicht nur das: Bei meiner Suche nach diesem Surangama Sutra fand ich andere Versionen, auch eine wissenschaftliche Abhandlung von der Oxford-Universität – da stand kein ganzes Surangama drin, da waren nur Fetzen von Schriftrollen übrig. Das was hier als Surangama Sutra so fertig geschaffen wurde, ist garantiert eine von Mönchen zusammengestellte Fassung – zum Beispiel habe ich rausgelassen, wo der Buddha »wir Buddhisten« sagt, was ja auch totaler* Quatsch *ist und schon auf organisierte, dogmatische Religion zurückführt, die wieder ihre Schäfchen scheren will – vergeßt aber nicht, der Schäfer ist nicht der Freund der Schafe, im Gegenteil, er ist ihr Feind und täuscht sie nur in die sogenannte Freiheit, wie alle Religionen – auch Buddhismus ist eine Religion – da kann der Dalai Blah-blah reden, wie er will – die Gleichmachung der orangenen Windelträger ist ganz offensichtlich. Hütet euch vor Religionen und deren Verfechter – alle, egal ob Licht-Ton-Meister, wie die ganze Charan Singh Serie der Sikkhs mit ihren tiefschwarzen Augenrändern und weissen Turbanen, auch wenn sie noch solche erhabenen Licht- und Tonmeister sind, sie sind bloße Licht-Ton-Bemeisterer, das ist alles. Sie haben aber vor eine Weltreligion zu erschaffen – mit ihnen natürlich als Weltschäfer, um euch gut scheren*

*zu können ... Gott braucht keine Religionsschafe oder eine Weltreligions-
organisation – da geht es ja nur um Macht über euch – seid also
vorsichtig ... Trotzdem, von dem, was hier in dem Surangama Sutra
noch übrig ist, kann die Qualität vom Buddha gut erkannt werden, auch
wenn das, was ich hier übersetze, nicht der Buddha selbst geschrieben oder
gesagt hat – so ungefähr jedenfalls ... Gruß an meine Eltern Gertrud
und Walter Schorat.)*

Und wegen dieser Verformungen entsteht dann die störende
Manifestation von einer äußeren Welt, aber wenn sie gestillt sind,
bleibt da nur leerer Raum übrig, der in perfekter Harmonie existiert.
Die Welt ist ein Tanz von unrealen und sich verändernden
Diversitäten, die den Geist vergiften – und es ist aus diesen willkür-
lichen Konzepten von Phänomenen, daß selbst die Konzeption von
Einheit und Vielfalt ensteht. Aber der ursprüngliche Geist ist völlig
leer von Konzepten und deswegen erkennt er weder Einheit noch
Vielfalt.

*(Auch damit kann ich nicht übereinstimmen: Der ursprüngliche Geist
ist zwar leer von Konzepten, das stimmt, da ich es selbst erlebt habe, was
unwahrscheinlich schön ist, aber er sieht trotzdem die Abläufe, die in ihm
passieren – ist aber nicht davon beeinflußt ... Gruß an Helen Rose.)*

Mehr noch Purna, diese beiden Gegensätze – die reine Realität
von intuitivem Geist, durch seine Selbst-Natur alles unaufhaltsam in
seine perfekte Einheit und Ausgeglichenheit ziehend – und das
unreale und transitorische Vermischen von Unterschieden und
konfliktierenden Gegensätzen – andauernd zur Variation und
Multiplizität neigend – diese beiden, sich gegenüberstehenden,
Konzeptionen entstehen von der Diskriminierung aus Ignoranz und
bringen dadurch eine vibrierende Bewegung in Existenz, die durch
Rationalität der Wünsche und Daran-festhalten die andauernde
Beeinflussung von Gewohnheitsenergie – das alles zusammen ist der
Grund für die anfänglichen Konzeptionen von den ursprünglichen
Elementen: die Solidität der Erde, die Flüssigkeit des Wassers, die
Hitze des Feuers und die Bewegung des Windes.

(Seltsam, was der Siddhartha da gesagt haben soll, dieses paßt wieder

alles nicht zusammen, denn ursprünglich ist es ja aus dem voll-
erleuchteten, intuitiven, mysteriösen, wundervollen Geist entstanden ...
und was aus dem entsteht, ist ja genauso und kann gar nicht anders
sein ..., obwohl ein Auto ganz schön giftig und ein Atomkraftwerk noch
giftiger ist. Wenn alles aus diesem, in perfekter Harmonie und Aus-
geglichenheit, erleuchteten Schoß des Tathagatas kommt, wie kann dann
alles auf einmal eine diskriminierende Ignoranz und ein Konflikt durch
Bewegungen und Wünschen sein – doch wohl nur, weil es so gestaltet
wurde. Ich gehe immer vom Vollerleuchteten aus – also dem Besten.
Heute morgen am 27. 5. 96 um 7 Uhr, da ist das Mysteriöse in mir
wohl eher am Wirken, denn ich habe den Eindruck, als ob Buddha hier
wirklich einen Vorwurf macht – wegen der Konflikte und der Reibung,
die im Leben besteht ... oder aber mein Mentales nimmt das heute nur so
auf und kann damit nicht richtig umgehen ...)

Unter ihnen ist die Natur des Feuers, sich nach oben zu bewegen
und die Natur des Wassers, sich nach unten zu bewegen – und von
diesen beiden Elementen, die in wechselseitigem Entwickeln sind, da
ist dann die Manifestation von Flüssen und Vulkanen und Land
entstanden. Wenn Wasser Priorität nimmt, entstehen Ozeane – und
wenn Feuer Priorität nimmt, entstehen Kontinente und Inseln. Der
große Ozean ist auch in wechselseitigem Entwickeln mit dem
illusiven Konzept von Feuer innerhalb des Geistes und zeigt den
Fakt, daß das lodernde Feuer kontinuierlich entsteht. Die Kontinente und Inseln sind auch in wechselseitiger Entwicklung mit dem
falschen Konzept von Wasser innerhalb des Geistes und zeigt den
Fakt, das Flüsse und Ströme immer fließen. Oder wenn das falsche
Konzept von Wasser innerhalb des Geistes sehr langsam fließt und
die Flamme von Feuer in einer hohen Verfassung von Aktivität ist,
dann entstehen die hohen Berge und Vulkane – welche aber trotzdem die falschen Konzeptionen von Wasser und Feuer innerhalb des
Geistes sind. So – wenn wir einen Feuerstein schlagen, springen
Funken und Feuer hervor und wenn wir Felsen schmelzen, werden
die dann flüssig. Wenn das falsche Konzept von Wasser innerhalb
des Geistes über das falsche Konzept von Erde prädominiert, dann

entsteht da das Phänomen von Gras und auch Bäume entstehen. Da Gras und Bäume aber auch falsche Konzepte des Geistes sind – und sobald sie wieder zusammengedrückt sind, werden sie wieder zu Wasser. So – alle diese falschen Konzeptionen von Phänomenen haben ihre wechselseitige Entwicklung und folgenden Manifestationen innerhalb des Geistes – und durch die Bedeutung von Ursache und Konditionen, entstehen da dann die falschen Konzeptionen von der wechselseitigen Kontinuierlichkeit von der Welten-Existenz.

(Also, ich kann dem Buddha zwar folgen, aber falsche Konzeptionen innerhalb des Geistes, damit kann ich nicht mehr übereinstimmen. Der Buddha sieht alles nur aus der Sicht des angeblich Wahrhaftigen, des Höchsten und letztendlich nichts mehr zu Erforschenden – dem kann ich nicht mehr zustimmen. Ein Buddha ist eben bloß ein Buddha, er mag zwar mächtig sein, aber das ist auch schon alles – er ist nicht der allmächtige Gott – und der Tathagata ist es auch nicht. Ich schätze jedoch seine Ausführungen und Lehren mit dem Hinweis zu meditieren, aber trotzdem stimmt hier etwas nicht – wie in allen Religionen, denn nochmal: Das Surangama Sutra ist nicht von Buddha geschrieben worden. Und aus meiner eigenen Erfahrung mit Meistern – ich bin zur Zeit sogar auch in Licht und Ton initiiert von einem lebenden Meister – erkenne ich, daß die auch nur mit den sogenannten höheren Sphären zurecht kommen, aber auf der sogenannten weltlichen Ebene ihre Macken haben und einfach nur predigen können ..., da stimmt was nicht, wenn das sogenannte Höchste es nicht schafft, hier auf der Erde, im Universum, sein Leben klarer zu definieren ...)

Nochmal Purna! Für dich ist es ganz in Ordnung diese falschen Konzeptionen zu haben, aber der Fehler den du andauernd gamacht hast, ist folgender, daß du nämlich eine falsche Konzeption von der Natur der Erleuchtung bevorzugt hast – was deine Realisation der Wahrheit konditioniert hat. Nämlich wegen dieser falschen Annahme zur Natur der Erleuchtung – die rationale Kraft vom intellektuellen Geist kann nie über die Kategorisierung von diskriminierenden Illusionen hinausgehen. Angenommen, die Wahrnehmung des

Hörens kann nicht weiter gehen als die Natur des Tones und die
Wahrnehmung des Sehens kann nicht weiter gehen als die Natur des
Gesehenen – und das gleiche ist mit allen anderen Wahrnehmungen.
Und so ist die Funktion des Geistes unterteilt in seine sechs Divi-
sionen von Sensibilität der Sinnesorgane, Gefühl, Wahrnehmung,
Diskriminierung, Bewußtsein und diskriminierendes Denken. Da
alle von diesen Aktivitäten des Geistes durch die erste Aktivität von
den Sinnesorganen entstehen, so sind alle Aktivitäten des Geistes
nichts als Arbeiten über die Materialien, die innerhalb seiner eigenen
Natur entstanden sind.

*(Ja und, was nun, was soll das … das ist doch ganz normal und
gesund und natürlich – deswegen ist doch alles da …, mensch Buddha,
was soll der Quatsch.)*

Diese Gedanken des Geistes werden später die Grundlage für die
wiederkehrenden Zyklen von Tod und Wiedergeburt in der Manifestation von allen unterschiedlichen Kategorien von fühlenden
Wesen.

*(Na und, es ist doch der Wille des Urgeistes oder Urschöpfers oder des
Oberurgottes – oder der Oberurgöttin, um die Frauen nicht zu vergessen,
obwohl da kein geschlechtliches Simsalabim mehr ist …)*

Leben, das von Eiern kommt, gerät in Verwicklung und Leiden
durch Karma, welches durch verschiedene fühlenden Wesen angehäuft wird – und die Samen des Lebens, die durch Metamorphose
produziert sind, kommen in die Transformation durch die Bedeutung der Separatheit und Kombination von deren Elemente –
unter dem Einfluß von Ursache und Konditionen.

*(Also nein Buddha, damit kannst du mich nicht erleuchten, das ist
einfach zu unklar. Hier kommt wieder sehr stark zum Vorschein, daß
dieses Surangama Sutra eine Zusammenstellung von Kommentaren von
irgendwelchen Buddhisten ist. Hier stimmt was gewaltig nicht …, die
buddhistische Schwachsinnsordnung, die stolz ist, dreimillionen-
sechshundertsechzig Vorschriften zu haben, die kann mich doch mal
gewaltig …)*

DIE KONTINUITÄT
VON LEBENDEN WESEN

Nach solchen Eigentümlichkeiten sind die vier Ordnungen von fühlenden Leben, andauernd herumwandernd in dem sich wiederholenden Zyklus von Tod und Wiedergeburt, ganz in Korrespondenz zu den Konditionen von Karma – angesammelt bei ihnen in ihren vorherigen Leben. Das Leben, das von Eiern kommt, war entstanden durch beiderseitigem Sexualkontakt, der inspiriert war durch Gedanken von beiden. Leben, das entstanden ist durch Bäuche, ist erreicht durch Lust und sinnlicher Begierde – Leben, das von Laich kommt, durch die Konjunktion von konformierenden Zellen – Leben, das durch Metamorphose kommt, durch die Bedeutung der Transformation und Separation von Zellen. Wegen dieser Ursachen und Konditionen entsteht die falsche Konzeption von einer sich wiederholenden Kontinuierlichkeit von fühlendem Leben.

KONTINUITÄT DER
KARMISCHEN VERGELTUNG

Nochmal Purnamaitrayaniputra! Wenn übereinstimmendes Denken und lustvolles Wünschen zusammen kommen, ist die Attraktion so intensiv, daß die beiden nicht von sich abgehalten werden können – und so Elternschaft entsteht und die Nachkommenschaft wird so durch das lustvolle Wünschen ständig weitergehen.

(Das kann man wohl sagen ..., gehört aber zur Sache und kann dem Heiden und Irreligiösen, der ich nun mal bin – und natürlich vieles mehr – dann nicht zum Vorwurf gemacht werden, so im Sinne, du mußt jetzt aber schleunigst erleuchtet werden, sonst geht Gott unter und die Welt zerbricht und alles ist in unerwünschter Untergangsform ... Nein danke ..., außerdem kenne ich einige Erleuchtete, die trotzdem noch ihre sexuelle Potenz leben und auch Kinder haben ... und so weiter ...

Hier möchte ich gleich auf mein Buch ROSA FRÜHLING IN MONTREAL hinweisen, da habe ich nämlich meine sogenannten lustvollen Wünsche – jedenfalls meine jugendlichen und früherwachsenen, erotischen Erfahrungen aufgeschrieben, die oft die Sphäre des Mystischen und Übernatürlichen hatten, also gar nicht so ungöttlich sind – im Gegenteil, Sexualität ist nämlich ein Weg zu deinem wahren Wesen – alles andere würde auch nicht stimmen. Du kannst es ja nicht einfach abtrennen und sagen: Nein, die Schöpfung gehört nicht zu mir, die Schöpfung ist jemand anderes – das Auto gehört genauso zu dir, wie der Regen oder die Welle im Indischen Ozean. Auch darum hat die Buddha-Lehre viele Schwachpunkte, sie ist nämlich nicht stark und erleuchtet genug, das Leben als solches mit Erleuchtung zu leben – und nicht nur die Verneinung – und damit das Geschaffene, auf ihrer Suche nach sich selber, nicht anzuerkennen. Ich selber habe damals noch Wein getrunken und Fleisch gegessen – und habe trotzdem Selbsterleuchtung erreicht und vieles Schöne mehr, das wäre auch widersinnig, da ja letztlich doch alles deine eigene Schöpfung ist – und wenn du im

Zusammenhang mit deiner eigenen Schaffung lebst, aber nicht gesund genug bist, sie zu lieben und zu genießen, dann stimmt was mit deiner Schöpferkraft nicht – du ekelst dich ja sozusagen vor deiner eigenen Welt ...)

So groß ist die Lust und Habgier, daß sie nicht zurückgehalten werden kann und so rauben sich diese vier großen Ordnungen des Lebens gegenseitig aus, jeweils nach ihrer relativen Stärke – die Körper der schwachen werden Beute der starken. Darum ist das Töten von fühlenden Wesen andauernd nur wegen einer Form der Habgier. Wenn ein Mann ein Schaf für Nahrung tötet, so wird das Schaf als Mann und der Mann als Schaf wiedergeboren – und so ist der wechselseitige Tötungsvorgang auch fortwährend ansteigend – ohne irgendwelche Termine – durch unzählbare Zeiten der Zeit.

(Auch da stimmt was nicht an dieser Lehre, denn da es eine Erschaffung der höchsten Erleuchtung ist, kann auch wegen des Fleisch-Essens, obwohl ich mich nur vegetarisch ernähre, jemand nicht danach zu dem Tier werden, das er gegessen hat. Auch die Einsicht, du hast mich getötet oder ich habe dich getötet, aber ich muß dafür zahlen, ist eine Verteufelung im religiösen Sinne, also im machtpolitischen, zweckhaften Manipulieren von Menschen für die Zwecke von machtpolitischen Zielen. Wo bleibt da diese Barmherzigkeit oder das nendliche Mitgefühl des Buddhas – aber was nützt das schon – jedenfalls diese Auge-um-Auge-Mentalität, die ist typisch für das Zeitalter damals – und auch die Bibelnarren sind ja voll davon. Das Göttliche wird jetzt gelebt, denn dafür ist es da und das heißt, daß jetzt die bedingungslose Liebe gelebt wird, nicht erst später, wenn du viermilliardenmal wiedergeboren wurdest – gemäß deren Einsichten. Diese Einsichten von Buddha oder seiner Freunde, sind von solch einer strengen Logik nach rückwärts, daß sie gar nicht in die Ruhe und Erleuchtung deines wahren Wesens passen. Ich zweifele hier wieder die Authentizität des Geschriebenen an – nämlich so lange, bis ich selbst hundertprozentig weiß, ob das stimmt – nämlich aus eigener Erfahrung, indem ich eben wieder selbst zu dem komme, von dem Buddha hier spricht.)

Dieses schreckliche Leiden und die Wiedergutmachung, ist alles nur wegen der Habgier – so wie der Spruch geht: Du schuldest mir dein Leben, aber ich muß dafür zurückzahlen, nämlich wegen dieser Ursachen und Konditionen – alle fühlenden Wesen sind fest an den Zyklus von Tod und Wiedergeburt gebunden – auch nach hunderten von Tausenden von Jahren.

(Also nochmal, was ist das für eine blöde Schöpfung, die ja sogar eins ist – also das Sichtbare und Unsichtbare ist sämtlich göttlich oder tathagataig, wo dann fühlende Wesen geschaffen wurden – und weil sie nun geschaffen sind, müssen sie dafür bestraft werden ..., nein, diese Form des stupiden Denkens und Vorstellens, die paßt nicht. Hier wird immer ganz raffiniert von fühlenden Wesen gesprochen, ohne zu erwähnen, das diese fühlenden Wesen ja selber das Göttliche sind – es wird hier nun ganz raffiniert von den Menschen und Dingen gesprochen, so als ob sie eine Plage sind, weil sie so geschaffen sind – und da sie nun einmal da sind und essen müssen und trinken müssen ..., nein danke, ihr Meditationsidioten, inklusive Buddhas und Meister und Gurus ..., eure Ausführungen sind mir wirklich einfach zu ignorant – mich bekommt ihr nicht in euer kaputtes Seelenfängertum. Gott schafft nicht eine Welt, um sich dann noch selbst zu bestrafen.)

Ein anderer Spruch sagt: Du liebst mein inneres Herz, aber ich liebe deine äußere Schönheit. So – wegen dieser ganzen Ursachen und Konditionen sind alle fühlenden Wesen für hunderttausende von Jahren in den Zyklus von Tod und Wiedergeburt verstrickt. All dieses Leiden und Wiedergutmachen ist aufgrund von Lust, Habgier und Töten – und wegen der Ursachen und Konditionen, die dadurch entstehen – da ist ein falsches Konzept von der Kontinuität von Karma und den unausweichlichen Früchten.

(Okay, was kann ich da aus meiner eigenen Erfahrung meines unendlich angstlosen, meines unendlich ruhigen, meines unendlich glückseligen, Wesens sagen – folgendes: Alles was hier auf der Erde zu Worte kommt und bedacht wird und mental wird, ist nur daraus – alles in Worte Gefaßte und Geschriebene, ist nichts anderes als das Werk des mentalen Bereichs – des Mentalkörpers. Der mentale Bereich ist aber

auch der relative Bereich der Existenz, er gehört noch zu dem Bereich, der zerstört werden kann, da er zum Dualistischen gehört – deswegen ist auch alles Gesagte, mag es auch noch sooooo logisch formuliert sein, nur wirksam bis auf die unteren Stufen deines Wesens. Mein unzerstörbares Wesen, das endlose, das wird vom mentalen nicht beeinflußt, aber das mentale Wesen kann nur das erkennen, was unter ihm ist und nicht das, was in feinerer Form über ihm, um ihm oder in ihm ist. Deswegen sind diese Schilderungen der Objekte, in diesem Falle fühlende Wesen, nicht richtig, da die Wesen ja nur Körper sind – zwar fühlend, aber sie sind die Träger deines wahren, echten Wesens. Dein menschlicher Körper ist aber wie ein Raumanzug hier in dieser Dreidimensionalität – von dem mentalen Bereich soll der Körper dann beeinflußt werden, nicht so habgierig zu sein, weniger zu töten oder weniger zu stehlen – und so eine Verfeinerung des Geschaffenen zu erreichen – das geschieht auch mit Drohungen, die in einer Form von logischen, sich fast gesetzmäßig lesen oder anhören, Formulierungen gebracht werden, um hinzuweisen ..., aber vergeßt nicht, ihr seid das Göttliche selber. Und wenn alles ein gleicher Matsch wäre, dann wäre die Schöpfung ja stinköde ..., Leben ist nun einmal bunt – und das ist ja auch schön so. Ihr dürft eines nicht vergessen – das ist sehr wichtig – nämlich, da du vergessen hast, das du selbst das Göttliche bist, was mehr als ein Buddha oder Tathagata ist, hat lles das, was von anderen gesagt wird, ein enorme Wirkung, insbesondere auf jene, die nun wirklich noch innerlich am Taumeln sind – und sich suchen sozusagen. Aber durch solche Aussagen, wie sie Buddha macht, wird Realität erzeugt – und zwar Realität, die nur mathematisch, ignorant ist, ohne jegliche sogenannte große Buddha-Mitgefühl-säuselei ..., so wird dann Wahrheit erzeugt, an die viele glauben und das für sich verinnerlichen – das ist gefährlich. Deswegen sind ja auch die Religionen heutzutage eine Suppe voller gigantischer Massen an Gedanken, die ganz einfach umgangen werden müssen. Am besten man beschäftigt sich nicht damit, sondern erkennt entweder sofort, daß man das Göttliche selber ist – oder man meditiert darauf. Aber laß dich nicht zu sehr auf die unzähligen Gedanken deiner Vorfahren ein – der Buddha hatte ja selber gegen den Hinduismus mit seiner Seuche Brahmanen gekämpft, die alle verlogen und schmarotzend sich von der Masse der Gläubigen ernährten. Das gleiche ist ja mit der römisch-katholischen Kirche oder den Protestanten, die nicht mehr protestieren und auch mit den ganzen mohamedanischen Sekten, die sich alle bekämpfen – Religionen sind einfach der größte Betrug deines Lebens – jedoch Meditation oder du selber nicht. Glaube mehr an dich selbst, als an Staat oder Religionen und solchen Fiktionen, du bist nur dafür da, um augenutzt und benutzt zu werden. Also die Realität, die Buddha da zeugen will, die akzeptiere ich nicht für mich, sei sie auch noch so logisch, mathematisch formuliert. Das ist deswegen, weil ich mein Wesen erlebt habe – Leute, ich sage euch, alle die euch sagen wollen, daß ihr in der Hölle bratet oder durch Wiedergeburten leiden werdet, weil ihr das gemacht habt, die sind wirrsinnig – Irrsinn – auch ein Buddha ..., ihr seht ja selber worauf das abzielt. nämlich auf menschliche Gesetze – und die sind ja nun bekanntlich nicht die liebevollsten, weil sie ja völlig zweckgebundene Macht und zielorientierte Worte sind, die nur dazu dienen, die jeweiligen Macht- und Habgierigen in ihrer eingenommenen Position zu schützen – natürlich mit humanen Gesetzen, die gibt es ja auch, aber Geld ist schon immer der lange Atem des Gesetzes gewesen, das sich dadurch ja selbst ins Idiotische entwickelt hat – mit Geld ist jedes Gesetz zu kaufen und jeder Richter zum Henker zu machen ...)

Nochmal Purna! Die reine Essenz des Geistes führt zu Erleuchtung und Frieden, aber diese drei täuschenden Verwicklungen von Lust, Habgier und Töten, die sind genau das Gegenteil und führen in die Richtung von Verwicklung, Streit, Leiden, Tod und Wiedergeburt – und alles das entsteht durch das illusive Denken des diskriminierenden Geistes. Wegen dieses falsche Denken nämlich, werden all die falschen Phänomene manifestiert.

(Also nein danke. Der Buddha ist total verblödet ..., stellt euch mal vor, die Phänomene sind noch nicht da, also ist der Geist da noch, sozusagen, völlig erleuchtet, auch angenommen, er ist jetzt schon mentales Denken – so und jetzt erschafft dieser Geist diese Phänomene – und weil er sie nun sieht und damit weiterdenkt, geriet er also in Verwicklung und Abhängigkeit und in Chaos – und erschafft damit so sein diskrimi-

nierendes Denken – was soll das Buddha, das ist äußerst blöde, weil ja das Denken vor den Phänomenen war, also erleuchteter sein müßte, zumindest aber ihm das zugestehend ..., nein danke Buddha, du wirst mir zu blöde, hier versteckt sich eindeutig religiöses Machtstreben, um für alles die Antworten zu haben – die damals fehlten, als die Brahmanen zu Buddhas Zeiten die Macht hatten ..., nicht von ungefähr ist ja Buddhismus in Indien tot, weil da der Seuchenhinduismus regiert ... Nein danke ...)

Und eben alle diese falschen Phänomene fallen dann in die Reichweite der Sinnesorgane. Alle diese konditionalen Phänomene von Flüssen, Bergen, Erde et cetera – und deren folgenden, endlosen Veränderungen entstehen – und alle basieren auf den Illusionen des denkenden Geistes, ohne irgendwelche andere Interpretationen.

(Also nochmal zu den Buddhisten: Beim Übersetzen bekomme ich mehr und mehr den leidvollen Geist dieser orangenen, windeltragenden Blah-blahs mit. Wenn diese Welt nicht real ist, dann macht es ja auch weiter nichts aus zu lügen, sexuelle Ausschweifungen zu haben, zu töten oder sonst irgend etwas zu tun – eben alle diese Würgebegriffe dieser erleuchteten Idioten, einschließlich Jesus ... Nur um gleich vorzusorgen mit dem Religionsgift – wieso denn überhaupt soviel Wind machen, wenn die Phänomene sowieso unreal sind ...)

* * *

DAS UNERSCHAFFENE
UND UNENDENDE

Purna sprach dann zum erhabenen Buddha – sagend: Gesegneter Lord! Wenn dieser wundervolle, intuitive Geist aus Essenz in seiner Natur zum Mysteriösen gehört und Erleuchtung und Intelligenz ist und in dem gleichen Zustand von Permanenz, so wie Tathagatas Geist – Essenz ohne irgendwelche Abnahme und Zunahme in seiner Perfektion ist, wie kann da plötzlich die Manifestation von den konditionierten Phänomenen von Flüssen, Bergen, Erde et cetera sein? Mehr noch – wenn der Geist des erhabenen Tathagatas den Zustand der hellsten Erleuchtung und transzendentalen Leere rreicht hat, wie können da innerhalb des Geistes alle diese limitierten und konditionierten und verwickelten Konzepte von Flüssen, Bergen, Erde et cetera, entstehen?

Der erhabene Buddha unterbrach Purna, um zu erfragen: Angenommen, eine Person kommt in ein fremdes und unbekanntes Dorf und wird konfus, wo Norden und wo Süden ist. Ist nun dieses Konfuse des Geistes vom Geist seiner Konfusion oder vom Geist des richtigen Verstehens ent-tanden?

Purna antwortete: Gesegneter Erhabener! Eine Person, die sich unter diesen Konditionen verläuft und so konfus wird, wo die Direktion ist, nicht wegen seiner Durcheinanderheit, aber auch nicht wegen seines richtigen Verstehens – und warum? Nämlich, da die Konfusion in seinem Geist keine richtige Basis hat, wie kann dann gesagt werden, daß es durch seine Konfusion entsteht? Und da das richtige Verstehen sich ja niemals ändert oder jemals Fehler macht, wie kann dann gesagt werden, daß die Konfusion durch sein richtiges Verstehen kam?

Der erhabene Buddha fragte dann Purna: Angenommen die Person, die ihren Sinn für Direktion verloren hat, entdeckt ihn durch Zufall wieder. Hat sie dann immer noch falsche Konzeptionen hinsichtlich der richtigen Richtung in dem Dorf?

Purna antwortete: Nein, gesegneter Erhabener.

Der erhabene Buddha machte weiter: Es ist genau das gleiche mit dem Tathagata in allen Zehn Himmelsrichtungen des Universums. Deine Mißkonzeption von ihnen hat keine Basis, das ist ein Fakt. Die ursprüngliche Natur deines Geistes ist ja die Reinheit des perfekten Leeren. Obwohl dein Geist immer unter der Illusion ist – in Realität kann er keine Konfusion erleiden, er scheint nur unter einer Wolke von faszinierenden Sentimenten und falschen Wahrnehmungen zu stehen. Sobald jedoch der Geist bemerkt, daß er getäuscht wurde, verschwinden die falschen Konzepte und sein richtiges Verstehen wird nie wieder gestört werden. Der konfuse Geist ähnelt einer Person, die von optischen Halluzinationen getäuscht wird. Und er jedoch denkt, daß er phantastische Blumen im offenen Raum sieht – wenn seine Augen sich klären, verschwinden die phantastischen Blumen. Angenommen da war durch Zufall ein Einfältiger, der die Blumen sehen wollte und er überall umher schaute. Was würdest du von solch einem Mann denken Purna, ist er ein Dummer oder ein Halb- Gescheiter?

Purna antwortete: Im leeren Raum, da können natürlich keine Blumen sein – natürlich, aber durch die Art der falschen Wahrnehmung des Sehens sind sie sicherlich da und verschwinden auch wieder, das ist, weil die Wahrnehmung des Sehens in einer Verfassung der Umgekehrtheit ist. Wenn der Mann weiterhin die Blumen sucht, wird er wohl bald verrückt werden – und wer kann dann sagen, ob er ein Dummer oder ein Halb-Gescheiter ist?

Der erhabene Buddha antwortete: Purna, für dich ist es richtig, den Mann so zu interpretieren, aber warum bleibst du nun im Zweifel über die Intelligenz der mysteriösen Erleuchtung des Tathagatas, um die Leere von allen Phänomenen zu realisieren? Warum solltest du immer noch Manifestationen von Flüssen, Bergen und Erde sehen?

Purna, der einfache, unerleuchtete Geist ist vergleichbar mit Gold, das versteckt in Erz ist, aber sobald das Gold extrahiert wird, kann es nie wieder im Erz versteckt werden. *(Stimmt nicht – das ist eben der*

Nachteil mit dieser Art von Metaphern und Parabeln ...) Und es ist auch vergleichbar mit Holz, das zu Asche verbrannt wird – es kann nie wieder zurück in Holz geändert werden. *(Eben doch, in dem die Asche wieder in den Kreislauf der Erde aufgenommen wird, die zur Nahrung des nächsten Baumes wird ...)* Es ist auch das gleiche mit sämtlichen Buddha-Tathagata- Erfahrungen von Erleuchtung und Nirvana.

DAS UNBEHINDERTE VERMISCHEN VON IDEEN UND PHÄNOMENEN

Also Purna, du hast mich auch gefragt, wie es mit den vier großen Elementen, Erde, Wasser, Feuer, Wind und deren Natur ist – wenn deren Natur perfekt ist und alles durchdringend durch das gesamte phänomenale Universum ist, warum zerstören sich nicht alle die Naturen von Wasser und Feuer? *(Echt blöde Frage, die sich aber so gelehrt anhört – jedoch trotzdem blöde ist, das kann ja doch jeder sehen warum nicht ..., weil sie nicht zur selben Zeit am selben Ort andauernd zusammenkommen ...)* Und du fragtest mich auch nach der Natur des leeren Raumes und der großen Erde, die überall im großen Universum ist, wie können sie ihre Natur für sich behalten und sich aus dem Wege gehen, ohne miteinander in Kontakt zu kommen? Da leerer Raum ja nicht aus einer Masse von unzähligen Phänomenen ist, gibt es keinen Einspruch für die Manifestation von Phänomenen. Laß mich das erklären: Wenn die Sonne scheint, wird die weite, unsichtbare Welt klar – wenn der Himmel mit Wolken bedeckt ist, wird es dunkel und ungemütlich – wenn der Wind weht, dann ist da Bewegung – nach Regen ist es frisch und rein – wenn die Atmosphäre mit Feuchtigkeit geladen wird, ist es schwül – wenn da viel Staub ist, wird es unrein – und nachdem ein Regen den Staub weggewaschen hat, ist es klar und transparent. Was denkst du Purna? Sind alle diese konditionierten Phänomene durch sich selber manifestiert oder durch den leeren Raum? Wenn sie durch sich selber manifestiert sind, dann wenn die Sonne scheint, gehört die Helligkeit zur Sonne – und alle Helligkeit in den Zehn Himmelsrichtungen des Universums gehört dann ebenfalls zur Sonne. Wenn das die Erklärung wäre, wie ist es, daß du noch die runde Sonne am Himmel siehst? Wenn die Helligkeit zum Himmel gehört, dann sollte der Himmel aus sich selbst leuchten – und wie ist es, daß die Helligkeit so lange nicht vorkommt, bis die Sonne erscheint? Wenn Helligkeit zu beiden, Sonne und Himmel, gehört, welcher Teil

147

gehört dann zur Sonne und welcher zum Himmel? Nochmal – wenn
Helligkeit durch Konformität und Kombination von Himmel und
Sonne manifestiert ist, dann sollte der Himmel, wenn dann die
Sonne untergeht, immer noch einen Teil seiner Helligkeit haben.
Warum ist es, daß die Sonne, nachdem sie untergegangen ist, die
Nacht dunkel wird? Es ist deswegen, weil die Helligkeit nicht zur
Sonne und auch nicht zum Himmel gehört. Aber wenn da weder
Sonne noch Himmel wäre, wie kann dann Helligkeit manifestiert
werden? Darum müssen wir abschliessend sagen: Helligkeit ist weder
von der Sonne noch vom Himmel abhängig. *(Was soll das ..., die
Sonne ist Träger der Helligkeit – und Helligkeit ist immer mit der
Sonne.)*

Purna! Es ist genau das gleiche mit der Intelligenz von dem
wahren, mysteriösen Geist der Intuition. Der Geist der Intuition hat
universale Intelligenz – und wegen seines Konzeptes ist er umarmt
von Raum, innerhalb dessen jedoch undifferenziert und die Manifestation von Leere reagiert so zur Wahrnehmung von deinem
Gesehenen. Die vier großen Elemente nämlich sind innerhalb der
reinen, universalen Intelligenz von dem intuitiven Geist präsent –
deren Manifestationen reagieren zur Wahrnehmung von deinem
Gesehenen. Purna, was ist die Signifikanz von all dem? Nimm beispielsweise die Reflektion der Sonne im Wasser. Zwei Personen, die
sich diese Reflektion anschauen, gehen in gegensätzlicher Direktion
auseinander, einer Richtung Osten, der andere Richtung Westen –
die Reflektion im Wasser aber folgt beiden. Am Anfang würden sie
beide übereinstimmen, daß da nur eine Sonne war, aber nun haben
wir zwei Personen und jeder von ihnen behauptet, daß die Sonne
ihm folgt – deswegen muß es da ja zwei Sonnen geben. Aber warum
ist da nur eine Sonne am Himmel? Solche Deduktionen und Be-
hauptungen sind sämtlich falsch und leer, sie haben nämlich keine
Basis in der Realität – kein Beweis. Purna! Alle Phänomene, die
durch Sehen entstehen, sind falsch und Illusion – sie sind beide
unbeschreibbar und unerklärbar. Wir können genauso davon
träumen, die phantastischen Blumen am Himmel würden Früchte

tragen. Wie dumm ist es, da den Grund für ihre veränderbare Erscheinung und ihr Verschwinden zu suchen. Trotzdem, die ursprüngliche Natur von der Wahrnehmung des Sehens ist real und wahr – es ist das mysteriöse, intelligente Leuchtende von dem intuitiven Geist der Erleuchtung. Da die Wahrnehmung nicht zu dem Element Feuer oder Wasser gehört, von welchem Nutzen ist es für dich, nach den Prinzipien von deren gegenseitiger Verbundenheit in beiderseitigen Phänomenen zu fragen.

Purna! Es ist, weil du die Konzeption von leerem Raum und all dem Gesehenen als gegenseitige Beziehung, übergreifend und stellvertretend für einander, in Tathagatas Schoß annimmst und sich folglich so der Schoß Tathagatas überall durch die phänomenale Welt in Formen der Leere und Gesehenem verbreitet. Und deswegen sind von Tathagatas Schoß alle phantastischen Visionen so wie die Bewegungen des Windes, die Transparenz des Himmels, die Helligkeit der Sonne, die Dunkelheit der Wolken et cetera, manifestiert. Aber es ist wegen der Ignoranz und der Stupidität von fühlenden Wesen, weil sie sich von ihrer eigenen, erleuchteten Natur abwenden – und sie deswegen lieber nach weltlichen Dingen trachten – und so akkumulieren sie Teile von Verhaftungen und Kontaminationen. So entsteht die Manifestierung der phänomenalen Welt.

Aber ich konzentriere meinen Geist, so als ob ich alle diese Kontaminierungen ignoriere und kehre zurück zu dem Mysteriösen der erleuchteten Natur von Nicht-Tod und Nicht-Wiedergeburt, um so mit Tathagatas Schoß in Konformität zu sein. Dem entsprechend ist der Schoß des Tathagatas die klare Intelligenz von dem wahren und mysteriösen Geist von Intuition, welches seine perfekte Reflektion und Weisheit in all die phänomenale Welt wirft. Deswegen, in – Tathagatas Schoß Einheit – hat die gleiche Bedeutung wie Endlosigkeit, und Endlosigkeit hat die gleiche Bedeutung wie Einheit – das Minimum ist umarmt im Maximum und das Maximum im Minimum.

Die stille Ruhe und Friedlichkeit von der Konzentration meines Geistes im Samadhi, durchdringt alle Zehn Himmelsrichtungen des

Universums – mein Körper umarmt den riesigen Raum der Zehn Himmelsrichtungen des Universums – und sogar innerhalb einer einzigen Pore meiner Haut, da ist ein Buddhaland – mit einem Buddha, der da drin auf einem Platz sitzt, nicht größer als ein Staubteilchen, absorbiert im Samadhi – aber endlos davon ausstrahlend, die Kräfte von lebensgebender Wahrheit und alle seine multidimensionalen Manifestationen andauernd nach innen in seine perfekte Einheit ziehend. Seit ich alle weltlichen Objekte vergessen und ignoriert hatte, habe ich diese mysteriöse, diese erleuchtete Natur von der reinen Essenz des Geistes vollkommen realisiert.

TATHAGATAS SCHOSS ENTHÄLT BEIDES: IDEEN UND PHÄNOMENE

Eliminieren von »ist«, um den wahren Geist zu zeigen

Trotz allem, der Schoß des Tathagatas ist rein und perfekt – alles umarmend – aber frei von Eigenschaften. In ihm ist weder der begrenzte Geist – noch leerer Raum oder Erde oder Wasser oder Wind oder Feuer, keine Sinne und auch nicht der ganze Körper, keine Emotionen oder Wahrnehmungen, auch nicht die Sphäre von bewußter Diskriminierung oder die Sphäre von Bewußtsein, welches abhängig vom denkenden Geist ist. Es ist nicht die erleuchtete Natur von dem intuitiven Geist, auch nicht die unerleuchtete Natur des intellektuellen Geistes – und auch nicht der mentale Zustand, der sämtliche Ideale in Relation zu Erleuchtung und Nicht-Erleuchtung verwirft. Es ist nicht Zerfall oder Tod, auch nicht der Zustand, der alle Ideen von Zerfall und Tod verwirft – es ist nicht Leiden und auch nicht der noble Pfad, der zur Erleuchtung führt. Es ist nicht Weisheit und auch nicht Erreichthaben, nicht das Geben von Geschenken, auch nicht das Einhalten von Geboten, keine ehrfürchtige Geduld oder konstante Zielgerichtetheit, keine still ruhende Konzentration des Geistes oder der Bewußtseinszustand, in dem es kein Denken gibt – auch nicht Befreiung. Es ist auch nicht Tathagata oder Arhat oder höchste Befreiung, auch nicht höchste, perfekte Weisheit und auch nicht vollständiges Erlöschen. Es ist nicht Ewigkeit, nicht Glücklichkeit und nicht Ego-Bewußtsein, auch nicht Reinheit oder irgend etwas anderes. Alle diese Unterschiede sind willkürliche Konzepte, sie sind einfach nur Figuren der Sprache und machen die wahre Bedeutung von Befreiung nicht deutlich und zeigen auch nicht die wahre Bedeutung des täglichen Lebens.

ELIMINIEREN VON »IST NICHT«, UM DEN WAHREN GEIST ZU ZEIGEN

Trotz allem, wenn du die wahre Bedeutung des Schoßes des Tathagatas in seiner mysteriösen Natur von dem natürlich erleuchteten Geist richtig realisierst, dann wirst du auch realisieren, das diese mysteriöse Natur auch der denkende Geist ist – leerer Raum, Erde, Wasser, Wind und Feuer, die Sinnesorgane, der ganze Körper, Emotionen, Wahrnehmungen, Unterscheidungen, die Sphäre des Bewußtseins, die von den Sinnen abhängig ist, Erleuchtung und Nicht-Erleuchtung, der Zustand, der weder Erleuchtung noch Nicht-Erleuchtung ist, es ist der Zustand von Zerfall und Tod und die Abwesenheit von allen Ideen über Zerfall und Tod, es ist Leiden und das Beenden des Leidens, es ist der noble Pfad, der zur Erleuchtung führt, es ist Weisheit, es ist alle transzendentale Erreichbarkeit und Gnade, es ist das Geben von Geschenken, das Einhalten der Gebote in selbstloser Dankbarkeit, praktizierende, bescheidene und zielgerichtete Ausdauer, still ruhende Konzentration des Geistes, Weisheit und Befreiung, es ist Tathagata, die Arhats, vollkommene und universale Erleuchtung, völliges Erlöschen. Es ist Ewigkeit und glückseliger Friede, Ego-Bewußtsein, perfekte Einheit und Reinheit.

Und weil Tathagatas ursprünglicher Geist dieses alles enthält, überträgt er nicht nur die wahre Bedeutung von Freiheit, sondern auch die wahre Bedeutung für das alltägliche Leben.

GLEICHZEITIGE ELIMINIERUNG VON »IST« UND »IST NICHT«, UM DEN ABSOLUTEN GEIST ZU ZEIGEN

Wenn du vollkommen die verwobene Signifikanz von Tathagatas Schoß in seiner mysteriösen Natur aus erleuchtetem Geist realisiert hast, dann wirst du realisieren, daß er beide Aspekte umarmt – das Negative und den affirmativen Aspekt – wie gerade charakterisiert wurde. Du wirst realisieren, daß Tathagatas Schoß und der reine Geist aus Erleuchtung und der Geist der Intuition – alle von einer Essenz sind – strahlend in Weisheit, vollständig in Mitgefühl, vibrierend mit Gründen und Leben, jedoch unmanifestiert und in perfekter Balance – und so in perfekten und wonnevollen, glückseligen Frieden vorhanden.

Purna! Die mysteriöse Natur von dem reinen, erleuchteten Geist ist tiefgründig und unvorstellbar mysteriös.

(Das kannst du wohl laut sagen ..., ich komme manchmal selber ins Schleudern auf der Suche nach mir selbst – sagenhafte Komplexität und unwahrscheinliche, scheinbar undurchdringliche, Ausdauer ist da verlangt ..., was ja wiederum seltsam ist, weil du und ich das ja selber sind ..., seltsam, seltsam, dieses Leben, das außerhalb der Arbeitsnormalität in die meditativen Bereiche führt.)

Wie können fühlende Wesen in der dreifachen Welt, sogar jene, die Befreiung-für-sich-selber-Arhats und Pratyake- Buddhas, jene, die aus sich selber, nur für sich alleine, Buddhas sind – wie können diese mit ihrem limitierten Geist über überhaupt die höchste Erleuchtung des erhabenen Tathagatas erahnen? Und wie können sie ihr normales Verstehen mit dem Verstehen der unumstößlichen Intelligenz – und der Einsicht des erhabenen Tathagatas vermischen.

Stell dir die süßen Harmonien vor, die von einer Violine, Zither, Harfe oder Gitarre kommen. Sie kommen nicht von sich selber, sie entstehen nur, wenn fähige Musiker diese Instrumente spielen. Und es ist das gleiche mit deinem Geist und dem Geist aller fühlenden

Wesen. Jeder von euch hat volle Macht von dem wahren Ursprung des Geistes der Buddhaheit, welche transzendental Helligkeit vorausleuchten könnte – so schnell wie die süßen Harmonien, die von den Musikinstrumenten kommen, wenn sie von einer Meisterhand gespielt werden. Trotzdem, sobald du versuchst deinen Geist zu benutzen – der konditionierte Effekt von deinen Verunreinigungen, Gewohnheiten, Unfreiheiten und Hinderungen zeigt sich dann sofort. Und das ist nur deswegen, weil du nicht kontinuierlich deiner Praktik nachgehst, um die höchste Erleuchtung zu erreichen – konditioniert durch die Neigungen in Richtung einfacher Lehren, die nicht so viel von dir verlangen, wie die Hinayana-Schule – und deiner Selbstzufriedenheit, die aus deinen inperfekten Erreichungen entstanden ist.

* * *

DER EINE GEIST, PLÖTZLICHE ERWACHUNG UND REALISATION

Dann sprach Purna zum erhabenen Buddha – sagend: Gesegneter Erhabener! Ich kann sehen, daß dein wahrer, mysteriöse und reine Geist der perfekten Erleuchtung – und mein eigener, inperfekte Geist – eins in seiner Essenz sind, aber als sich die falschen Konzepte innerhalb meines Geistes seit anfangloser Zeit angesammelt haben, habe ich so für unzählbare Zeiten in dem Zyklus von Tod und Wiedergeburt weitergemacht. Obwohl ich nun einiges erreicht habe, so habe ich doch noch nicht vollkommene, universelle Erleuchtung erlangt. Gesegneter Erhabener! Du hast uns gerade beigebracht, daß sobald wir uns von der Illusion der Gedanken befreit haben, daß da nur der mysteriöse, ursprüngliche Geist übrig bleibt. Kann ich erfahren, mein erhabener Tathagata, durch welche Ursachen die fühlenden Wesen an den Illusionen von Gedanken festhalten, die dadurch die mysteriöse Helligkeit ihres ursprünglichen Geistes überschatten und Grund dafür ist, weswegen sie dann in dem großen Ozean der Unwissenheit fallen?

Der erhabene Buddha antwortete: Purna, obwohl du dich von fast allen Unsicherheiten, bezüglich der Lehre der Befreiung, befreit hast, hältst du trotzdem noch an der Delusion einer willkürlichen Diskriminierung zwischen Ignoranz und Erleuchtung fest.

Um das in deinem Geist abzuklären, werde ich dir einige Fragen über ein momentanes Treffen, hier in der Gegend, stellen. Du hast zweifelsohne von dem verrückten Mann hier in der Gegend gehört, er heißt Yayattadha in dieser Stadt Sravasti. Morgens schaute er in den Spiegel und sah seinen Kopf, aber er hatte keinen Augen und Brauen. Er wurde sehr wütend über seinen Kopf und schimpfte, es sei der Kopf eines Kobolds, der hätte nämlich auch keine Augen – und der Mann rannte ganz schön verrückt weg. Was denkst du Purna? Hatte der Mann gute Gründe, um verrückt zu werden?

155

Purna antwortete: Es scheint mir, gesegneter Erhabener, daß er keinen anderen Grund, außer den, daß er schon verrückt war.

Der erhabene Buddha sagte: Purna! Unsere mysteriöse, intuitive Natur ist perfekt und erleuchtet und hat ihre natürliche Perfektion, sie ist intelligent und tiefsinnig. Seit die wahre Natur frei von allen Illusionen ist, sind die Illusionen natürlich leer von jeglicher Realität und haben deswegen keine Quelle der Existenz. Wenn sie keine Quelle der Existenz haben, sind sie so auch keine Illusionen. Alle diese Gedankenillusionen sind entstanden durch ihre eigenen, wechselseitigen Manifestationen und sind so angehäuft durch Delusionen und Delusionen, was seit unzählbaren Zeiten so besteht – länger als die gesamten Teilchen aus Staub im gesamten Universum. Obwohl alle Buddhas immer wieder deren Falschheit dargestellt haben, können fühlende Wesen trotzdem nicht sofort realisieren, daß sie falsch sind, um zu deren natürlicher Seinsweise vollkommener Erleuchtung zurückzukehren. Die Quelle dieser Delusion ist nur innerhalb des eigenen Geistes und nirgendwo anders. Sobald du jedoch die Quelle der Delusion erkennst, verliert die Delusions-Konzeption ihren Halt an der Existenz. Wenn du innerhalb deines Geistes keine Grundlage für diese falschen Konzepte bietest, so wird da auch nichts sein, was entfernt werden muß. Solche, die Erleuchtung erlangt haben, sind so, als ob sie aus einem langen Schlaf erwachen – und deren vorheriges Leben war wie ein Traum. Wie klar auch immer jemandem seine Erinnerung auch sein mag, es ist unmöglich geträumte Objekte zu reproduzieren – egal unter welchen Ursachen und Konditionen. Es würde sogar noch unmöglicher für dich sein, das festzuhalten, was keinen Halt – wie auch immer – aus der eigenen Quelle der Existenz hat. So wie der verrückte Mann aus Sravasti, der wegen seiner total imaginären und phantastischen Gedanken seines Geistes weglief – mit keinen anderen Ursachen und Konditionen. Wenn dieser Wahnsinn plötzlich kuriert werden würde – das Bewußtsein seines Kopfes würde genauso plötzlich wieder vorhanden sein, egal wie sein Kopf auch immer auf seinem Körper ist. Purna, die Illusionen des Geistes sind genauso phantastisch und haben nicht mehr Basis in der Existenz. Wenn dein Geist ruhig und ungestört sein soll, darf da auch keine Diskriminierung von den drei selbsttäuschenden Phänomenen der verwandtschaftlichen Kontinuität sein, nämlich die Konzeption von der weltlichen Existenz, die Konzeption von der Ego-Persönlichkeit und die Konzeption von Karma und den daraus entstehenden Früchten. Wenn du alle Lust und Töten und Räubereien entfernst, wenn seine Aktionen dann der Grund für Karma sind, dann verschwinden die drei großen Ursachen für die Existenz von verwandtschaftlicher Kontinuierlichkeit der Existenz. So wird sich innerhalb deines Geistes dein Wahnsinn selbst klären – und wenn sich dein Wahnsinn geklärt hat, ist die Erleuchtung schon gegenwärtig. Denn die ursprüngliche Natur von deinem transzendentalen, reinen und erleuchteten Geist ist überall gegenwärtig – die gesamte phänomenale Welt durchdringend. Er wird nicht erlangt von irgendwelchen anderen Personen oder durch irgendwelche Methoden von Ausdauer oder hingebende Praktiken und Erreichungen. Fühlende Wesen sind wie ein Mann mit einem, in seinen Kleidern versteckten, magischen Edelstein, dessen er sich jedoch nicht bewußt ist. Er wird arm, zerlumpt und hungrig und wandert in weit entfernten Ländern umher. Obwohl er eigentlich durch die Armut leidet, hat er trotzdem immer noch den Edelstein. Eines Tages wird ein weiser Mensch dem armen Mann erzählen, daß er diesen Edelstein mit sich trägt – und von da an wird er ein reicher Mann sein. Es ist genau das gleiche mit deiner Natur des intuitiven Geistes. Du solltest sofort realisieren, daß dieser magische Edelstein aus erleuchteter Essenz des Geistes, nicht durch irgendwelche schwierigen Quellen erworben wird, sondern daß du ihn schon längst besitzt.

HINWEISE FÜR ANANDA

Dann erhob sich Ananda von seinem Platz in der Versammlung, verneigte sich in Demut vor dem erhabenen Buddha und fragte ihn: Nobler Erhabener! Du hast uns gerade beigebracht, wenn wir uns von den drei Ursachen des Karmas befreien – Töten, Stehlen und Lust – die drei zusammenhängenden Konditionen der Existenz nie wieder erscheinen werden und das, sobald dieser Wahnsinn abgeklärt ist, Erleuchtung erreicht wird – nicht von einer äußeren Quelle, sondern sie wird innerhalb des Geistes selbst zum Vorschein kommen. Dieses scheint doch aber ganz klar unter dem Prinzip von Ursache und Konditionen zu fallen, zu dem jedoch mein erhabener Buddha Einspruch erhob. Für mich selbst habe ich sicherlich meine Realisation durch Ursache und Konditionen erreicht. Und nicht nur ich selbst, sondern alle von uns jüngeren Arhats und auch alle unsere älteren Brüder, die Senioren, der geachtete Maudgalyayana, Sariputra, Subhuti und viele andere, nachdem sie die Instruktionen des erhabenen Buddha gehört hatten, fingen mit ihren Praktiken der Hingabe an – sind das nicht Ursache und Konditionen? Der Erhabene scheint uns aber nun zu lehren, daß Erleuchtung spontan erscheint und nicht von Ursache und Konditionen. Für mich klingt das ein wenig so, wie die Lehren des häretischen Lehrers Kusali aus Sravasti, der lehrt, das Naturalismus das höchste Prinzip aller Naturen ist. Bitte mein Erhabener, habe große Milde mit uns und kläre unsere Unsicherheit.

Der erhabene Buddha antwortete: Ananda! In Bezug zu dem verrückten Mann in Sravasti – sollte die Ursache und Kondition seiner Verrücktheit entfernt werden, so würde die Natur seiner Nicht-Verrücktheit gezeigt werden und die häretische Lehre von Ursache und Konditionen und von Naturalismus würde es mit ihrer Erklärung der Wahrheits-Interpretation nicht schaffen.

Ananda! Wenn der Mann aus Sravasti seinen Kopf im Zusammenhang zu den Prinzipien des Naturalismus hätte und so sein Kopf zu

seiner Natur gehört, so kann alles was er denkt nicht anders interpretiert werden, als die natürliche Manifestation von seinem Geist –
weswegen aber war er dann durch die Ursache und Kondition
ängstlich, wurde verrückt und lief weg? Oder wenn nun sein natürlicher Kopf der Grund dafür war, durch Ursache und Konditionen
verrückt zu werden, weswegen verliert er dann nicht auch seinen
natürlichen Kopf durch Ursache und Konditionen? Wenn aber sein
natürlicher Kopf nicht verloren geht und in ihm die Illusion und
Angst entsteht, sein Kopf jedoch nicht die geringste Veränderung
aufweist, wie kann dann gesagt werden, daß seine Verrücktheit durch
Ursache und Konditionen entsteht? Erklärt das nun nicht klar
genug, das kein Prinzip von Ursache und Konditionen oder von
Naturalismus, die wahre Natur des Geistes zum Vorschein bringen
kann? Oder wenn die Verrücktheit des Mannes hauptsächlich zu
seiner Natur gehört und hätte sie und die Angst schon von Anfang
an, bevor er plötzlich verrückt wurde, wo hatte sich seine Verrücktheit versteckt? Oder wenn er von Natur aus nicht verrückt und sein
Kopf normal ist, warum war er dann plötzlich durch den Anfall der
Verrücktheit weggetragen worden? Oder wenn er realisiert, daß sein
Kopf normal war und das er durch den Anfall der Verrücktheit weggetragen wurde – denn beide Prinzipien von Ursache und Konditionen und Naturalismus sind nur leeres Gerede. Ich habe erklärt, daß
sobald die drei Konditionen von Töten, Stehlen und Unreinheit
beseitigt sind, der Geist erleuchtet wird. Wenn der Geist der Erleuchtung erreicht ist, dann verschwindet der Geist der Variationen
und Ignoranz. Wenn du jedoch diese Konditionen innerhalb deines
Geistes als willkürliche Konzepte aufrechterhältst, dann sind sie
bloßes, jammerndes Gerede. Wenn man das letzte willkürliche
Konzept von Tod und Wiedergeburt aufgibt, dann hat man das
Stadium der perfekten Leere erreicht. Da man dann fähig ist, sich
von dem Gedanken zu befreien, daß man Meditation praktiziert, ist
man dann wahrhaftig in Richtung Erleuchtung fortgeschritten.
Wirklich, dieses ist kein jammerndes Gerede. Aber sogar, wenn der
Geist frei von dem Gedanken ist, daß man Meditation praktiziert

und man auf dem Pfad der Erleuchtung Fortschritte macht und
sogar, wenn man den perfekten Zustand der Leere erreicht hat, kann
nicht gesagt werden, das das Erreichthaben in Übereinstimmung mit
den Prinzipien des Naturalismus ist. Denn solange der Geist mit
Vorliebe seine willkürlichen Konzepte trägt – wie: Ein perfektes
Stadium von Leere des Geistes, gehört zu den Prinzipien von
Naturalismus – dann werden sich da, zusammen mit den willkürlichen Konzepten, auch noch weitere Konzepte entwickeln – wie
zum Beispiel: Sobald sich der natürliche Geist entwickelt, auch seine
Ignoranz und Wechselhaftigkeit verschwindet. Dieses ist nun über
allem ein wirkliches Gejammer von einem wechselhaftigen und
ignoranten Geist.

Meine Lehre von der Nicht-Wechselhaftigkeit des wahren Geistes,
ist eine Lehre, die nicht zu dem jammernden Gerede gehört, sie
gehört auch nicht zu den Prinzipien von Naturalismus.

Oder wenn einer denkt, die Nicht-Wechselhaftigkeit und Nicht-
Veränderlichkeit von dem wahren Geist ist eine Art von Naturalismus, das würde so sein, als ob man natürliche Phänomene zu einer
allinklusiven Kompostmischung zusammenmengt und dann davon
in der Kombination von Ursache und Konditionen und Konformität denkt – und das von seiner Position, Nicht-Kombination
und Nicht- Konformität dann die Natur der Originalität wäre. Solch
ein Denken ist ja nun wirklich jammernd und launisch – wirklich, es
gehört zu der Gewohnheit von kontrastreichem Dualismus – und
deswegen auch zu den falschen Konzepten. Im Zusammenhang mit
der Natur der Originalität sollte verstanden werden, obwohl sie
unveränderlich ist, sie jedoch jeweils den Konditionen entsprechend
nachgibt, sodaß sie auch nicht unter die Gesetze vom Naturalismus
kommen kann. In der Betrachtung zu den Phänomenen, welche
manifestiert durch Kombination, Konditionen und Konformität
sind – und obwohl auch sie den Konditionen nachgeben, ist ihr
Körper doch als ein Ganzes angenommen und erleidet keine
Veränderungen, sodaß diese Phänomene auch in ihrer Essenz nicht
unter die Prinzipien von Kombination und Konformität fallen.

Wenn es so interpretiert wird, dann sind sogar diese Dinge keine jammernden und launischen Worte, sondern eine wahre Lehre – obgleich sie dennoch weit, weit entfernt von Erleuchtung und Nirvana sind.

Höre zu Ananda! Obwohl du in deinem Gedächtnis sämtliche der zwölf reinen und tiefen Lehren aus den heiligen Schriften hast – wenn du dein Gelerntes nur im leichtfertigen Gerede benutzt, was hat das für einen Wert? Um Weisheit zu erreichen, mußt du deinen Geist in der Meditation wachsam und konzentriert schulen – für viele, viele Weltenzyklen. Obwohl du sehr zungenfertig von den Prinzipien von Ursache und Konditionen und Naturalismus gesprochen hast, und obwohl du allgemein angesehen bist, als der in dieser Versammlung am meisten gelehrte Mann – dein Lernen und Denken hat nur dein Wissen erhöht und du wirst mehr und mehr durch die Multiplizierung von Weltenzyklen kultiviert – und als Konsequenz konntest du nicht von der verführerischen Versuchung von Pchiti, dem schönen Mädchen, entkommen – und warum war das Ananda, daß durch meine transzendentale Kraft ihre sexuelle Lust sofort beruhigt war und sie eine meiner meist folgenden Schülerin wurde – und du so von dieser gefährlichen Verwicklung loskommen konntest – und diese Möglichkeit der Instruktion erhieltst?

Als der Fluß der Liebe austrocknete, wurdest du von der Gefangenschaft befreit.

Deswegen Ananda – obwohl du in deinem Geist alle diese wundervollen und systematischen Lehren vom Tathagata für viele Weltenzyklen besitzt, es würde viel besser für dich gewesen sein, wenn du auch nur für einen Tag die Erfahrung von Resistenz gegenüber den erdlichen Passionen der Lust praktiziert hättest. Pchiti reagierte auf ihre Belehrung und als ihre Lust durch meine transzendentale Kraft beruhigt war, wurde sie eine wahre Mönchin in unserer Versammlung. Beide, sie und Yasdra, die Mutter von Rahula, haben ihr Karma vom vorherigen Leben ausgelebt und realisieren nun den Grund ihres früheren Leidens in vorherigen Leben – durch Aufgeben der Lust, den Wünschen und der Habgier. So wie alle von euch nach vielen Weltenzyklen des Leidens Befreiung gefunden habt, ganz einfach durch das Befolgen einer einzigen Belehrung. Sie erreichte den Status eines nie wiederkehrenden Jüngers – und du hast die Versicherung für deine zukünftigen Ziele als Arhat-Heiliger der höchsten Stufe. Oh, Ananda, warum denkst du immer noch so viel herum, stellst dumme Fragen und täuscht dich selber, anstatt ganz einfach nur meinen Lehren zuzuhören.

* * *

(An dieser Stelle möchte ich einmal sagen, was sich hier bei mir während der Übersetzung des Surangama Sutras abspielt, was übrigens eine ungeheuer schwierige Arbeit ist. Ich bin nun wirklich nicht mehr sehr von diesen vielen Beispielen und Beschreibungen eingefangen – geschweige denn überzeugt, da ich zwei Surangama Sutras vergleiche und feststelle, daß in ihnen sehr unterschiedliche Gedanken und Beschreibungen zu finden sind ..., beispielsweise oben der letzte Satz heißt in einem anderen Buch: »Warum hängst du dich immer noch daran, was du siehst und was du hörst – nein – warum täuscht du dich immer wieder selber, indem du daran hängst, was du siehst und was du hörst?« Ja, das ist nur einer der kleineren Unterschiede ... Ich muß sagen, daß Buddha selbst gar nichts geschrieben hat – und alles erst mehrere hundert Jahre später aus der Überlieferung der mündlichen Redekunst das Surangama Sutra und eben ja auch alle anderen Schriften zusammengesetzt wurden. Auch wird in anderen Sutren vom Surangama-Samadhi-Mantra gesprochen ..., aber was ist das Mantra – etwa die gesamte Rede? Es ist also buddhistische Stückelarbeit der Eigeninterpretation ..., trotzdem, da kommt ja noch ein wenig Essenz des Siddhartha-Buddhas des Shakjamunis zum Vorschein – und das macht es ja schon hilfreich ...

Ich grüße meine erste Frau, Frances Hocking, irgendwo in Montreal ...)

FRAGEN VON ANANDA,
WIE DENN NUN ERLEUCHTUNG
ERREICHT WERDEN KANN

Nachdem Ananda den Instruktionen des erhabenen Buddha zugehört hatte und auch alle anderen Anwesenden, die nun ihre Zweifel und Illusionen ablegen konnten – und dadurch die wahre Realität ihres Geistes realisierten, wurden deswegen dann auch alle sehr ruhig und erfrischt, wie noch nie zuvor. Ananda, der wie immer der erste Sprecher für die Gruppe war, verbeugte sich zum Buddha in großer Traurigkeit und sagte zu ihm: Glorioser Erhabener von großem Mitgefühl und Reinheit! Du hast gekonnt mein Herz geöffnet und unterstützt mich in vielen Situationen und hast alle, die im großen Ozean des Leidens am Ertrinken waren, befreit. Gesegneter Erhabener! Deiner Lehre zuhörend sind wir zu dem Verständnis gekommen, daß der mysteriöse, intuitive, erleuchtete Geist des Schoßes des erhabenen Tathagatas universal ist und alle Buddhaländer in seiner reinen, ruhigen, gloriosen und tiefgründigen Erleuchtung umarmt, aber ich habe es nicht geschafft in diese Erleuchtung zu kommen – und der erhabene Tathagata hat mich dafür verantwortlich gemacht – sagend, daß es wegen meines Lernens und Wissens war, weswegen ich davon abgehalten wurde in die Erleuchtung zu treten. Ich bin wie ein Mann, der durch die Mumifizierung eines himmlischen Königs einen großen Palast geerbt hat, aber unfähig ist davon Gebrauch zu machen, wenn er nicht zuerst durch die Tür der Erleuchtung geht. Wir bitten dich erhabener Buddha, aufgrund deines großen Mitgefühls, zeige uns den Weg, um diese Vererbung der Erleuchtung zu erreichen. Lehre uns, unerleuchtet wie wir sind, wie wir die Ideen aufgeben können, die wir durch unser Lernen angesammelt haben und wie wir das Ziel der perfekten Erleuchtung des erhabenen Tathagata erreichen. Zeige uns den richtigen Anfangspunkt für unsere Hingabe und unsere disziplinäre Praxis, zeig uns, wie wir uns von all den verwickelten

Konditionen befreien können und ermutige uns alle so, die wir
immer noch praktizierende Arhats sind, unseren Geist auf den
richtigen Pfad zu konzentrieren, sodaß wir sicher die Intelligenz und
Einsicht des erhabenen Buddha erreichen. Ananda hatte seine Bitten
beendet und verbeugte sich danach bis zum Boden und zusammen
mit der gesamten Versammlung wartete er auf den erhabenen
Buddha, um seinen heiligen Instruktionen zuzuhören.

Woraufhin der gesegnete Erhabene Mitgefühl für die Jünger
hatte, die noch immer im Zustand des Pratyeka, dem Zustand des
Erleuchtung-für-sich-selber-findens waren, ohne Allwissenheit und
für den Dienst von allen späteren Jüngern in den dekadenten Zeiten,
die noch folgen werden, wenn er ins Nirvana eingegangen ist, das
auch sie die höchste Form der Erleuchtung erreichen können, gab
nun die folgenden Instruktionen.

Ananda! Wenn du deinen Geist vollkommen darauf eingestellt
hast, diesen wahren Geist der Erleuchtung zu erreichen und de-
terminiert bist, nie müde zu werden, den erhabenen Samadhi des
Tathagata zu erreichen, sind da jedoch zwei definitive Prinzipien, die
zuerst voll verstanden und geschätzt werden müssen.

Das erste definitive Prinzip für die beginnende Praktizierung ist
dieses: Wenn du erfolgreich deine alte Idee von Arhatschaft, also des
höchsten Heiligen, aufgegeben hast, also Erleuchtung und Nirvana
nur für dich selbst zu finden – und du anfängst zu praktizieren, um
das Ideal des Bodhisattvas zu erreichen, das bedeutet Erleuchtung für
das Wohl aller fühlenden Wesen zu erreichen – und um in die
perfekte Intelligenz und Einsicht der Buddhas zu kommen, mußt du
zuerst erforschen und klar sehen, das dein Anfangspunkt des Motivs
und Sinns in voller Übereinstimmung mit den eventuellen Früchten
der Erleuchtung ist. Wenn du am Anfang deine variierenden und
flüchtigen Gedanken deines Geistes als den Ausgangspunkt nimmst,
um Buddhaschaft zu erreichen, um damit den nicht-variierenden
Geist der Erleuchtung zu erreichen, ist da keine Übereinstimmung.
Von Anfang an mußt du dich erinnern, das alle konditionierten
Phänomene transitorisch, durchgängig – und vergehend sind. Hast

du daran irgendeinen Zweifel? Kannst du an irgendwelche Aus-
nahmen denken? Nimm zum Beispiel reinen Raum. Hat irgend
jemand jemals davon gehört, daß Raum zur Korruption und zur
Zerstörung kommen kann? Nein, denn reiner Raum ist frei von
Konditionierungen und deswegen unzerstörbar. Vergleiche dieses
mit deinem Körper Ananda. Innerhalb deines Körpers, da ist ein
Element der Härte von Erde, da ist ein Element des Fluidums von
Wasser, da ist ein Element der Wärme von Feuer und ein Element des
Atems, der Bewegung, das Element des Windes. Der Körper ist an
diese vier großen Elemente gebunden – und diese vier Verbindungen
zerteilen deinen ruhigen, mysteriösen, intuitiven, erleuchteten Geist
in solche Divisionen, wie die Emotion und Wahrnehmung des
Sehens, Hörens, Berührens, Riechens und Fühlens – und von den
folgenden Konzepten und Diskriminierungen des Denkens, sodaß
dein erleuchteter Geist in die folgenden fünf korrespondierenden
Verunreinigungen dieser üblen Welt fällt – von Anfang an wird er so
weiter machen, bis zu seinem Ende …

*(Ich muß hier wieder dazwischen … Also weshalb sollte der Tatha-
gata sich selbst diese sogenannte üble Welt erschaffen haben? Das ist das
typische Schlechtmachen der religiösen Ignoranten, wie in diesem Falle
die Buddhisten – die Christen haben ja schon längst ihren üblen Gestank
– durch die Massenmorde – auf der Erde hinterlassen. Es ist mehr als
unlogisch was hier geschrieben wird: Erstens sind immer nur jene so übel,
aber nicht alle – zweitens sind alle, die weltlich schlecht sind, ja auch das
Göttliche, weil es einfach so ist – und drittens ist die Vielfalt der Gedanken, Träume, Wünsche und wer weiß was noch alles, ein zugehöriger
Prozeß, um die phänomenale Welt in Bewegung zu halten … und von
wem oder was wird sie in Bewegung gehalten, die Elemente, alles –
natürlich durch das Göttliche selbst. Man darf sich nicht aus der Ruhe
bringen und manipulieren lassen, denn so wie es ist, ist es genau richtig …, alles ist perfekt, so wie es jetzt ist, auch wenn überall im Denken
verallgemeinert wird – so wie es mit allem und jedem ist, ist es perfekt,
vergeßt das nur nicht, das Leben ist bunt – und nicht …)*

Ananda, welches sind diese fünf Verunreinigungen? Welches ist deren Natur? Bedenke die Unterschiede zwischen frisch, rein, klares Quellwasser und solchen Substanzen, wie Staub, Asche und Sand. Wenn diese vermischt werden, wird das Wasser schmutzig. Und es ist genau das gleiche mit den fünf Verunreinigungen des Geistes.

Ananda, wenn du in den riesigen Raum schaust, der sich ausdehnt bis weit hinter das Universum – die Natur des Raumes und die Natur von der Wahrnehmung des Gesehenen, diese bedrängen sich nicht gegenseitig, aber vermischt miteinander ist da keine Grenzlinie, um deren Individualität zu limitieren. Aber wenn da nur leerer Raum wäre – ohne Sonnen oder Planeten, dann verliert Raum wieder seine Substantialität. Und die Konzeption von Gesehenem – in den Raum schauend, ohne etwas zu sehen – verliert seine Sensibilität. Aber da ja diese beiden willkürlichen Konzeptionen von falschen Phänomenen – Sonnen und Planeten im Raum bewegend – und die falsche Wahrnehmung des Gesehenen, alle zusammen vermischt sind, sind da nun alle diese ungezählten, falschen Manifestationen von Unterschieden in den Universen. Dieses ist nun die erste Verunreinigung der Induviduation – welches die Basis der Ignoranz ist.

(Der sogenannte wissenschaftliche Weg ..., eine Abwertung also – natürlich sind die Wissenschaftler auch Lichtjahre entfernt von der Einsicht, Sehfähigkeit und der Fähigkeit überhaupt eines Erleuchteten oder gar Buddhas ...)

Denn die Substantialität des Körpers ist von den vier grossen Elementen gemacht und der Ablauf des Geistes – Sehen, Hören, Berühren, Riechen, Schmecken, Wahrnehmen, Diskriminieren – alles vermischt sich mit den Prozessen des Körpers und es wird Zusammengewebt in die falsche Imagination, welches die zweite Verunreinigung ist – genannt, die Verunreinigung durch falsche Ansichten in Bezug auf die Form.

Nochmal – innerhalb deines Geistes, da ist der Prozeß des Bewußtseins, wie Erinnerung, Launen, Emotionen, in Verbindung mit den Wiederholungen des täglichen Rituals, Wünschen und so weiter – und da ist die reine Intuition von dem intuitiven Geist.

Beides vermischt sich auch zusammen und gibt dann Gründe für falsche Imaginationen, welche dann die dritte Verunreinigung formt – die konditionierte Verunreinigung von den zwei Arten der üblen Begierden.

Nochmal – dein Geist ist vom Morgen bis in die Nacht kontinuierlich in einem Prozeß der Veränderung und jedesmal, wenn deine Gedanken sich ändern, versuchst du sie zu manifestieren und kontinuierlich, durch einen kreativen Akt in dieser Welt, in Bewegung zu halten. Und jedesmal sind deine Aktionen konditioniert – durch dein Karma geformt – sie transformieren auch fühlendes Leben. Diese zusammengewebten, falschen Imaginationen und diese objektiven Illusionen – manifestiert dadurch, machen dann die vierte üble Verunreinigung, welche die üble Verunreinigung der fühlenden Wesen – festhaltend an den Dingen, die sie sich wünschen – genannt wird.

(Hier möchte ich dem schwachen oder leicht zu beeindruckenden Menschen darauf aufmerksam machen, sich nicht so viele Ängste deswegen zu machen, denn vergeßt nicht, es ist alles aus dem allmächtigen Göttlichen selber entstanden …, also ist es auch absolut richtig, so wie es ist. Ich will die schwachen, nicht selbststark genügenden Leser(innen) hier schützen, damit sie durch diese Gedanken nicht in Zweifel fallen.)

Nochmal – seit deine Wahrnehmung des Sehens, Hörens, Berührens und Denkens keinen Unterschied in ihrer Natur haben, aber wegen ihrer Attribute der Formen und Erscheinungen und Induviduation in Opposition und Relation zueinander plaziert sind, abnormale Unterschiede erscheinen lassen – Differenzen, Distinktheiten, welche in der reinen Essenz des Geistes in gegenseitiger Aufnahme und Anpassung sind, aber welche, wenn sie in Form und Erscheinung manifestiert sind, in gegenseitiger Unvereinbarkeit zu finden sind. Und so entstehen dann interne und externe Konflikte, die, obwohl imaginär, von der fünften Verunreinigung – der Verunreinigung des Überdruß, Müdigkeit, Leiden und Altwerden formt.

Ananda! Wenn du deine Sinneswahrnehmung und dein bewußtes Verstehen in Harmonie mit dem permanenten Glück des Tathagatas natürlicher Reinheit wünscht, mußt du zuerst die Wurzeln von Tod und Wiedergeburt herausziehen, welche unecht – erschlichen von diskriminierender Ignoranz – durch diese fünf Arten der Verunreinigung gepflanzt wurden, nämlich die Verunreinigung der diskriminierenden Ignoranz – von Form, von Wünschen, von Festhalten, von Altersschwäche.

Und dann fange an mit der Praktik der Konzentration deiner Aufmerksamkeit auf den reinen, ursprünglichen Geist des Nicht-Todes und der Nicht-Wiedergeburt. Durch die Art der Ruhe ist es, daß du fähig sein wirst, diesen falschen Geist von Tod und Wiedergeburt in den reinen und klaren, intuitiven Geist zu verändern – und während du das tust, realisiert sich das Ursprüngliche, die erleuchtete und intuitive Essenz des Geistes. Du solltest das zum Ausgangspunkt für deine Praktik machen. Wenn du so einen Anfangspunkt mit deinem Ziel harmonisiert hast, wirst du fähig sein, durch die richtige Praktik, das wahre Ziel der perfekten Erleuchtung zu erreichen.

(Hier muß ich jetzt doch einmal folgendes anmerken: Diese ganzen Lehren sind erst einmal viel zu steril, zu ernst, zu todernst, das stinkt mehr als himmelhoch. Ich glaube, mein wahres Wesen – der vollkommenen Erleuchtung – bekommt schon Tränen von diesem ganzen todernsten, sterilen Gestank der Erleuchteten – obwohl Duddha der Buddha möglicherweise auch Humor hatte, obgleich die Inder für sowas ja nicht sonderlich bekannt sind, sie sind eher sterile Blah- blahgamis ... Illusion, das Wort kommt aus dem Lateinischen und bedeutet nämlich: spielen, scherzen, täuschen. Diese fünf todernsten Verunreinigungen der Bluddhisten in ihren orangenen Windeln, ist in Wahrheit eine glückselige Spielerei des allmächtigen Geistes. Leute, nehmt das alles nicht zu ernst, bitte nicht zu todernst, das macht das Leben nämlich tödlich, engherzig, intolerant, kriegerisch, fanatisch, diabolisch tödlich ...)

Wenn du also wünscht, deinen Geist zu beruhigen und zu seiner originalen Reinheit zu bringen, mußt du so weitermachen, als wenn du ein Glas von modrigem Wasser reinigst. Du läßt es zuerst still stehen, bis sich die Teile am Boden abgesetzt haben, dann wird das Wasser rein sein – welches mit dem Zustand des Geistes korrespondiert, der vor der Verunreinigung der fünf üblen Passionen war, die ihn problematisierten. Dann füllst du vorsichtig das Wasser ab – welches der Zustand des Geistes ist – von den fünf Verunreinigungen, Ignoranz, Form, Wünschen, Festhalten und Alterschwäche – die dadurch nun ganz beseitigt sind. Wenn der Geist so beruhigt und in perfekter Einheit konzentriert wird, dann werden alle Dinge nicht in Separatheit gesehen werden, sondern in einer Einheit, in der kein Platz für die fünf üblen Passionen ist, um da hineinzukommen – und was in voller Konformität mit dem mysteriösen, unbeschreiblichen, reinen Nirvana ist.

IN DIE WURZELN
DER VERUNREINIGUNG SEHEN,
UM DAS SINNESORGAN ZU FINDEN,
WELCHES FÜR MEDITATION PASST

Das zweite definitive Prinzip für den Anfänger ist folgendes:
Wenn du erfolgreich dein altes Ideal aufgibst, nur für dich Erleuchtung zu suchen, dann aber anfängst zu praktizieren, um Bodhisattva-
heit zu erreichen – das ist Erleuchtung zu erreichen für das Wohl
aller fühlenden Wesen, allen fühlenden Lebens – dann mußt du
zuerst mit großer Courage den Erfordernissen gegenübertreten, um
ein Bodhisattva-Mahasattva zu werden – nämlich sämtliche Abhängigkeit an konditionierten Phänomenen ablegen, welche alle
Konzepte beinhalten, die auf ein Ego-Selbst weisen – und auch
vorsichtig examinieren und festlegen, wo die Wurzeln der Passionen
und Leidenschaften liegen – das ist: Wer ist es oder was ist es – das
entwickelt diese Leidenschaften und Wünsche – und wer ist es oder
was ist es – das leidet an diesem Karma und den Wiedergeburten seit
anfanglosen Zeiten.

Ananda! Wenn du in deiner Praktik der Erleuchtung nicht gleich
von Anfang an in die Wurzeln deiner Leiden siehst, wirst du nie
fähig sein, die Täuschung der Sinnes-Organe, des Sinnes-Geistes und
die diskriminierenden Gedanken in Relation zu ihnen und zu den
Objekten der Sinne – sowie zum allgemeinen Durcheinander des
Geisteszustandes des Menschen, zu verstehen. Wenn du es nicht
schaffst, diesen Punkt zu verstehen, wie willst du dann deine wilden
Gedanken und Turbulenzen des Geistes beruhigen – und erfolgreich
den Thron des Tathagatas besteigen?

*(Hier will ich gleich darauf hinweisen, daß du schon der Tathagata
bist – und du wirst nie was anderes sein. Gefangen in dieser Lehre
können nur jene sein, die sich konfus, ängstlich und minderwertig fühlen
– oder so gemacht wurden, nämlich durch Eltern, Freunde, Verwandte,
Staat, Religion, Lehrer – durch kaputte Erfahrungen als Kind – durch*

Schläge, durch die allgemein menschliche, üble Geschichte, die auf Blut und Gier, auf Lügen und Betrügen und auf Ausbeutung – anstatt auf gegenseitiger Achtung und Wertschätzung beruht ..., vergiß das nie, egal was du erfährst, egal wie schlecht es dir auch immer geht – es ist nur der sterbliche Teil von dir – dein Anzug, der Körper – du bist nämlich der Tathagata, du bist immer auf dem Thron – und du bist noch mehr als das, denn du kannst gar nichts anderes sein ... habe da ganz einfach Vertrauen in dir ...)

Ananda! Wenn du einen Mann beobachtest, der Knoten in einem Seil auseinanderbringen möchte, wirst du feststellen, daß er zuerst die Verknotung studiert, die im Seil ist, um herauszufinden, welche Stelle er zuerst lösen muß – aber der Raum ist anders, Raum hat keinen Körper, keine Form, da sind keine Knoten im Raum, die gelöst werden können. In deinem Organismus aber, da sind sechs Diebe: Augen, Ohren, Nase, Zunge, Körper und diskriminierender Geist, um die unschätzbaren Werte der Wahrheit zu stehlen, um dich dann in Abhängigkeit zu falschen Imaginationen zu lassen.

Konsequenterweise – seit anfangloser Zeit haben alle fühlenden Wesen in dieser phänomenalen Welt Knoten, Bindungen und Verstrickungen entwickelt, was es nun für sie so unmöglich macht, diese Welt zu transzendieren, wenn nicht zuerst die Knoten entknotet werden.

(Hier muß ich wieder einmal eingreifen. Laßt euch ja nicht verblöden Leute ..., nur jene, die in sich diese sogenannten Knoten als Knoten sehen und dann meinen, es sind Knoten – die haften daran. Bindungen und Verbindungen sind ganz selbstverständlich vorhanden, weil die Welt ja so geschaffen ist. Wer sich aus Abhängigkeiten und Verbindungen nichts macht und sie liebt – wer kann da dieser ganzen buddhistischen, Angst machenden Leidensarie noch folgen ..., denn schaut her, wieviele Buddhas gibt es – und was haben die geschaffen. Sie hinterließen nämlich nun diese immensen Grenzen der üblen »Religionsverwalter« – weltweit, egal wie erleuchtet sie nun auch immer waren – es ist ihre Hinterlassenschaft. Wenn sie so erleuchtet sind, hätten sie auch wissen müssen, daß da nur Religionsgift übrig bleibt, das nun wieder zerstört

werden muß, indem wieder Erleuchtete erscheinen und so Gruppen um sich scharen – und wieder entsteht eine Sekte, wie Christen, Buddhisten, Moslems und so weiter ... Also, gleich ein Warnruf an alle Vollblut-Erleuchteten: Wenn ihr das nächste Mal erscheint, seid intelligenter, weiser – ganz einfach erleuchteter.)

Ananda! Was verstehst du eigentlich, wenn ich von der Welt der fühlenden Wesen spreche? Meine ich nur denkende Menschen? Nein, ich meine den ganzen komplizierten Prozeß von Veränderungen, der vor sich geht – endlos, sich immer wieder verändernd in seiner Manifestation und Position.

Angenommen, die Positionen der Phänomene, die gerade manifestiert werden – sprechen wir von ihnen, als ob sie Osten oder Westen, Norden oder Süden wären oder Südost, Südwest oder Nordwest und auch oben und unten – mehr noch, dieser endlose Prozeß von Veränderungen, der in der Vergangenheit vor sich ging, der geht auch in der Gegenwart weiter und wird auch in der endlosen Zukunft weitergehen. Nämlich wegen dieser riesigen, unzählbaren Zahl und Veränderungen dieser Veränderungen – überall und für immer – das falsche und willkürliche Konzept des Geistes in allen fühlenden Wesen ist immer fließend und vermischend – zusammen in einer höchst konfusen Art und Prozessen der Manifestation und Evolution – und dieses Immerverändernde und Beständige an Prozessen der Veränderung macht die Welt der fühlenden Wesen aus.

(Ja aber, die das Göttliche selber sind. Laß dich nicht von Christen, Buddhisten, Moslems, Sikhs und Hindus konfus machen – das ist ja Gott selbst, der sich da produziert – weil du ja selbst das Göttliche bist ..., vergiß das nicht. Jesus hat selber gesagt: Ich und Pappi sind eins – das heißt doch, er und Gott sind ein- und dasselbe ... Laß dich nicht konfus machen, steh zu dir selbst. Nur weil du ein bißchen denkfauler oder müde bist vom stupiden Büroleben und der Seuche Steuern abgeben – dieser Seuche Behördenwillkür und Amtsmißbrauch, Seuchen, wie Verdummung, Ausbeutung und Entmündigung, Seuchen, wie Gesetzeswillkür und der Rechtschädigung und Selbstbedienung der Seuche Politik – weltweit – all das sind Seuchen, die diese Tiere, genannt Menschen,

vertreiben, durch ihre Sateliten und eure Dummheiten ..., Leute, laßt euch von diesen Seuchen nicht einfangen ... Jeder von euch ist das Göttliche selber.)

Obwohl die Natur dieser Welt zerteilt sein mag in die Zehn Himmelsrichtungen und deren Positionen, mögen sie definitiv klar sein, aber da Menschen ignorant sind – und weil Menschen gedankenlos und unvorsichtig sind, denken sie an diese Lokalisierungen nur sehr oberflächlich und schaffen es nicht zu realisieren, daß da auch noch eine andere Direktion als Ost, West, Nord oder Süd ist, was viel wichtiger ist, denn es nimmt den ganzen Rest ein. Das ist die wahre Direktion zum Zentrum. Dann schaffen sie es nicht, sich daran zu erinnern, daß jede dieser Direktionen gleichwertig und verwandt mit der vierten Direktion ist – der Zeit, die wiederum in drei Direktionen aufgeht – Vergangenheit, Gegenwart und Zukunft. Und jede von ihnen ist verwandt mit den Zehn Himmelsrichtungen der Existenz – und jede von ihnen hat ihre zehn Punkte der Direktion – was in allem 1200 macht – und jeder unserer sechs Sinne hat 1200 eigene Punkte. Dann mußt du dich noch daran erinnern, daß keiner der Sinne alles und andauernd sieht, sodaß deren einziger und kombinierter Bericht zu dem wahrnehmenden und diskriminierenden Geist, nie perfekt oder komplett ist. Jedes Konzept hat eine eigene Maßeinheit von Erfolg – und mehr nicht.

Ananda, nun vergleiche die Möglichkeit der Energie – von Verdienst für jedes einzelne Organ. Angenommen deine Augen können Dinge sehen – vor ihnen und an beiden Seiten, aber nichts hinter ihnen. Ihre nicht vollständige Sehweise der Aktivität repräsentiert deshalb nur zwei Drittel des Maximums, dieses sind nur 800 Erfolgspunkte.

Und deine Ohren, deren Feld der Aktivität, schließen alle zehn Direktionen mit ein, da der Ton gehört wird – egal ob nah oder fern, während auch Stille registriert wird, so als wäre sie grenzenlos – also dieses Organ bekommt die vollen 1200 Erfolgspunkte.

Die Funktion deiner Nase basiert auf ein- und ausatmen, was

einen normalen Punkt des Kontaktes nicht hat – deswegen bekommt sie nur 800 Erfolgspunkte.

Wenn deine Zunge weltliche und überweltliche Weisheiten propagiert, obwohl die Sprache limitiert ist, die Bedeutung ist unerschöpflich – deswegen bekommt dieses Organ auch sämtliche 1200 Erfolgspunkte.

Wenn dein Körper fühlt, daß er berührt wird, existiert dieses Gefühl, wenn er berührt wird, es verschwindet jedoch, wenn die Berührung entfernt wird – deswegen bekommt dein Körper nur 800 Erfolgspunkte.

Da der Intellekt beides umarmt – weltlich und überweltlich – in allen zehn Direktionen, eingeschlossen alle weltlichen und heiligen, von der Vergangenheit, der Gegenwart und der Zukunft, ohne Limitierung, solltest du wissen, daß dieses Organ alle 1200 Erfolgspunkte bekommt.

Ananda, da du nun wünscht, gegen die weltlichen Einflüsse der Wünsche zu gehen, solltest du in dem Organ umkehren, von welchem es fließt, bis du den Zustand hinter Geburt und Tod erreicht hast. Deswegen solltest du in die sechs funktionierenden Organe schauen, um festzustellen, welches konsistent ist und welches nicht, welches tief und welches nicht tief ist – und welches alles durchdringend und welches nur oberflächlich ist. Wenn du das alles durchdringende Organ findest, solltest du dessen karmischen Fluß umkehren, sodaß es mit seiner eindringenden Qualität korrespondiert – der Unterschied zwischen Realisation durch die Bedeutung von diesem eindringenden Organ und dem, was durch ein nicht voll funktionierendes Organ erreicht wird, ist vergleichbar mit einem Tag und der Ewigkeit. Ich habe dir nun die sechs Organe aufgezeigt, die von dem wahren Geist entstehen und deren respektiven Möglichkeit, sodaß du wählen kannst, um das beste für dich zu finden – und dadurch Forschritte in deiner Praktik zu machen.

Alle Tathagatas praktizierten Selbstkultivierung durch die 18 Wirklichkeiten der Sinne, um höchste Erleuchtung zu erreichen. Alle diese 18 Wirklichkeiten – Objekte der Meditation – waren passend für ihre Meditation, deine Qualität aber ist minderwertiger und du bist nicht fähig sie zu benutzen, um höchste Weisheit zu gewinnen. Darum lehre ich dich nun ein passendes Organ für deine tiefe Meditation zu wählen – wenn du es einmal benutzt hast und dich von Illusionen befreit hast – alle deine sechs Organe werden dadurch sauber und rein – und zwar simultan.

Ananda fragte: Weltgeachteter, wie kann man durch das Gegen-den-weltlichen-Fluß-gehen, in einen tiefen Organsinn steigend, in ein einfaches Sinnesorgan gehend, sicher machen, daß alle sechs Sinnesorgane rein und klar werden – und das auch noch gleichzeitig?

Der erhabene Buddha antwortete: Obwohl du das Stadium In-den-Strom-treten realisiert hast – und weltliche Absichten beseitigt hast, bist du immer noch nicht klar über deine inneren Gedanken, die sich seit anfanglosen Zeiten angesammelt haben, welche aber nur durch Praktizieren und Training eliminiert werden können. Und noch weniger klar bist du über die inneren Illusionen von Geburt, Bleiben, Wechsel und Tod, die durch die folgenden Stadien der Bodhisattva-Entwicklung entfernt werden.

Nun schau dir deine sechs Organe an – sind sie eins oder sechs? Ananda, wenn sie eins sind, warum kannst du nicht mit deinen Ohren sehen, mit deinen Augen hören – stelle dich auf den Kopf, sprechen deine Füße? Wenn sie sechs sind – und dann, wenn ich das Rad des Lebensgesetzes bewege, welches von ihnen bekommt meine Instruktionen?

Ananda antwortete: Ich benutze meine Ohren, um dir zuzuhören.

Der erhabene Buddha sagte: Wenn das so ist, dann sollten deine Ohren auch keine Beziehung mit deinem Mund und dem Körper haben – wenn der Mund nach der Bedeutung fragt und dein Körper dann aufsteht, um es ergebungsvoll zu erhalten. Deshalb sind sie weder eins in sechs endend, noch sechs in einem endend – mit anderen Worten: Deine Sinnesorgane sind eigentlich weder eins noch sechs.

Die konfusen Unterschiede sind durch den Fakt erklärt, daß seit anfangloser Zeit der Geist in die Gewohnheit gefallen ist, dort

Geteiltes zu sehen, wo gar kein Geteiltes ist, bis er im Zustand des Durcheinanders ist – zwischen seinen willkürlichen und illusionären Konzepten von eins und sechs, entsteht eine Wolke über deinem ursprünglichen, perfekten und ruhigen Geist-Ursprung. Du bist erfolgreich gewesen, all diese Abhängigkeiten und Verunreinigungen, die zu den sechs Sinnes-Wahrnehmungen gehören, aufzuheben – aber hast du noch immer keine klare Relation von deinem ursprünglichen, wirklichen und einheitlichen Geist realisiert?

Das gleiche ist wahr mit Raum. Wenn du Objekte herausläßt und nur an klaren Raum denkst, dann hast du keine Schwierigkeit an reinen Raum als perfekte Einheit zu denken. Aber wenn du dann von Raum in Beziehung zu Objekten denkst, dann notierst du Unterschiede und teilst sogar den Raum auf. Aber Raum kann nicht nur für deine Bequemlichkeit zerteilt werden – es ist ja sogar absurd zu fragen, ob er eine Einheit – oder ob er zerteilt ist. Es ist nun das gleiche mit deinem Sechs-Sinnesgeisten – ob sie nun eins oder sechs sind – sie sind reine Essenz des Geistes, welcher in seiner Natur undifferenziert und universal ist – wie der Raum.

Durch die Bedeutung von den opponierenden, sich gegenüberliegenden, Phönomenen der Helligkeit und Dunkelheit – die natürliche Einheit und Ruhe deines Geistes ist dadurch gestört und getäuscht – und die Wahrnehmung des Gesehenen ist innerhalb des wundervollen, perfekten und ursprünglichen Geistes registriert. Die ursprüngliche Natur von dieser inneren Wahrnehmung des Gesehenen ist eine Reflektion von äußerlichen Erscheinungen – und durch das Verwobene der verschiedenen Erscheinungen ist da ein undifferenziertes, transzendentales Organ des Sehens manifestiert, welches als das Reale, Substantielle des Augen-Sinnes angenommen wird. Mehr noch – da ist ein Nebenbereich von diesem transzendentalen Augen- Sinn – nämlich, Bewußtsein ist davon abhängig, wo das Bewußtsein nicht von den anderen Sinnen, vom Hören, Riechen, Berührung und Schmecken, differenziert werden darf – und die Einheit der reinen Essenz des Geistes, erzeugt das Entstehen für wandernde Gedanken über jedes Phänomen – innerhalb des sterblichen Geistes. So besteht zwischen dem spezialisierten Sinnes-Organ und dem einheitlichen, transzendentalen Sinnes-Geist ein konstanter, folgender Akt von Erhalten und Projektionen, Ursachen und Konditionen.

Auf die gleiche Art – durch gegenseitigen Konflikt von den beiden Phänomenen der Bewegung und Stille – ist deine natürliche Ruhe des Geistes verunreinigt – und Wahrnehmungen des Hörens sind manifestiert innerhalb deines wundervollen, perfekten und ursprünglichen Geistes.

Die ursprüngliche Natur von dieser inneren Wahrnehmung des Hörens reflektiert den äußeren Ton – und durch Zusammenmischen manifestiert sich ein transzendentales Organ des Hörens, welches als das Substantielle, Reale der Ohren anzusehen ist. Mehr noch – da ist ein Nebenbereich von diesem transzendentalen Ohren-Organ – nämlich, Bewußtsein ist davon abhängig und die anderen vier Objekte von Sehen, Riechen, Berühren und Schmecken, welche nun wandernde Gedanken zum Vorschein bringen – nach jedem Phänomen von Tönen.

Noch einmal – durch die Art des gegenseitigen Konfliktes der beiden Phänomene von Leidensfähigkeit und Nicht- Leidensfähigkeit, ist deine natürliche Ruhe des Geistes verunreinigt – und Wahrnehmung von Riechen ist innerhalb deines wundervollen und perfekten Geistes manifestiert. Die ursprüngliche Natur von dieser inneren Wahrnehmung des Riechens reflektiert die äußeren Düfte – und in dem sie vermischt werden, manifestiert sich das transzendentale Organ des Riechens. Die Ursprünglichkeit dieses transzendentalen Organs des Riechens, soll als die reale Substanz deiner Nase gedacht werden. Mehr noch – da ist ein Nebenbereich von diesem transzendentalen Organ des Riechens – nämlich, das Bewußtsein ist davon abhängig und die anderen vier Objekte von Sehen, Hören, Berühren und Schmecken, welche wandernde Gedanken zum Vorschein bringen – nach jedem Phänomen des Riechens.

Und nochmal – durch das Vermischen dieser beiden Phänomene von Veränderlichkeit und Nicht-Veränderlichkeit, ist deine natür-

liche Ruhe des Geistes verunreinigt und die Wahrnehmung von
Schmecken ist innerhalb deines wundervollen, perfekten, ursprünglichen Geistes manifestiert. Die ursprüngliche Natur von der inneren
Wahrnehmung des Schmeckens reflektiert den äußeren Geschmack –
und durch das Vermischen manifestiert sich das transzendentale
Organ von Schmecken. Die Ursprünglichkeit von diesem
tranzendentalen Organ des Schmeckens, soll als die reale Substanz
der Zunge gedacht werden. Mehr noch – da ist ein Nebenbereich von
diesem transzendentalen Zungen-Organ – nämlich, das Bewußtsein
ist davon abhängig und die anderen vier Objekte von Sehen, Hören,
Riechen und Berühren, welche wandernde Gedanken erzeugen –
nach jeden Phänomen des Schmeckens.

Und nochmal – durch die Art der Irritation dieser beiden
Phänomene von Separatheit und Berühren, ist deine ursprüngliche
Ruhe des Geistes verunreinigt und die Wahrnehmung des Berührens
ist innerhalb deines wundervollen, perfekten und ursprünglichen
Geistes manifestiert. Die ursprüngliche Natur von der inneren
Wahrnehmung der Berührung reflektiert die äußeren Kontakte –
und durch Vermischen manifestiert sich das transzendentale Organ
des Fühlens. Die Ursprünglichkeit von diesem transzendentalen
Fühl-Organ ist nun als die reale Substanz von dem Sinnesorgan zu
denken. Mehr noch – da ist ein Nebenbereich von diesem transzendentalen Fühl-Organ – nämlich, Bewußtsein ist davon abhängig
und die anderen vier Objekte von Sehen, Hören, Riechen und
Schmecken, welche wandernde Gedanken erzeugen – nach jedem
Phänomen des Fühlens.

Und noch einmal – durch die Art der wechselseitigen Kontinuierlichkeit von Erscheinen und Verschwinden, Tod und Geburt, ist
deine natürliche Ruhe des Geistes verunreinigt und manifestiert,
innerhalb deines wundervollen, perfekten und ursprünglichen
Geistes, diskriminierende Gedanken. Die ursprüngliche Natur von
diesen diskriminierenden Gedanken reflektiert die Konzeption von
individualisierten Phänomenen – und durch die Gruppierung der
unterschiedlichen Phänomene, ist da das transzendentale Organ des

Denkens manifestiert, welches als die reale Substanz des diskriminierenden Geistes gedacht werden soll. Mehr noch – da ist ein Nebenbereich von dem diskriminierenden Geist – nämlich, das Bewußtsein ist davon abhängig und von den anderen fünf Objekten von Sehen, Hören, Riechen, Berühren und Gefühl, welche wandernde Gedanken zum Vorschein bringen – über jedes Phänomen von diskriminierenden Erkenntnissen.

Diese transzendentalen Sinnesorgane – korrespondierend mit den sechs physischen Sinnesorganen – sie sind nicht sechs, sondern eins – und das Eine ist der wundervolle, mysteriöse Essenz-Geist der Intuition. In diesem einheitlichen, transzendentalen Geist sind sämtliche Sinneswahrnehmungen vollendet dieser perfekten Einheit angepaßt. Wenn irgendeine der Sinnes-Konzeptionen als unreal und phantastisch gesehen wird – denn der transzendentale Wahrnehmungsgeist ist perfekt angepaßt und einheitlich, realisiert, daß sämtliche Sinnes-Wahrnehmungen unreal und phantastisch sind – und das transzendentale Geist- Organ, das die reale Substanzialität von dem physischen Geist-Organ ist – und das Bewußtsein davon abhängig ist, projeziert sein einheitliches Bewußtsein so, daß sämtliche Sinnes-Geiste gereinigt werden – alle zur selben Zeit.

Ananda! Dieses sind nun die sechs Arten des transzendentalen Sinnes-Geistes, die durch die intuitive und erleuchtete Natur von deinem wahren Geist manifestiert sind – wenn er durch die falschen Wahrnehmungen von den unterschiedlichen Sinnes-Funktionen besessen und getäuscht ist.

(Also, das kann ich weder glauben, noch logisch nachvollziehen – und außerdem, was muß denn das für ein dummer, intuitiver und erleuchteter Geist sein ..., also wirklich, nein danke Buddha ...)

Sobald du die wahre Natur der wirklichen Wahrnehmung verlierst, hältst du an den falschen Wahrnehmungen fest, du hängst an falschen Imaginationen – und diese wiederum manifestieren dann falsche Konzepte. Wenn du beide ignorierst – Helligkeit und Dunkelheit – wird da keine Substanz zur Wahrnehmung des Sehens sein, wenn du beides ignorierst – nämlich Bewegung und Bewegungslosigkeit, wird da keine Substanz zu der Konzeption des Hörens sein – wenn die diskriminierenden Bewegungen – Leidensfähigkeit und Nicht-Leidensfähigkeit – ignoriert werden, wird die Wahrnehmung des Riechens auch keine Substanz haben.

Wenn man sich nicht an der Vorstellung der Veränderlichkeit festhält – die Wahrnehmung von Geschmack wird unentwickelt bleiben, wenn da kein Klammern an der Vorstellung von Separatheit und Kontakt ist, dann wird da natürlich auch keine Wahrnehmung der Gefühle sein – und wenn da keine Konzeption von einem Ego und von Tod und Wiedergeburt ist, dann wird da auch keine weitere Spezialisierung und Entwicklung von irgend einem der sechs unterschiedlichen Sinnes-Wahrnehmungen sein – auch nicht von deren Verschwinden, denn wo kann ein diskriminierender Geist ein Versteck nehmen?

Wenn du einfach diesen zwölf Vorstellungen von konditionierten Phänomenen – nämlich Bewegung und Ruhe, Separatheit und Kontakt, Veränderlichkeit und Konstantheit, Erscheinen und Nicht-Erscheinen, Durchdringbarkeit und Undurchdringbarkeit, Helligkeit und Dunkelheit – nicht folgst oder du ein paar von ihnen ignorierst, dann wirst du auch frei von der Bindung an mentalen Verunreinigungen sein. Du wirst konzentriert in deinem Geist werden, du wirst zurückkehren zu deinem ursprünglichen und natürlichen Geist – du wirst deine natürliche, dir innewohnende Erleuchtung manifestieren. Sobald du aber deine erleuchtete Natur entschleiert hast, in dem du aufhörst an einem der Paare dieser konditionierten Phänomene festzuhalten – werden alle anderen fünf verunreinigten Verbindungen der Sinneswahrnehmung all ihre Kraft verlieren – und dein Geist wird perfekt frei werden.

Ananda! Wenn der intuitive und ursprüngliche Geist frei von Kontaminierungen und Verunreinigungen ist, dann bekommt er seine Diskriminationen und Ideen nicht im Zusammenhang mit Objekten in seiner Gegenwart – auch nicht in der Folge von geordneten und limitierten Wegen von den Sinnen, aber während er mit der Benutzung der Sinnesorgane für ihren Sinn weitermacht, werden deswegen die Sinnes-Konzeptionen universalisiert und überall erhältlich sein.

Ananda! Ist dir aufgefallen, daß in dieser Versammlung Anaruddha Dinge sehen kann, die seine Augen nicht sehen können? Diese tranzendentale Wahrnehmung ist zu ihm nur kurzweilig von der Helligkeit des Tathagatas reflektiert. Die physische Sinneswahrnehmung ist von Natur aus limitiert und hat keine Substantialität. Die Arhats, die Ruhe und den Zustand von perfekter Befreiung von Wünschen und Leiden erreicht haben, solche, wie der große Katyayana, der hier heute mit uns ist, sie haben seit langer Zeit die Benutzung ihres denkenden Geistes aufgegeben, welches, wenn daran festgehalten wird, nur den willkürlichen Konzepten von einem Ego-Selbst dient. Sie sind perfekt intelligent, aber sie nehmen Wissen nicht durch die Art des Denkens auf, sondern direkt durch ihre Intuition.

Ananda! Wenn du sämtliche Abhängigkeiten von den Sinnesorganen aufgegeben hast, wird deine innere Wahrnehmung klar wie Kristall werden – und manifestiert ihre authentische Helligkeit. Dann werden alle vorüberziehenden Gedanken und vergängliche Objekte und die andauernden verändernden Phänomene von dieser irdischen Welt wegschmelzen, wie Eis in kochendem Wasser. In einem Moment – durch einen einzigen Akt von wahrer Geistesgegenwart, wird deine innere Wachheit zur transzendentalen Intelligenz werden.

Ananda! Es ist so, wie wenn ein weltlicher Mann alle seine Sinne in seinen Augen fokussieren sollte – und danach sieht er nur noch mit seinen Augen. Dann, wenn er seine Augen schließt, dann wird er nur noch die Wahrnehmung der Dunkelheit haben – und alle anderen Sinne sind dann auch verdunkelt. Solch ein Mann würde unbewußt werden – bezüglich des Unterschieds zwischen seinem Kopf und seinen Füßen. Nun, wenn der Mann seine Hand über seinen Körper bewegt, obwohl er gar nichts mit seinen Augen sieht – sobald er aber zwischen seinem Kopf und seinen Füßen durch den Sinn der Berührung unterscheidet, dann wird die Wahrnehmung von sämtlichen Sinnesorganen wieder normal.

Da nun Helligkeit eine nötige Kondition für das Sehen ist, denn Dunkelheit unterstützt kein Sehen – aber wenn du es schaffst, die sehende Fakultät unabhängig von Helligkeit zu manifestieren, so kann Dunkelheit niemals der Grund für Melancholie oder Schwermut sein. Wenn Objekte von Sinneserfahrungen sämtlich ignoriert werden, dann wird auch die transzendentale Helligkeit der Intuition mysteriös durchleuchtet und sich zeigen. Und du wirst die wahre Quelle von Wissen und Ruhe gefunden haben.

NÜTZLICHE INSTRUKTION ÜBER DEN EINEN GEIST

Ananda sagte dann zum erhabenen Buddha: Nobler Erhabener! Es ist von dir gesagt worden, wenn wir es wünschen Permanentheit der Erleuchtung zu haben, müssen wir am Anfang mit den verschiedenen Stufen der Erreichbarkeit konfrontiert werden – solche wie, Nirvana, Bodhi, Tathata, Geist, Essenz, die Leere des Schoßes des Tathagatas – die höchste, perfekte Weisheit vom allumarmenden Spiegel. Obwohl diese alle unterschiedliche Namen haben, sind sie in ihrer Natur trotzdem alle perfekt und frei – und deren Substantialität ist so rein und hart und kondensiert, wie ein Diamant, der ja auch rein und hart und permanent in seiner Natur ist. Wenn die Wahrnehmung von Sehen und Hören alle Konditionen von Helligkeit und Dunkelheit, Bewegung und Bewegungslosigkeit herausnehmen sollte, dann würden sie ja keine von ihren charakteristischen Substanzen haben. Das gleiche würde wahr sein vom denkenden Geist. Wenn er alle Wahrnehmungen der Objekte in seiner Gegenwart ignoriert, dann würde da nichts mehr von ihm übrig sein – er würde nicht existent sein. Wie können wir dann den Zustand der Betrachtung (Samapatti) einnehmen – den Zustand der Aufhebung von Gedanken und Wünschen – als den Anfangspunkt für unsere Praktik, wenn wir versuchen die sieben Früchte des Tathagatas zu erreichen?

Mein Erhabener! Wenn das Phänomen der Helligkeit und Dunkelheit herausgenommen wird, dann würde die Wahrnehmung des Sehens verschwinden. Wenn da keine Konzeptionen der Objekte in seiner Gegenwart sein würden, dann würde der denkende Geist ja zur Nicht-Seinheit zurückkehren. Wenn also seine Ursachen und Resultate in diesem Licht vorsichtig mitbetrachtet werden, bist du da nicht neugierig zu sehen, daß da ursprünglich kein denkender Geist oder sonst irgendwelche Attribute von ihm waren. Wenn das wahr ist, wer ist es dann, der versucht höchste Erleuchtung zu erreichen?

Einmal hat mein erhabener Tathagata gesagt, daß der Geist ruhig und perfekt, permanent und ursprünglich in seiner Natur ist, aber später sagte dann mein erhabener Tathagata, um wahrhaftig zu sprechen, das sämtliche Expressionen, die zum Geist zeigen, in Wahrheit nichts anderes als Sprachfiguren sind. Wie kann dann gesagt werden, daß sogar der erhabene Tathagata ein authentischer Lehrer sein kann? Wenn da kein Geist ist, wie sollen wir ihn dann benutzen, um von falschen Konzeptionen wegzukommen, um die Wahrheit zu erreichen? Bitte mein Erhabener, in deiner großen Weisheit, erleuchte unsere Ignoranz und Dummheit.

Der erhabene Buddha antwortete: Ananda, obwohl du viele wunderbare Dinge mit deinem wundervollen Gehirn gelernt hast – du hast trotzdem noch nicht volle, perfekte Geistkontrolle erreicht. Dein Geist versteht die Ursachen und Relationen von deinem Durcheinander der Gedanken, aber wenn dir die Durcheinander-Gedanken präsentiert werden, schaffst du es nicht sie zu verstehen. Ich muß sagen, daß dein Vertrauen in meine Lehre nicht gut fundiert ist. Um dir zu helfen, einige der Ungewißheiten abzuklären, möchte ich dir nun einige einfache Fragen stellen.

Dann schlug der erhabene Buddha seinen Gong und fragte Ananda, ob er den Ton davon gehört hat. Ananda antwortete, daß er ihn gehört hätte. Nachdem der Ton verschwand – die Vibrationen des Tones – fragte der erhabene Buddha: Hörst du immer noch? Ananda antwortete, daß er nun nicht mehr hörte. Der erhabene Buddha schlug den Gong jetzt noch einmal und fragte dann: Hast du den Ton des Gongs gehört?

Ananda antwortete: Ja, erhabener Buddha.

Dann sagte der erhabene Buddha zu Ananda: Warum antwortest du einmal, daß du ihn hörst und dann wiederum, daß du ihn nicht hörst?

Ananda antwortete sofort: Gesegneter Erhabener! Als der Gong geschlagen wurde, hörte ich den Ton, aber als die Vibration verging, verschwand auch der Ton. Das ist das was ich meine, als ich sagte, ich höre und ich höre nicht.

Nochmal schlug der Buddha den Gong und fragte Ananda, ob er immer noch hören könnte. Ananda antwortete, er könnte hören. Nach einer Weile, als dann der Ton verschwunden war, fragte der erhabene Buddha noch einmal: Hörst du immer noch?

Ananda antwortete nun etwas ungeduldig: Nein, gesegneter Erhabener, der Ton ist ja nun verebbt, wie kann ich ihn dann hören?

Dann antwortete der erhabene Buddha – sagend: Ananda, was ist die Bedeutung von all dem. Einmal sagst du, daß du hörst und einmal sagst du, daß du nicht hörst?

Ananda antwortete: Mein gesegneter Erhabener, wenn der Gong geschlagen wird, dann ist da ein Ton, wenn der Ton verschwindet, dann ist da kein Ton.

Der erhabene Buddha unterbrach und sagte: Ananda, warum machst du solche konfusen Aussagen?

Ananda sagte: Erhabener, warum hältst du mir vor, konfuse Aussagen zu machen, als ich doch nur Fakten nannte? Der erhabene Buddha antwortete: Ananda, warum – ja warum! Wenn ich frage, ob du nun den Ton des Gongs hörst, dann sagst du, daß du das gehört hast, aber wenn ich dich frage, ob du noch hören kannst, antwortest du sofort, daß du nichts hörst. Du scheinst nicht zu verstehen, daß der Ton und das Hören des Tones und die Wahrnehmung des Hörens, drei unterschiedliche Dinge sind. Das ist es, weswegen ich sagte, daß du konfuse Aussagen machst.

Da ist ein Unterschied zwischen Ton und Nicht-Ton, zwischen Hören und Nicht-Hören. Ton und Nicht-Ton sind nur momentan, während Hören und Nicht-Hören permanent sind. Ton und Nicht-Ton sind imaginär – Hören gehört zu der reinen Essenz des Geistes.

Ananda, du sprichst fehlerhaft, wenn du sagst, daß da kein Hören mehr ist, nur weil der Ton verging. Wenn es wahr sein würde, daß Hören aufhört, wenn der Ton verschwindet, dann würde das ja bedeuten, daß das Hör-Organ zerstört sein würde. Wenn der Gong ertönen würde, dann würde ja nicht länger etwas gehört werden können, aber du hörtest ja den Ton. Also bedeutet das, daß du immer hören könntest. Du solltest so erkennen, daß dein Hören des Tons und dein Nicht-Hören des Tons nur verwandt ist zu der Existenz und Nicht-Existenz des Tons – und nicht zu der Wahrnehmung des Ohres. Wenn du das in Erinnerung behältst, wird deine Hör-Natur einmal existent und einmal nicht existent sein.

Sollte deine Hör-Natur wirklich verschwinden, durch wen oder was wird das Verschwinden dann realisiert? Deswegen Ananda, das Hör-Objekt, innerhalb des Bereiten der Hör-Natur, hat seinen eigenen Tod und Wiedergeburt. Es ist nicht, wenn du die Existenz des Tons oder die Nicht- Existenz des Tons notierst, daß du denken solltest, daß die Hör-Natur existent oder nicht existent ist.

Da dein Geist immer noch in dem Zustand des Durcheinanders ist, wenn er den Ton fälschlicherweise als seine Hör-Natur nimmt, dann ist es ja auch kein Wunder, daß dein Geist konfus wird in dieser Vermischung – entstanden durch Fehler, die die Natur der Permanenz als die gleiche darstellt, wie Zerstörbarkeit. Deswegen ist es von dir auch nicht richtig zu sagen, daß sobald Hören separat von solchen Konditionen, wie Bewegung und Bewegungslosigkeit, ist, daß die Wahrnehmung des Hörens keine ursprüngliche Natur von sich selber hat. Die Hörfakultät kann mit einem Schlafenden dieser Welt verglichen werden, der sehr tief auf seinem Bett schläft. Während seines Schlafs – einige seiner Familie schlagen ihre Kleidung während sie gewaschen wird und einige schlagen den Reis während er gereinigt wird – vermischt sich in seinem Traum der Ton dieser beiden Tätigkeiten und es ist nichts anderes, als dieses Ra-ta-ta und Bum-bum. In seinem Traum wundert er sich, weshalb dieses Geräusch sich manchmal anhört, als ob es von Holz und manchmal von Steinen kommt. Als er dann erwachte, erkannte er sofort, daß die Töne vom Waschen und der Arbeit mit dem Reis kamen. Er erzählte seiner Familie von seinem Traum und wie konfus er bei solchen Tönen war, die von einer Trommel kamen.

Ananda! In seinem Traum dachte der Mann nicht von Konzepten, wie Bewegung und Bewegungslosigkeit in Relation zum Ton – oder von Gefühlen und Nicht-Gefühlen in Relation zum Organ des Hörens – aber obwohl sein Körper schlief, war sein essentieller Teil des Hörens doch so klar wie immer. Mit dieser Illustration mußt du doch sehen – obwohl dein Körper zerstört wird und du eine langsame Ermüdung der Vitalität deines Lebens erfährst, daß die ursprüngliche Natur vom Hör-Konzept nicht zerstört wird oder die Urasche für Verschwinden ist.

Deswegen – da alle fühlenden Wesen seit anfangloser Zeit andauernd nach schönen Dingen getrachtet haben – sei es nun Sehen oder musikalische Töne – ihren denkenden Geist mit Gedanken um Gedanken füllend – darum ist er ständig aktiv und sie deswegen auch nie realisieren, daß ihr Geist von Natur aus rein und klar, mysteriös, permanent und ursprünglich ist – und so macht sie, anstatt dem Pfad des Permanenten zu entsprechen, folgendes, nämlich die Bewegung der Durchgänge von Sterben und Widergeborenwerden zu erleben. Konsequenterweise ist da dann Leben nach Leben wiederkehrend – und immer angefüllt mit Verunreinigungen, Impermanenz und Leiden.

(Hierzu folgendes, nämlich, wenn du ja das Ursprüngliche bist, warst und ewig bleiben wirst, dann bleibst du das auch ... Und laßt euch durch irgendwelche Buddhas keine Angst machen – die sind nur Buddhas, nicht mehr und nicht weniger. Da ihre Erklärung ja eindeutig sagt, das du das Ewige, Unsterbliche und Permanente bist – und es praktisch dein eigenes Spiel ist, immer wiedergeboren zu werden – eben weil du Freude an deiner Schöpfung oder auch an Leiden hast und du dir vorgenommen hast, beim nächsten Mal alles besser zu machen, ist diese Leidensarie der Buddhas inakzeptabel, in dem er immer auf Sterblichkeit hinweist ..., das ist ja alles nur eine Art von Manipulation, eine Masche, um andere anzutreiben, da tiefer einzutauchen – was auch sehr schön ist. Trotzdem, für jemanden, der hier Ängste oder gar Beklemmungen bekommt und womöglich auch noch irgend etwas Inneres an Leiden erlebt – nur weil er das für sich immer noch nicht erreicht hat, wovon der Buddha spricht, dem rufe ich freundlich und lachend zu: Vergiß nicht, du bist das Permanente – und nur das Permanente kann das Permanente bleiben – doch seine Schöpfung, dieser Körper, den wir

187

*tragen, der verbraucht sich ja nun mal eben im Leben ..., na und, was
ist schon dabei ...)*

Ananda, wenn du nur lernen könntest, von dieser Verbindung zu
Tod und Wiedergeburt und von dieser Angst der Impermanenz und
Veränderung frei zu werden – und du lernen würdest, deinen Geist
auf seine wahre, permanente Natur zu konzentrieren, dann würde
dich die ewige Helligkeit erleuchten und sämtliche individuellen
und diskriminierenden Wahrnehmungen von objektiven Phänomenen, Sinnes-Organen, falschen Imaginationen, dem Selbst und
Nicht-Selbst – alle würden verschwinden, denn die Phänomene des
denkenden Geistes sind nur leere und veränderliche Dinge – die
differenzierten Emotionen von deinem sterblichen Geist-Bewußtsein
sind nur vorbeiziehende Phänomene. Wenn du lernen kannst, diese
beiden fundamentalen Illusionen zu ignorieren – Tod und
Wiedergeburt – und die Angst der Veränderlichkeit – und nicht noch
weiter festhältst an der Permanenz, das das Auge des Gesetzes
(Dharma) wahrnimmt, dann brauchst du auch keine Angst mehr zu
haben, daß du es nicht schaffen würdest, die höchste Erleuchtung zu
erreichen.

* * *

HAUPTUNTERWEISUNG
FÜR DIE DREI MEDITATIVEN STUDIEN
AN DEN EINEN GEIST

Ananda richtete sich an den erhabenen Buddha − sagend: Nobler Erhabener! Nun, mein Erhabener hat uns gezeigt, wie die negative Lehre von unserer Verbundenheit zu Sterben und Wiedergeburt und deren unausweichlicher Leidensweg ist − doch wenn wir wahrnehmen wie Menschen kämpfen die Knoten, die sie an Sterben und Wiedergeburt binden, zu entknoten, wissen wir, daß sie nicht fähig sein werden, diese Knoten zu entknoten, bis sie einige klare und positive Lehren erhalten, die sie dann zur Freiheit von der Verbundenheit von Angst und Leiden führen − und wie sie Buddhaschaft erreichen können. Dieses ist auch wahr von mir selber und den anderen Arhats, die hier anwesend sind. Obwohl wir ein Maß an Erleuchtung erreicht haben und als Einsiedler, Heilige und Weise geachtet werden, sind wir trotzdem wie kranke Männer mit Fieber und scheinen nun wieder in unsere alten Schwächen, Verbundenheiten und Leiden zurückzufallen. Bitte, mein Erhabener, habe großes Mitleid mit uns an unserer Dummheit und sei großzügig genug und zeige uns im großen Detail und Klarheit, wie wir diese Verknotungen, die uns festbinden, entknoten können. Deine weitere Lehre wird uns nicht nur helfen, sie wird auch durch uns, allen anderen fühlenden Wesen der Zukunft helfen, sodaß wir alle zusammen frei werden können und nie wieder in die drei großen Reiche von Leidenschaft, Wut und Verblendung fallen werden.

Als Ananda seine Ansprache gehalten hatte, stand die gesamte Versammlung auf und zeigte dem erhabenen Buddha ihren Respekt, um dann mit hoher Erwartung die weitere Perfektion der Lehre zu hören. Der gesegnete Buddha hatte großes Mitleid, nicht nur für Ananda und alle die gegenwärtig waren, sondern auch für alle zukünftigen Jünger − säte die guten Saaten der Befreiung, die in die Entwicklung des Auges der Erleuchtung aufgehen würden. Der

gesegnete Erhabene legte sanft seine Hand auf Anandas Kopf und
sofort wurden sämtliche Buddhaländer in allen Zehn Himmelsrichtungen des Universums rhythmisch mit den sechs Arten der
mysteriösen Vibrationen und all den Tathagatas, die in diesen
Buddhaländern existierten, sie strahlten von der Krone ihres
Hauptes, Strahlen von glorioser Schönheit – und die Strahlen dieser
Schönheit erreichten gleichzeitig die Jetavanagegend, wo die
Versammlung stattfand, und legte sich dann wie eine Krone auf den
Kopf des erhabenen Tathagatas. Die ganze Versammlung war sehr
beeindruckt – mit Staunen, mit Wertschätzung und Aufmerk-
samkeit.

(Also sind die Tathagatas doch nicht die allmächtige Gottheit ...,
fällt mir jetzt intuitiv aus meinem wundervollen, erleuchteten und
ursprünglichen Wesen ein ...)

Zur gleichen Zeit waren mystische Stimmen aus allen Richtungen
der unzähligen Tathagatas in ihren Buddhaländern hörbar und
deren Töne verbanden sich zu einer melodiösen Stimme – scheinbar
sagend: Ja, in der Tat!

Ananda! Wenn du wünschst, deine Ignoranz zu verstehen, deine
tiefe Ignoranz, welche das Geheimnis deiner Knoten ist, die dich in
dem Zyklus von Tod und Wiedergeburt festgebunden halten, mußt
du zuerst deine sechs Sinnesorgane – Augen, Ohren, Nase, Zunge,
Körper und diskrimiminierender Geist – verstehen, denn wenn du
die höchste Erleuchtung und deinen Samapatti – Gnade der Ruhe,
des Friedens, der Freude und Ausgeglichenheit, der Freiheit und
Transzendentalität und Permanenz – zu erreichen wünschst, dann
müssen sie nur in diesen sechs Sinnesorganen gesucht werden und
nirgendwo anders.

Obwohl Ananda diese geheime Lehre schon oft vorher gehört
hatte – die vollständige Signifikanz war ihm immer noch nicht ganz
klar, so kniete er sich vor dem erhabenen Buddha ehrerbietig nieder
und fragte ihn – sagend: Was bedeutet diese mystische Nachricht, die
von allen Buddhaländern kommt, wenn gesagt wird, daß das
Geheimnis der Verknotung im Zyklus von Tod und Wiedergeburt –

und das Geheimnis von perfektem Frieden, Permanenz und so weiter
– in meinen eigenen Sinnesorganen liegt und nirgendwo anders? Was
ist die tiefere Bedeutung davon?

Der Erhabene unterbrach – sagend: Ananda! Die Sinnesorgane
und deren Objekte – und Gefangenschaft und Befreiung – alles
gehört nur zu einem einzigen Ding, welches deine humane Konzeption ist – die falsch und täuschend – und vergänglich ist, so wie die
phantastischen Blumen, die am Himmel – durch bewölkte Augen –
gesehen wurden. Die Wahrnehmung der Sinne entsteht durch die
Objekte – und deren Phänomene sind unter den Konditionen der
Sinnesorgane manifestiert. Alle Sinnes-Wahrnehmungen und alle
diskriminierenden Ideen, die in Beziehung dazu stehen – alle Manifestationen sind geistgeschaffen und haben keine ursprüngliche
Natur, die zu ihnen gehört – sie sind leer, wie die Mitte des
Schilfrohrs. Konsequenterweise – sobald du etwas wahrnimmst und
du etwas siehst, diskriminierst du es durch deine Wünsche und du
hältst es dafür fest – das sind die Knoten, die dich an die Ignoranz
und den Zyklus von Wiedergeburt und Sterben binden. Im Gegenteil
dazu – wenn deine Augen etwas wahrnehmen, du aber die Emotionen vorbeiziehen läßt – und du auch keine diskriminierenden
Gedanken in deinem Geist entstehen läßt – das löst sämtliche
Knoten und die ursprüngliche Freiheit – die nicht verunreinigend ist
– und Nirvana ist da. Da dieses ja alles wahr ist, wie kann dann eine
Spur von Konzepten in deinem Geist bleiben?

Wirklich – es darf nicht erlaubt werden, daß von diesen
Konzepten etwas übrig bleibt, um so die reine Essenz zu verunreinigen.

Um seine Lehre noch einmal zu unterstreichen, sagte der Erhabene dann: Im Vergleich mit Geist-Essenz sind alle konditionierten
Dinge leer wie der Raum. So existierend, wie sie es unter Konditionen sind, sind sie falsch und phantastisch und unkonditionierte
Dinge – sie haben weder Erscheinung, noch Nicht-Erscheinung, sie
sind imaginär, so wie Blumen, die in der Luft gesehen werden. Da wir
verpflichtet sind, die falschen Expressionen zu benutzen, um die

Essenz der Dinge zu interpretieren, so ist beides – die falschen Expressionen und die Essenz von den Dingen, die so durch die falschen Expressionen interpretiert werden – ein Paar von Falschheiten. So ist es klar zu erkennen, das die wirkliche Essenz weder die Essenz – so wie sie interpretiert wird – ist, noch die Nicht-Essenz von der Interpretation ist. Wie kann dann bestätigt werden, das die Wahrhaftigkeit weder in dem Ding – so wie es wahrgenommen wird – noch in dem Phänomen der Wahrnehmung ist.

Weil hier keine Realität – weder im Herzen der Sinnesorgane und von den Objekten – welche gesehen werden – ist, noch von wahrnehmendem Bewußtsein ist – müssen sie alle leer sein, wie das Herz des Schilfrohrs. Da sämtliche Knoten des Geistes – und alles Lösen der Knoten des Geistes – die gleiche Basis der Unrealität hat, ist es auch egal oder unwichtig, ob wir denken, dieses sei vulgär oder heilig – da ist nur ein Pfad zur Emanzipation – und das ist der, daß du völlig vor deren Ergreifen fliehst.

Wenn du dir die Natur des Zentrums eines Schilfrohrs betrachtest, ist es ja auch egal, ob du das Zentrum als Leerheit oder als Nicht-Leerheit interpretierst – beides würde eine falsche Interpretation sein. Wenn da irgend jemand durch diese Erklärung konfus ist, das beide falsch sind, dann ist es nur wegen seiner Ignoranz.

(Buddha nimmt auch kein Blatt vor den Mund, wenn es darum geht, seine Lehre gegenüber Idioten, Politikern und religiösen Idioten zu erklären ..., ist ja auch richtig so. Was die Buddhisten beispielsweise nicht so gerne erwähnen ist, daß es auch Buddhas der Wut gibt, ja, oder Buddhas der extremen Härte – oder auch Buddhas der Zerstörung ..., versteht ihr – dieses alles ist Gott, egal was, wo und wer es ist, auch Zerstörung ist Gott ..., die Schöpfung ist so – und nicht anders ... Hier wird herumexperimentiert mit den Phänomenen und deren Evolution ...)

Wenn jemand nicht konfus ist, dann ist es deswegen, weil er Befreiung erreicht hat. Die Lösung der Verknotung ist ein gradueller Prozeß – du mußt mit den Knoten der fünf Sinnesorgane beginnen

– nachdem sich dann der sechste Sinn, der wahrnehmende und diskriminierende Geist, von selbst löst. Darum ist es weise, mit den Sinnesorganen zu beginnen, die am leichtesten nachgeben – und dadurch wird es auch leichter in den Strom des Lebens zu kommen, der zur höchsten und perfekten Weisheit fließt.

Obwohl der universale Geist makellos in seiner Selbstnatur ist – sobald er aber die Samen des falschen Denkens bekommt, wird er verunreinigt – und er wird so wild und unhandbar, wie das Toben eines wilden Flusses. Weil man nämlich leicht in Abhängigkeit von willkürlichen Begriffen und Konzeptionen, solche wie Realität, fällt – interpretiert durch falsche Expressionen und Illusionen der Nichtrealität. Habe ich nicht andauernd Dinge auf diese Art interpretiert. Da sämtliche Konzeptionen von Phänomenen nichts anderes sind als Aktivitäten des Geistes – wahrhaftig ausgedrückt: Der Geist ist kein phantastisches Ding, aber er wird ein phantastisches Ding. Wenn du jedoch nicht in Abhängigkeit zu der Kontamination deines Geistes stehst, wird da auch keine willkürliche Konzeption von phantastischen Dingen sein – oder von Dingen, die nicht phantastisch sind.

Da hier ja nun kein Enstehen in deinem ursprünglichen Geist ist, wie willkürliche Konzepte oder nicht-phantastische Dinge, warum sollten sie dann überhaupt erst hervorgebracht werden? Diese Lehre ist die wundervolle »Lotus-Blume«. Sie ist so glorreich erleuchtend, wie der Diamant – so mysteriös potent, wie der höchste Samadhi. Diese ist die unvergleichliche Lehre! Jemand der sie mit Wahrhaftigkeit und Ernsthaftigkeit praktiziert, wird jeden erfahrenen Jünger in einem einzigen Moment überholen – so wie ein Klopfen an der Tür. Solch einer wird dann in allen Welten geachtet werden! Wirklich! Diese Lehre ist der einzige Pfad zum Nirvana.

Dann schaute der erhabene Buddha noch einmal zu Ananda und sandte eine Woge voller goldenen Lichts und Frieden über die Versammlung und sprach weiter:

* * *

Die wahre Natur ist frei von allen Phänomenen,
wohingegen Illusionen durch Ursache geschaffen sind,
die bloße Idee entsteht oder fällt nicht, aber alle
Phänomene sind Blumen am Himmel,
das Unreale bringt das Reale zum Vorschein, aber
beide sind Illusionen, seit da nichts real oder unreal ist,
wie kann da ein Subjekt oder Objekt sein,
denn zwischen beiden ist keine Natur,
wie der Punkt, wo zwei Binsen eines Bündels sich treffen,
wenn sie gerade hingestellt werden,
Zusammenbinden und Auseinanderbinden
entstehen von der selben Ursache,
während der Heilige und der Weltliche nicht dual sind,
beachte die unterliegende Natur an dem Punkt,
wo sie sich treffen,
wo beides »ist« und »nicht ist«, kann nicht sein,
wenn du das nicht beachtest, bist du in Delusion,
wenn du jedoch dafür erwacht bist,
bist du in sofortiger Freiheit.

* * *

Sechs Knoten sind entknotet,
einer nach dem anderen,
wenn sechs entknotet sind,
verschwindet dazu noch einer,
wähle ein Organ, welches alles-durchdringend ist,
um in den heiligen Strom einzutreten
und Freiheit zu erreichen,
alte Gewohnheiten fließen wie tobendes Gewässer
im universellen Gedächtnisbewußtsein,
seit das Reale doch unreale Konfusion

erschaffen kann, habe ich davon Abstand
genommen, es euch zu zeigen,
wenn der Geist darauf ausgerichtet ist,
Geist zu suchen, das was im Herzen
nicht illusorisch ist, wird illusorisch.

*(Das ist auch der Zen-Spruch: Wenn du auf der Suche bist, ist der
Berg kein Berg mehr, aber wenn du dich erkannt hast, ist der Berg wieder
ein Berg.)*

Wenn du alles Festhalten aufgibst,
dann ist da nichts real,
wenn das, was nicht Illusion ist,
aufhört zu entstehen, wo kann dann Illusion sein.

* * *

Diese ist der tiefgründige Lotussitz,
die wertvolle Freiheit des königlichen Edelsteins,
der Samadhi, der alle Dinge als Illusion sieht,
welcher mit dem Schnippen der Finger
weit über alles Studierte führt,
diese unübertroffene Lehre wurde befolgt
von allen Befreiten in allen Direktionen,
auf dem einen Pfad, der zum Nirvana führt.

* * *

195

WIE MAN DIE
SECHS KNOTEN ENTBINDET

Als der erhabene Tathagata seine Lehre beendet hatte – deren tiefgründige und verstehende Gedanken gut erklärt wurden und die Wörter in wundervollem Stil ausgesucht waren – Ananda und die Versammlung waren erleuchtet und alle lobten den erhabenen Buddha für seine kostbarste Lehre.

Aber Ananda war noch immer nicht befriedigt. Mit achtvollem Geist und ehrerbietiger Art sprach er zum erhabenen Buddha – sagend: Nobler Erhabener! Obwohl ich der Lehre meines noblen Erhabenen, über die exklusive Einheit und Reinheit der mysteriösen und ewigen Essenz, sehr vorsichtig zugehört habe, realisiere ich trotzdem immer noch nicht deren volle Bedeutung. Es scheint zu lehren, daß die sechs Sinnesorgane – sobald sie von ihrer Kontamination und Abhängigkeiten befreit werden, daß die übrigbleibenden, willkürlichen Konzeptionen des denkenden Geistes von sich selber abfallen, was dann nur die innere Essenz übrig läßt – und das dieser Prozeß der Befreiung in einer geordneten und spontanen Art vor sich geht.

Bitte mein erhabener Buddha, habe großes Mitleid mit uns, die weniger entwickelt sind als du – und für die Aufgabe an alle zukünftigen Jünger – wiederhole uns diese Lehre im Detail, sodaß es unseren Geist – und den aller zukünftigen Jünger – noch mehr reinigt. Der erhabene Tathagata arrangierte seine Robe und nahm ein seidenes Taschentuch, machte einen Knoten hinein und zeigte dann diesen Knoten der Versammlung – sagend: Was ist das?

(Aha, Seide – ist nicht vegetarisch, die Raupen werden dafür getötet. Seide ist nicht so edel wie Wolle, denn Wolle kann geschoren werden – für Seide aber muß getötet werden.., das paßt ja eigentlich nicht zu einem Buddha, Tathagata oder Ratatuigatha ...)

Alle zusammen antworteten sie: Es ist ein seidenes Taschentuch, in das du einen Knoten gemacht hast.

Der erhabene Tathagata knotete nun noch einen Knoten in das Taschentuch und sagte: Was ist das?

Sie antworteten gemeinsam: Es ist ein anderer Knoten, gesegneter Erhabener.

Der Erhabene machte noch weitere Knoten in das Tuch, bis es sechs Stück waren. Dann zeigte er das Taschentuch der Versammlung – auf alle Knoten, einem nach den anderen zeigend, fragte er wieder: Was ist das? Was ist dieses und was ist das?

Und zu jeder einzelnen Frage antworteten Ananda und die gesamte Versammlung: Es ist ein Knoten.

Dann sprach der erhabene Buddha: Ananda! Als ich dir den ersten Knoten zeigte, nanntest du ihn einen Knoten – und als ich dir dann den zweiten Knoten zeigte und den dritten und so weiter, sagtest du immer noch, es seien alles Knoten.

Ananda antwortete: Nobler Erhabener! Das Taschentuch ist aus Seide gemacht, aber wenn es zu einem Knoten verknotet wird, ist es dann richtig, es einen Knoten zu nennen – und wenn der Erhabene es nun in hundert Knoten binden würde – jeder würde ein Knoten sein. Mein Erhabener hat jedoch nur sechs Knoten gemacht – nicht fünf oder sieben – so sind da nur sechs Knoten. Warum erkennt mein erhabener Buddha nur den ersten als Knoten an?

Der erhabene Buddha antwortete: Ananda du hast recht, wenn du sagst, daß dieses wunderschöne Taschentuch ein Stück ist und das, als ich es sechsmal knotete, sechs Knoten vorhanden sind. Nun schaue es dir näher an. Das seidene Taschentuch ist das selbe Stück gewebter Seide, es hat sich – außer in seiner Erscheinungsform – nicht verändert, es ist immer noch ein Taschentuch. Nun denke Ananda – als das Taschentuch zuerst geknotet wurde und der erste Knoten erschien und dann später in Folge die anderen Knoten – wenn ich nun den sechsten Knoten nehme und anfange alle anderen rückwärts zu zählen, wird der sechste Knoten der erste – stimmt das nicht?

Ananda antwortete: Nein, mein Erhabener, als das Taschentuch sechsmal geknotet wurde, war der letzte Knoten der sechste – er kann also niemals der erste Knoten genannt werden. Egal was du auch sagst, da ist keine Möglichkeit die Ordnung durcheinander zu bringen – er ist und wird andauernd der sechste Knoten sein. Der erhabene Buddha stimmte zu und sagte: Ja so ist es Ananda. Die sechs Knoten mögen nicht alle gleich sein, aber wenn du die Wurzeln ihrer Unterschiede suchst, sind sie trotzdem alle arrangierte Formen des einen Taschentuchs. Du kannst nicht das einzelne Taschentuch konfus machen – du kannst die Knoten in ihrer Unterschiedlichkeit und Anordnung konfus machen, aber das Taschentuch kannst du nicht konfus machen, denn es ist ein einziges Ganzes. Das gleiche ist auch wahr von deinen sechs Sinnesorganen – miteinander sind sie in der ursprünglichen Einheit deines Geistes zu einem Knoten verknotet – und aus dieser Einheit, da erscheint diese Variation.

Der erhabene Buddha machte dann weiter: Ananda, wenn du es nicht magst, daß du Knoten in dem Taschentuch hast, sondern dessen ursprünglichen Zustand möchtest, was würdest du dann tun?

Ananda antwortete: Nobler Erhabener! Solange die Knoten existieren, gibt es auch eine Möglichkeit darüber zu diskutieren, welches der erste und welches der zweite ist, aber wenn alle Knoten entknotet sind, kann es auch keine weitere Diskussion geben, da sie ja alle verschwunden sind und nur das wunderschöne Taschentuch – in dessen Art der Einheit – übrig bleibt.

Der erhabene Budddha war mit dieser Antwort zufrieden und sagte: Es ist wahr Ananda. Das gleiche ist auch wahr von der Beziehung der sechs Sinnesorgane zum ursprünglichen Geist. Wenn die sechs Sinnesorgane frei von ihrer Kontaminierung werden, verschwinden auch die übriggebliebenen willkürlichen Konzepte des diskriminierenden Geistes. Es ist, weil dein Geist beschwert und durcheinander ist – wegen der seit anfangloser Zeit angesammelten falschen Sinnes-Konzeptionen und vielen Wünsche, Abhängigkeiten und Gewohnheiten. Daraus entsteht dann der Eindruck des andauernd sich ändernden Prozesses von Leben – willkürliche Konzeptionen erzeugen so ein Selbst oder Nicht-Selbst – oder das, was wahr oder nicht wahr sein soll. Diese willkürlichen Konzeptionen sind jedoch nicht auf einem normalen Wege aus deinem reinen Geist entwickelt, sondern auf einem abnormen Wege – wegen der zuvor falschen Konzepte, die ihren Ursprung in den Sinnesorganen haben – so wie die Sicht der Blüten in der Luft, die zum beschwerten Geist kommen. Sie erscheinen dann fälschlicherweise so, als ob sie ihren Ursprung in dem erleuchteten und ursprünglichen Geist hätten, aber in Wahrheit sind sie ja eben wegen der beschwerten Konditionen entstanden.

Das gleiche ist auch wahr von allen Konzepten – objektiven und zusammenhängenden – den Universen, Gebirgen, Flüssen, Bäumen, fühlenden Wesen – Tod und Wiedergeburt. Sogar diskriminierende Gedanken von Geist-Essenz und Nirvana – alles, alles ist nichts, außer Phänomene, analog zu den blühenden Blumen, die der Mann mit den verunreinigten Augen in der Luft sah – und alles ist manifestiert durch den versklavten und ewig aktiven und konfusen Geist.

Ananda sagte dann zum erhabenen Buddha: Nobler Erhabener! Wenn diese andauernd entstehenden, verändernden, willkürlichen Konzeptionen von Phänomenen so wie Knoten sind, die in das Taschentuch geknotet wurden, wie können die Knoten dann gelöst werden?

Der erhabene Tathagata nahm das Taschentuch mit den darin immer noch vorhandenen Knoten und zog an diesen in einer ungeschickten Art, daß die Knoten eher noch fester wurden und fragte Ananda dann, ob die Knoten so gelöst werden könnten.

Ananda antwortete: Nein, mein Erhabener.

Dann zog der Erhabene noch einmal auf eine andere Art und falsche Weise an den Knoten und fragte wieder, ob die Knoten denn so gelöst werden könnten.

Ananda antwortete erneut: Nein, mein Erhabener.

Der erhabene Buddha sagte: Ich habe also auf verschiedene Art und Weise versucht die Knoten zu lösen, aber ohne Erfolg. Wie würdest du sie entknoten, Ananda?

Ananda antwortete: Mein Erhabener, ich würde mir zuerst die

Knoten ansehen und herauszufinden versuchen, wie sie denn verknotet wurden – dann könnten sie leicht entknotet werden.

Der erhabene Buddha war mit der Antwort zufrieden und sagte: Du hast recht Ananda. Wenn du es wünschst einen Knoten zu lösen, mußt du zuerst verstehen, wie er verknotet wurde. Die Lehre, die ich dir gezeigt habe, daß alle Dinge durch Ursache und Konditionen manifestiert sind, bezieht sich ja nicht allein nur auf die rauhen, weltlichen Phänomene der Konformität und Kombination, sondern es ist das Prinzip, das der Tathagata vom Gesetz der Befreiung entdeckt hat, welches für beide gilt – die weltliche und transzendentale Welt. Denn er kennt die Originalität von sämtlichen Phänomenen – und deswegen kann er jede Form der Manifestation herstellen, die er möchte, um jegliche Situation oder Kondition zu treffen. Ja, er kennt sogar jeden einzelnen Regentropfen, der auf den Sand am Gangesfluß fällt. Zum Beispiel: In unserer Gegenwart sind alle Sorten von Konditionen – die geraden Pinienbäume, die krummen Büsche, das Weiß der Störche, das Schwarz der Elstern und so weiter – der Tathagata kennt die Ursache von jedem.

Deswegen Ananda kannst du irgendeinen deiner Sinnesorgane aussuchen – und wenn die Bindung zu dem Sinnesorgan zerstört ist, werden zur gleichen Zeit die willkürlichen Konzepte von allen Objekten in dem diskriminierenden Geist zerstört. Wenn jemand einmal so überzeugt ist, daß irgendeine Sinnes-Konzeption oder ein Gedanke, der darauf basiert als unreal oder phantstisch gilt, dessen Abhängigkeit von Sinnes-Konzeptionen wird dann gänzlich zerstört. Nachdem so alle Delusionen von Sinnes-Konzeptionen vernichtet wurden, wird da nur noch die wahre Essenz des Geistes bleiben.

Ananda, laß mich noch eine andere Frage stellen. Dieses Taschentuch hat sechs Knoten eingeknotet bekommen. Wenn ich sie alle entknote, können alle sechs Knoten zusammen und auf einmal entknotet werden?

Nein, mein Erhabener. Diese Knoten sind ursprünglich einer nach dem anderen geknotet worden – und wenn wir dazu kommen sie zu entknoten, müssen wir es in der umgekehrten Reihenfolge tun.

Denn obwohl die Knoten in das Taschentuch gemacht wurden, so sind sie doch nicht zur selben Zeit gemacht – und können also auch nicht zur selben Zeit entknotet werden.

Wieder war der Buddha mit der Antwort zufrieden und sagte: Es ist das gleiche mit der Entknotung der Konzeptionen von den sechs Sinnen. Der erste Knoten von falschen Konzeptionen, der entknotet werden muß, ist der eine in Beziehung zur falschen Konzeption von einer Ego- Persönlichkeit – man muß zuerst zu dieser Realisation der völligen Nicht-Realität kommen. Wenn diese Realisation von der Unrealität seiner eigenen Ego-Persönlichkeit perfekt erreicht ist, wird es erleuchtet, denn der nächste Knoten, der entknotet werden muß, ist der in Beziehung zum persönlichen Erreichen – egal von welcher Art. Diese willkürliche Konzeption muß entknotet werden – und ihre Nicht-Realität muß voll realisiert werden. Diese beiden Verwicklungen – Glaube an eine Ego-Persönlichkeit und die Konzepte, daß man persönlich etwas erreichen kann, müssen vollständig zerstört werden – und es darf ihnen nie wieder erlaubt werden zu entstehen, um den ursprünglichen Geist zu verunreinigen. Dieses Erlangte könnten Bodhisattvas-Mahasattvas durch ihre Arbeit in dem Gesetz von Nicht-Geburt erreichen – in der Praktizierung ihres Samadhi.

Nachdem nun Ananda der Lehre des erhabenen Buddha zugehört hatte, stand er auf und verbeugte sich vor dem Buddha in Ehrfurcht, um seine Dankbarkeit zu zeigen und damit auch seinen wahren Grund, die Lehre Buddhas zu befolgen. Er sagte zum erhabenen Buddha: Mein nobler Erhabener! Auf die Lehre meines erhabenen Buddhas zurückkommend, die die fünf Sinneszutaten des Geistes beinhalten, hast du uns gelehrt, daß an der Basis des diskriminierenden Geistes fünf Verbindungen von Konzepten sind, welche alle unsubstantiell und illusionär sind, aber wovon der Geist meint, daß das seine originale Natur sei. Mein erhabener Buddha hat uns jedoch noch nicht detaillierte Instruktionen gegeben, wie diese fünf Gruppen von Konzepten unter normalen Konditionen kontrolliert werden können. Sind diese Sinneszutaten einfach mit einem Mal wegzulassen – oder geht das durch langsame Arbeit und was sind die Grenzlinien zwischen diesen fünf Gruppen? Habe Mitleid mit uns mein Erhabener – und unterweise uns klar, sodaß wir in der Zukunft ein führendes Auge haben, um alle fühlenden Wesen in diesem letzten Zyklus führen zu können.

Der erhabene Buddha antwortete: Ananda! Die wahre Essenz des wundervollen, erleuchteten Geistes ist selbst-intuitiv, perfekt angepaßt und rein. In seiner Natur hat er keine solche Verunreinigungen, wie Konzeptionen von Tod und Wiedergeburt, Vermischungen und Färbungen – auch hat er solche Attribute wie Leere nicht. Alles das sind willkürliche Konzeptionen, die durch die zuvor falschen Konzeptionen entstanden sind. Aber die originale, makellose, intuitive und erleuchtete Essenz, wird durch die Ansammlung von diesen falschen Konzepten verunreinigt. Es ist so wie der verrückte Igratta, der hinsichtlich seines wahren Kopfes ignorant wird und getäuscht war durch den Schatten eines falschen Kopfes – was als Fakt keine Basis hatte und völlige Halluzination war.

(Und hier liegt Buddha einfach falsch – oder seine Lehre ist da einfach nicht stimmig ..., das kann sein, weil diejenigen, die sie schriftlich Hunderte von Jahren später niederlegten, einfach nicht den Durchblick hatten, den ich habe, denn folgendes: Das was so rein ist, wie es hier beschrieben wird, kann niemals verunreinigt werden. Es kann weder in seiner Essenz verunreinigt werden, noch durch sogenanntes weltliches Leben mit den Phänomenen unintuitiv werden – oder sonstwie ungöttlich werden – das ist einfach Quatsch und Schwachsinn dieser Buddhisten, die das geschrieben haben – und wenn das der Buddha wirklich gesagt hat, dann hat er eben Schwachsinn gesagt – und versucht hier zu manipulieren, anstatt bei der Wahrheit zu bleiben ..., denn in sämtlichen Macht- und Einflußbereichen wird getrickst, manipuliert und so lange mit der eigenen Fähigkeit jongliert, bis das was wird, was da angestrebt wird. Auch die Buddhas und Meister und Gurus und Heilige gehören zu dem Bereich, da alles Leben, alles Lebendige der ewigen Manipulation der Elemente zugehörig ist – und so lange da Elemente

und Geister und Buddhas und Menschen und sonst etwas sind, wird da
auch jongliert ... und Buddha jongliert hier mächtig, denn das ist mehr
als unlogisch, was er da dem Ananda sagt ...
Und noch etwas: Es wird oft mit Parabeln oder mit Gleichungen oder
mit Geschichtchen etwas erzählt, was dann als Beweis der Aussage dienen
soll – das ist völlige Phantasieproduktion und ganz und gar im Bereich
der geistigen Manipulation ..., was ja, wenn man ganz klar hinschaut,
genauso ohne Basis in der Realität ist und eine Halluzination ist – ein
phantastisches Wortgebilde, das dann einer Aussage Wahrheitsgehalt
geben soll ..., dem kann ich nun einfach nicht mehr zustimmen, das ist
was für Dumme und für Leichtgläubige, Blauäugige, Unklare und
Verzagte, welche nicht den Mut haben, ihr Leben selber zu leben, sondern
sich auf die Hilfe von anderen verlassen und sich ihre illusionäre
Sicherheit holen ..., das sind beispielsweise die Christen oder die
Buddhisten oder die Sikhs oder die Moslems oder die Hindus oder die
Jainas oder oder ...)

Auf diese illusiven Konzeptionen baute er die Ursachen und
Konditionen auf, die ihn kontrollierten. So wie jene, die hinsichtlich
der wirklichen Ursache ignorant sind, die bauen in ihrem Geist einen
imaginären Grund auf. Sogar die Natur des Raumes – von dem wir
als leer denken – ist ein imaginäres Konzept. So ist es mit jeder
Ursache, Kondition und Natur, es ist andauernd eine mentale Illusion – geschätzt von fühlenden Wesen.

Ananda! Wenn du anfängst zu wissen wo Illusion ihren Anfang
nimmt, dann wirst du ganz klar diese universalen, falschen Ursachen
und Konditionen verstehen. Wenn da keine Illusionen sind, dann
würden da natürlich auch keine Gespräche mehr über Ursache und
Konditionen sein. Und weiter noch, wenn ignorante Leute nur die
wahre Natur hätten, von der sie Deduktionen machen würden, was
und worüber würden sie dann noch zu erzählen haben. Deswegen
zeige ich dir diese Interpretation, damit du klar siehst, das an der Basis dieser fünf Sinneszutaten andauernd falsche Konzeptionen sind.

Ananda! Nehmen wir einmal deinen Körper. Er fing zuerst an

durch die Konzeption deiner Eltern, aber wenn dein karmischer Geist nicht zuvor in Affinität mit deinen Eltern war, dann würde er auch keine Wohnstätte in dem Körper deiner Eltern gefunden haben. Wie ich gesagt habe, wenn irgend jemand an Essig denkt, dann entsteht sofort Speichel in seinem Mund – wenn man am Ende einer Klippe steht, fangen die Füße an zu wackeln. Deswegen Ananda, du mußt wissen, das dein gegenwärtiger Körper deine erste Manifestation in Substanz mit deiner falschen Konzeption ist, die du innerhalb deines Karmas angesammelt hast. Ananda, es könnte auch so genannt werden: Anstatt Karma – es ist die erste falsche Konzeption von Festheit.

Nochmal in Bezug zu dem Wackeln, welches in die Füße kommt, wenn man an dem Rand einer Klippe steht – in der Gegenwart von Ursache und Konditionen, die deinen Körper beinflussen können, ist da immer eine korrespondierende Reaktion in deinem Körper. Du hast in deinem Geist andauernd zwei Arten von Konzeptionen herumschwirren – eine angenehme, wenn die Ursache und Konditionen positiv und zu deinem Vorteil sind – und eine unangenehme, wenn die Ursache und Konditionen nicht zu deinem Vorteil und schmerzhaft sind.

Dieses könnte als die zweite falsche Konzeption gelten – »Diskrimination« oder »Wissen«.

Durch die Art der Konzeption ist dein Körper immer in Bindung zum denkenden Geist – und das ist deswegen, weil dort eine Affinität zwischen dem diskriminierenden Geist und dem Körper ist. Dieses ist wahr für sämtliche willkürlichen Konzeptionen von Phänomenen, von allen mentalen Manifestationen von mentalen Aktivitäten, von allem Festhalten des physischen Körpers – sie alle reagieren im Wechsel zu den sich ändernden Gedanken des diskriminierenden Geistes. Angenommen, wenn du erwacht bist, bedeutet das einfach, daß du wieder angefangen hast zu denken – wenn du schläfst, träumst du im Zusammenhang mit dem Unbewußten, den mentalen Anstrengungen, die deinen Geist in Bewegung setzen.

Dieses könnte die dritte falsche Konzeption genannt werden –

»Anpassung« oder »Aktivität«.

Da der Prozeß der Veränderung in allem ewig und andauernd vor sich geht, sind da auch geheime und unbewußte Deplazierungen, die die Dinge aus der Balance werfen – so wie das Wachstum der Nägel, der Rhythmus von ermüdendem oder expandierendem Atem, die Unterschiede zwischen Tag und Nacht, die Ursachen, die wir uns nie verständlich machen und nie voll realisieren. Ananda, wenn alle diese Veränderungen keine Affinität mit dir haben, keine Beziehung zu dir, wie ist es, daß dein Körper andauernd reagierend zu den korrespondierenden Änderungen ist, welche wir Wachstum nennen? Oder wenn dein Körper Affinität mit den Veränderungen hat, warum bleibst du dann trotzdem in Ignoranz für den Grund dieser Affinitäten? Der Grund liegt da, weil diese verändernden Ursachen nd Konditionen und Reaktionen ja eben nur der Schatten der Aktivitäten deines Geistes sind – und dein eigener Geist ist nur der Schatten von dem ursprünglichen, reinen, erleuchteten Geist. Doch dieser ursprüngliche Geist ist durch die mentalen Aktivitäten des diskriminierenden Geistes verunreinigt.

Dieses könnte die vierte falsche Konzeption genannt werden – »Geheimnistuerei« und »Stille«.

Durch die Praktizierung der Meditation kommt dann eine erleuchtete, ursprüngliche stille Ruhe und Stabilität – und du nimmst diesen Punkt der stillen Ruhe als einen Punkt der permanenten Ruhe. Wenn er seine Lokalisierung im Körper hat, kann es nichts anderes sein als das Sehen, die Wahrnehmung des Sehens, Hörens, Riechens, Berührens, Fühlens und Denkens. Wenn sie die wahre Essenz sind, würde da nirgendwo mehr Falschheit sein. Aber ist das wahr? Angenommen, du hast eine fremde Sicht gehabt, aber für viele Jahre hast du es dann komplett aus deinem Geist gestrichen – und nun wird es zu deiner Erinnerung zurück gebracht – mit all dem, was du vorher gesehen hast. Innerhalb dieser ruhigen Essenz von Stabilität hat dann dein denkender Geist, welcher durch die Konditionierung der Verunreinigungen ständig in Aktivität ist – hat er dann davon wirklich eine präzise Ansammlung?

Ananda! Du mußt wissen, das diese Art, diese limitierte Ruhe, keine richtige Ruhe ist – sie ist nicht real und nicht wahr. Es ist so, wie mit dem tiefen Fluß, der, während du ihn anschaust, so aussieht, als ob er ruhig und bewegungslos wäre, aber der Fakt ist, daß sich der Fluß rastlos bewegt. Wenn es also nicht seine Quelle in der falschen Konzeption der Sinne hat, wie kommt es dann, das es andauernd alle gewohnheitsmäßigen Illusionen erhält? Wenn es für deine Sinnesorgane nicht möglich wäre, welche ihre Quelle ja in der reinen Essenz des Geistes haben, aber die durch die Ignoranz differenziert werden, um zu ihrer ursprünglichen Quelle und Reinheit zurückzukehren – der Einheit des Geistursprungs – wie könnten diese gewohnheitsmäßigen Illusionen jemals ihre Existenz verlieren? Aber durch deine Praktizierung der Meditation, werden deine Sinnesorgane nun ihre individuelle Differenz verlieren, da sie weiterhin in die ursprüngliche, reine Essenz des Geistes tauchen – und mit dieser Verschmelzung werden diese gewohnheitsmäßigen Illusionen ihre Existenz auch verlieren. In deinem gegenwärtigen Zustand des Erreichten sind diese gewohnheitsmäßigen Illusionen feiner geworden und auch nicht so leicht erkennbar, jedoch sind sie noch nicht perfekt beseitigt – in solch einer Verfassung des Geistes wird er noch unter einer kleinen Gewohnheit von den Sinnesorganen abhängig sein – und doch wird da mehr Zeit für Einsicht und Ruhe sein. Jedoch dieser – nur teilweise – Zustand der Ruhe, ist noch nicht die perfekte Erleuchtung, denn in dem perfekten Zustand ist sämtliche Abhängigkeit von den Sinnen vorbei – und damit auch alle Differenzierungen und Diskriminierungen, die auf Sinnes- Konzepte basieren, wird damit beendet sein.

Angenommen, in unserer normalen Meditation, bevor du erleuchtet wirst, gehen wir oft mit einem klaren und ruhigen Geist, der Geist aber ist immer noch in einem konditionierten Zustand von falschen Konzepten. Diese Abhängigkeit von dem nur teilweise ruhigen Zustand der stillen Ruhe, die dann die perfekte Erreichung sein soll, ist die fünfte, verfeinerte und konzentrierte, falsche Konzeption – »Verwirrung« des Geistes.

Ananda! Diese fünf Sinneszutaten sind aus diesen fünf Arten der falschen Konzeptionen aufgebaut. Du wünschst zu wissen, wo die Grenzen dieser Sphären der Ursachen liegen – das ist leicht zu beantworten: Form und Raum sind die Grenzen des Sehens, Kontakt und Separation sind die Grenzen der greifbaren Dinge, Erinnern und Vergessen sind die Grenzen von Konzeptionen, Erscheinen und Verschwinden (Geburt und Tod) sind die Grenzen der Aktivität – falsche und wahre Ruhe sind die Grenzen des Bewußtseins. Diese fünf Sinneszutaten sind durch Sprünge und Befestigung entwickelt. Sie sind durch Verstand und Bewußtsein manifestiert – und sie verschwinden durch die Entfernung des Sehens, denn da ist nur ein Prinzip involviert – und das kann sofort realisiert werden. Die willkürlichen Konzeptionen von beiden Prinzipien und Realisierungen könnten so sofort weggelassen werden – die resultierende Erinnerung von den Konzepten aber, kann nicht sofort in die Leerheit durch einfaches Ignorieren oder Vergessen weggelassen werden – sie muß langsam aufgelöst werden. Ich habe dir nun gezeigt, wie die Knoten in dem Taschentuch entknotet werden können. Es sollte nun klar für dich sein – frage nicht noch einmal.

Nun mußt du vorbereitet sein, um dieses Prinzip zu interpretieren, welches die Quelle von falschen Konzeptionen ist, aber auch die Quelle von mentaler Erleuchtung – für alle Jünger der späteren Perioden, damit sie die Möglichkeit haben, die Leerheit ihrer Illusionen zu realisieren, um so eine tiefe Abscheu gegen ihre Ego-Personalität zu entwickeln, um zu verstehen, daß da komplette Emanzipation im Nirvana ist, sodaß sie nicht länger an dieser dreifachen Welt des Leidens hängen.

Ananda! Wenn irgendein Jünger sämtliche sieben Schätze gesammelt hat, um den offenen Raum von den Zehn Himmelsrichtungen von allen Universen zu füllen – und sie dann allen unzähligen Buddhas anbietet, um den Dienst der Bewunderung dann mit seinem reinen Herzen anzubieten. Was denkst du Ananda? Würde ein solcher Jünger durch diese Opfergabe große Verdienste ansammeln?

Ananda antwortete: Mein, Erhabener! Es ist unmöglich, die Größe des Raumes in allen Universen zu verstehen – oder den gigantischen Berg der Schätze, die dazu gehörten, um ihn vernünftig zu füllen. Einmal war da ein Jünger, der den Rang eines großen Weltherrschers durch die Geschenke von etwas Barem erreichte – wieviel mehr und größer würde der Verdienst sein, ein so undenkbares Geschenk zu machen – für alle Buddhas von allen unzähligen Buddhaländern.

Der erhabene Buddha sagte: Ananda! Die Worte und die Instruktionen von sämtlichen Buddhas und Tathagatas sind wahr und verläßlich – also, wenn irgendein Jünger sie einem neuen Novizen lehrt, würden seine Sünden annulliert – und sie würden mit der Geschwindigkeit eines einzigen Gedankens verschwinden. Dieses würde wahr sein, wenn er fähig wäre, nur einen einzigen Gedanken dafür zu verwenden, diese Tür des Gesetzes den Menschen zu zeigen – sogar wenn er die vier großen Aggressionen getan hätte – oder die zehn kleinen Vergehen – oder wenn er sogar schon in die Hölle von Avichi in dieser Welt wäre. Ja, es würde sogar wahr sein, wenn er in der Hölle von Avichi von allen Zehn Himmelsrichtungen des Universums wäre – sein Verdienst, Novizen diese Tür des Gesetzes zu lehren, würde sein Gedächtnis des Leidens verändern – sogar in der Hölle von Avichi, bis sein Gedächtnis anscheinend eine Erinnerung vom glücklichen Paradies wäre – und er würde Verdienste ansammeln, die jenen vorherigen Jünger übertreffen, der zuvor alle übergroßen Geschenke für alle Buddhas in sämtlichen Universen gab, mehr als hundertmal, ja über tausendmal – nein, um Myriaden.

* * *

DIE SPIRITUELLEN ERFAHRUNGEN
DER HÖCHSTEN BODHISATTVAS

Nachdem Ananda und die Versammlung nun gut zugehört hatten, was der erhabene Buddha an Instruktionen weitergab, wurden sie dadurch in ihrer intuitiven Intelligenz alle ganz und gar perfekt und gaben deswegen all ihr Zweifeln und ihre Verdächtigungen auf. Alle zusammen verbeugten sich in Dankbarkeit und Ehrerbietung bis zum Boden – sagend: Gesegneter Erhabener, an diesem Tag sind beides – unser Körper und Geist – transparent und klar geworden und wir fühlen, daß wir bald das perfekte Stadium der Freiheit erreichen werden. Trotzdem – obwohl wir deine Lehre realisiert haben, daß, sobald die sechs Sinnesorgane befreit sind von deren Zugehörigkeit und Kontaminierungen – die übrig gebliebenen willkürlichen Konzeptionen des diskriminierenden Geistes werden dadurch auch verschwinden – und der Geist erreicht dadurch ein Stadium von perfekter Klarheit – trotz allem fühlen wir, daß wir noch nicht dieses Stadium der Perfektion erreicht haben.

Oh, gesegneter Erhabener! Wir sind schon so lange in dieser desolaten Wildnis herumgewandert – für so viele tausende Jahre in dieser Welt – niemals haben wir die elterliche Liebe und Zeichen unseres erhabenen Buddhas erkennen können. Wir waren wie infantile Babies, welche die Mutter verlassen hat – und das nun auf einmal eine liebende Mutter auf sich zukommen sieht. Wenn wir – durch diese außergewöhnliche Chance – die perfekte Erleuchtung erreichen sollten und alle deine profunden Lehren beachten, sodaß sie ein natürlicher Teil unseres Geistes werden – unsere eigene Selbstrealisierung – dann fühlen wir, daß es das gleiche Stadium wäre, so wie unser Erhabener unter dem Bodhi-Baum, welches uns unser erhabener Buddha jetzt noch erklärt hat. Oh, bitte Erhabener, habe große Liebe für uns und zeige uns den Weg zu deiner geheimen und großen Perfektheit, sodaß wir es als unsere krönende Instruktion von unserem erhabenen Buddha empfangen können. Als sie nun

diese Bitte ausgesprochen hatten, warteten sie demütig und geduldig
– wobei ihr ergebener Geist konzentriert und tiefgründig war – auf
das erhabene Finale und der höchst geheimen Instruktion.

Daraufhin zeigte der gesegnete Erhabene der wartenden Ver-
sammlung, den höchsten Bodhisattvas-Mahasattvas und großen
Heiligen, die frei von allen Vergiftungen waren, seine höchst geheime
Lehre und sagte:

Ehrwürdige Bodhisattvas-Mahasattvas und große Heilige! Ihr seid
nun seit langer Zeit unter meiner Instruktion und habt die perfekte
Emanzipation erreicht. Als eine Einführung, zu dem, was ich gleich
sagen werde, möchte ich jeden von euch fragen, wie er selbst seinen
Samadhi erreicht hat. Als ihr in den frühen Stadien eurer
Praktizierung und Hingabe angefangen habt, die Falschheit dieser
achtzehn Sphären der Mentation, in Kontakt mit Objekten durch
die Sinnesorgane, zu realisieren – welche dieser Sphären wurde mehr
und mehr durch die Art erleuchtet, als ihr Samadhi erreicht habt?

Die fünf Bettelmönche, die zuerst von Buddha konvertiert
wurden, standen mit Kaundinya als ihren Sprecher von ihren Sitzen
auf, verbeugten sich zu Füßen des erhabenen Buddhas und
Kaundinya sagte dann: Als meine vier Kollegen und ich in Sarnath
und Kikuta waren und dort von der Erleuchtung des erhabenen
Buddhas durch seine ersten Predigten hörten, realisierten wir alle die
vier edlen Wahrheiten. An die Erreichung meines ersten Samadhis
kann ich mich insofern erinnern, daß, nachdem du mir sagtest, ich
hätte ein erweitertes Stadium der transzendentalen Intelligenz
erreicht, sodaß der erhabene Tathagata mir den Namen Aprajna gab,
welcher »nichts ist erkannt« bedeutet. Es war während ich da meinen
konzentrierten Geist in der meditativen Konzentration auf die
Konzeption des transzendentalen Tons des Gesetzes fixierte, sodaß
ich meine erste Erfahrung vom Samadhi bekam und dadurch ein
Heiliger wurde.

Dieses ist meine Antwort zu der Frage meines erhabenen
Buddhas, welche der achtzehn Sphären der Mentation in Kontakt
mit Sinnesorganen war, durch den wir Samadhi erreichten. In

meinem Fall war es durch den mysteriösen Ton des Gesetzes oder der höchsten Ordnung.

(Hier möchte ich nun etwas Wichtiges anmerken: Der Ton, auf den Kaundinya meditiert hat, das ist der sogenannte – göttliche Ton – oder das Wort – eben wie es in der Bibel steht. Viele Heilige und Erleuchtete sind ja durch den Ton voll erwacht – Laotse und Sokrates sprechen davon. Unter den heute Lebenden, sind die Licht-Ton-Meister, die Surat-Shabd-Yogis aus Indien – vielleicht gibt es ja auch bald welche in Deutschland – deutsche. Ich selber arbeite daran, denn auch ich bin in Licht und Ton von einem lebenden Buddha initiiert – von der Meisterin Ching Hai. Nur echte, vollerwachte Buddhas oder Meister können Licht und Ton übertragen – in der Sikhsreihe ist es Sawan Singh und alle die anderen mit ihren Sikhsturbanen, wie Rajinder Singh, sind in der Licht- und Ton-Meditation Meister – so stellen sie sich jedenfalls dar, ich kenne sie ja nicht persönlich, und ich habe darin auch noch keine volle Meisterschaft erreicht – teilweise ja. Alle die an der Weltreligion arbeiten, die Inder sind aus dem Bereich Licht- und Ton-Meditation und hatten einen lebenden Meister, samt Kirpal Singh oder andere. In Deutschland ist die Zeitschrift VISION – sie ist ein Wortführer des Licht-Ton-Menschens – oder Meister des Inders Soami Divyanand, der im deutschen Sprachbereich auch Gruppen aufbaut und Menschen in Licht und Ton initiiert … Deswegen, was der Kaundinya da eben erzählt hat, das ist noch einmal ein guter Beweis – von vor 2600 Jahren – daß das Meditieren auf den transzendentalen Strom, den Ton oder Tonstrom, zur Erleuchtung und deinem Selbst führt. Ich selber kann das auch bestätigen. Allerdings gibt es auch viele, die das nicht können: Licht-Ton übertragen …, beispielsweise bin ich sehr skeptisch mit der ECKANKAR- Gruppe – ihr Gründer ist der Amerikaner Paul Twitchell. Ich habe alle seine Bücher gelesen – Paul Twitchell macht alle anderen Licht-Ton-Vorarbeiter und -Gruppen schlecht und stellt sich so dar, das das ECK, von dem er spricht, das einzig Wahre ist – das ist einfach Unsinn. ECKANKAR ist nur ein Teil der großen Gottheit. Außerdem hatte er nie einen, in Fleisch und Blut, lebenden Licht-Ton-Meister,

sondern immer diesen Geistführer, der sich materialisierte ... Nun gut,
ich war nicht dabei – trotzdem ist die Sache mehr als dubios, denn
folgendes: In seinen Büchern hat er seitenweise aus den Büchern von
Hazur Maharaji Sawan Singh abgeschrieben – und zwar Wort für Wort
– aus der Serie Philosophy of the Masters nämlich ..., das ist ja auch
okay, trotzdem, Twitchell war ja in den 30iger Jahren in Indien – und
das war eine Zeit als Spiritualität in Amerika und Europa noch ein
Fremdwort war – keiner wußte damals was von den Licht-Ton-Meistern,
die den göttlichen Ton oder das Licht übertragen – weil sie eins mit dem
sind – bewußt! In Wahrheit ist ja alles damit eins, aber hier geht es dafür
um volle Erwachung. Es war jedenfalls für mich sehr interessant, das
alles zu lesen und zu erkennen, daß das faul ist. Also noch einmal: Eine
jetzt lebende Meisterin in Licht und Ton ist die Meisterin Ching Hai –
mit Zentren in München und Berlin, in Düsseldorf und Hamburg.)

Dann stand Upanishad von seinem Sitz auf und verbeugte sich in
Richtung des erhabenen Buddhas und sagte: Gesegneter Erhabener!
Ich war auch einer deiner ersten Jünger und ein Zeuge der Erleuchtung meines erhabenen Buddhas. Ich war in der Gewohnheit
Meditation auf die Unreinheit des Körpers zu praktizieren. Ich
wurde sehr unzufrieden mit meinem Körper und konnte ihn
praktisch nicht mehr mögen. Erst später realisierte ich dann, das alle
Körper von fühlenden Wesen unrein sind – und das nach meinem
Tode, mein eigener Körper zerfallen würde und zu Staub zerfliegt
und in der Luft verschwinden könnte. Es war durch diese Realisation, daß ich Erleuchtung und perfekte Emanzipation erreichte und
es war auch der Grund mein Erhabener, nachdem du erkannt hattest,
daß ich transzendentale Intelligenz erreicht hatte und du mir den
Namen Nishad gabst. Es war wegen des Sehens der Objekte innerhalb
meines Geistes, die nun aber alle weggelassen waren – und es war
durch diese Einsicht, das alle gesehenen Objekte so leer waren wie der
klare Raum, daß ich Heiligkeit mit der Art und Weise erlangte, als
ich zuerst Samadhi erreichte – es war durch das Verstehen von der
Erreichung des transzendentalen Sehens und das ich meinen Geist

darauf konzentrierte und ich das Erreichen der perfekten Harmonie der achtzehn Sphären von Mentation erlangte, die ja in Kontakt mit den Sinnesobjekten durch die Sinnesorgane sind.

Dann stand der Junge, genannt Gandha-Prabasa-Alamkara, von seinem Sitz auf, verbeugte sich vor dem Buddha und sagte: Mein gesegneter Erhabener! Eines Tages als ich sehr bedacht der Lehre zuhörte – im Zusammenhang zum Praktizieren – und ernsthafte Einsicht in die wahre Natur von allen konditionierten Dingen bekam, verließ ich deine Gegenwart als es schon sehr dunkel war. Der Speiseraum war schon recht verlassen und die Brüder zündeten vor dem Altar Räucherstäbchen an – aus der Distanz bemerkte ich plötzlich den süßen Duft der Räucherstäbchen und der Gedanke kam zu mir, daß der Duft nicht Holz, nicht Luft, nicht Rauch und auch nicht Flamme war – als es präsent war, kam es von nirgendwo und als es verschwand, war da kein fixierter Platz für seine Unterkunft. Es war durch diese Art der Einsicht, die an dem Abend zu mir kam, das alle meine willkürlichen Gedanken über die Natur der Dinge weggelassen wurden und ich perfekt von allen Gebundenheiten und Verunreinigungen befreit wurde. Es war wegen dieser Erreichung, daß mein erhabener Buddha mir den Namen gab und mein Erreichtes verifizierte. Seitdem sind auch alle diskriminierenden Gerüche durch Riechen von Objekten verschwunden und eine Realisation von der Bedeutung der transzendentalen Düfte hat ihren Platz eingenommen und wurde entwickelt und vereinigt und – mysteriöserweise intuitiv. So erreichte ich die Heiligkeit durch die Art der reinen Einsicht in Richtung der süßen Düfte. Da mein Erhabener fragte, welche der Sinnesaktivitäten der Kanal für unsere individuelle Zusammenfassung der Einheit der achtzehn Sphären der Mentation in Kontakt mit den Sinnesobjekten war, antworte ich – es war in meinem Fall durch die Erlangung von perfekter Einsicht durch den Sinn des Riechens.

Dann standen Baisajagara und Baisajattama, zusammen mit ihren fünfhundert Brahmanengöttern, von ihren Sitzen auf und verbeugten sich vor dem erhabenen Buddha und sagten: Gesegneter Erhabener! Für viele Generationen sind wir beide Brüder in einer Linie von talentierten, gesegneten Ärzten – und durch diese Zeit haben wir eine große Menge von Drogen probiert – Kräuter, Hölzer, Metalle et cetera – wir haben gelernt ihren unterschiedlichen Geschmack zu diskriminieren – sauer, bitter, salzig, frisch, süß, scharf et cetera – deren unterschiedliche Qualitäten in Konformität und Kombination, deren Permanenz oder Vergänglichkeit und deren Affekte, Kälte oder Hitze zu produzieren oder deren Aktionen, wie Vergiften und Heilen. Nachdem wir deine Jünger wurden, verstanden wir die wahre Natur von den unterschiedlichen Diskriminierungen des Geschmacks – die weder zur Existenz, noch zur Nicht-Existenz gehören, auch nicht zum Körper oder Geist, auch sind sie von beiden, Körper und Geist, nicht abhängig. Als wir dann über die Originalität dieser vielen unterschiedlichen Geschmacke meditierten, wurden wir erleuchtet.

Unser erhabener Buddha bestätigte unsere Erreichung und gab uns den Rang Bodhisattva-Mahasattva – und wir wurden Prinzen von unserem erhabenen Gesetz des Buddhas in seiner großen Gruppe von Nachfolgern. Da unser Erhabene fragte, wie unsere individulle Erfahrung von perfekter Einheit von unseren achtzehn Sphären von Mentation in Kontakt mit Objekten durch die Sinnesorgane sei – es war durch unsere Sinnesorgane des Geschmacks.

Dann stand Bhadrapala mit seinen sechzehn persönlichen Freunden auf, die alle erleuchtete Bodhisattvas-Mahasattvas waren, und verbeugten sich vor dem Buddha – sagend: Gesegneter Erhabener! Ich bin zuerst vor sehr vielen Zeiten vom Buddha Bhismagarjitas-Vararaga gelehrt – und auch eingeweiht worden. Eines Tages, der der Badeurlaub war, betrat ich das Bad und ich realisierte plötzlich – durch den Sinn des Berührens – die wahre Originalität von Wasser, welches weder die Schmutzigkeit meines Körpers wegwusch, noch meinen physischen Körper reinigte. Mit dieser Einsicht realisierte ich die wahre und ursprüngliche Natur von meinem Herzen und meinem Geist. Mit dieser Realisation schien da überall, außer Ruhe und Friedfertigkeit, nichts anders zu sein. Diese Erfahrung blieb sogar bis heute in meinem Bewußtsein. Seitdem ich ein Anhänger meines erhabenen Buddhas geworden bin – und durch seine Lehren wieder neu eingeweiht wurde – hat mir diese frühe Erfahrung im Erreichen der perfekten Emanzipation von allen Abhängigkeiten und Verunreinigungen geholfen. Deswegen stimmte mir mein erhabener Buddha zu und gab mir den Namen Bhadrapala, welcher »transzendentaler Sinn der Berührung – hochhell erleuchtet« bedeutet. Es war so, daß ich die ständige Wohnstätte eines Gesetzesprinzen erreichte. Da mein Erhabener fragte, wie unsere individuelle Erfahrung, hinsichtlich des perfekten Erreichens von den achtzehn Sphären der Mentation in Kontakt mit den Sinnesobjekten durch die Sinnesorgane sei, würde ich sagen – das meine Realisierung durch die Einsicht in die Originalität von dem Sinn der Berührung erreicht war.

Dann standen Maha-Kasyapa mit der Mönchin Survana sowie andere Nonnen aus seiner spirituellen Familie von ihren Sitzen auf und verbeugten sich vor dem erhabenen Buddha – sagend: Gesegneter Erhabener! In vorherigen Zeitabläufen, als Buddha Kandrasuryapradipa noch lebte, diente ich ihm gehorsam und hörte mir seine Lehre an, um sie auch zu praktizieren. Nachdem er in das Nirvana ging, brachte ich weiterhin Opfergaben an seine Grabstätte und hielt sein Bild in mir frisch – sodaß seine Lehre, wie eine Lampe, mein Leben weiterhin erleuchtete. Durch meine Treue zu ihm, war mein Geist durch ein lilagoldenes Licht illuminiert, welches sich selbst in all meinen folgenden Leben reflektierte und ein permanentes, lilagoldenes Licht innerhalb meines Körpers wurde. Die Mönchin Survana und ihre Schwesternonnen fingen ihre Praktizierung in längst vergangenen Tagen mit mir an – und seitdem sind sie immer noch meine spirituelle Familie.

Im Verlauf meiner voherigen Leben bekam ich langsam Einsicht in die Zerstörbarkeit von allen sechs Objekten der Sinne in der irdischen Welt und observierte deren Leere und Vergänglichkeit. Ich kultivierte stetig die Praxis der Konzentration – durch die Art von dem Prinzip der inneren Leere und Ruhe von der Essenz aller Dinge – bis innerhalb meines Geistes kein Gedanke mehr vorhanden war, um ihn zu stören, sodaß beide – mein Körper und Geist – von der Ansammlung aus vielen Leben zuvor emanzipiert wurden – und sie verschwanden so plötzlich, wie ein Klopfen an der Tür. Ich erreichte Heiligkeit durch die Art, wie Gedanken von der Meditation auf das Gesetz von Leerheit entstehen – und mein erhabener Buddha bestätigte das Erreichen der Erleuchtung in aller transzendentalen Wahrheit und Freiheit von allen Vergiftungen des Lebens – und hat mich mit dem höchsten Rang all seiner Jünger belohnt. Da mein Erhabener gefragt hat, welche der achtzehn Sphären der Mentation in Kontakt mit Objekten durch die Sinnesorgane war, würde ich antworten, daß es durch meine Meditation über die Originalität von Phänomenen war und ich zuerst in Richtung Erleuchtung kam.

Dann stand Anaruddha von seinem Sitz auf, verbeugte sich vor dem Buddha und sagte: Erhabener Buddha! Als ich zuerst ein Initiierter wurde, da war ich noch stark im Zustand der Schläfrigkeit. Mein erhabener Buddha warnte mich, wenn ich so weitermachen würde, könnte ich womöglich im nächsten Leben eine Art von Tier werden. Ich nahm mir diese Warnung zu Herzen und schlief für die nächsten sieben Tage nicht. Vom Weinen und der Schlaflosigkeit wurden meine Augen übermüde und ich verlor meine Sehkraft. Mein Erhabener lehrte mich dann eine bessere Art, wie ich diese schlechte Gewohnheit überwinden könnte und zeigte mir, wie ich wieder meine schöne Sicht – das Sehen – erlangen konnte. Mit dieser Erfahrung bekam ich nicht nur intuitive Einsicht und Erleuchtung – ich erreichte dazu auch den diamantenen Samadhi. Seitdem habe ich nun die transzendentale Kraft des Sehens in alle Zehn Himmelsrichtungen des Universums – und ich kann die Geistessenz von

216

allem in allen Direktionen und Distanzen sehen – so klar, wie ich eine Frucht in meiner Hand sehen kann. Mein erhabener Tathagata erkannte meinen Zustand und konfirmierte meine Erreichung der Heiligkeit. Da mein Erhabener uns über unsere persönliche Erfahrung der perfekten Erreichung der achtzehn Sphären der Mentation in Kontakt mit Objekten durch die Sinnesorgane fragte, würde ich sagen, das meine erste perfekte Erreichung durch das Wiederkehren meiner Sicht von meinen kranken Augen kam.

Dann stand Suddhipanthaka von seinem Sitz auf, verbeugte sich vor dem Buddha und sagte: Bevor ich dich getroffen habe, mein Buddha, hatte ich nie irgendwelche Lehren gelebt oder rezitiert – oder etwas aus der Richtung in die Praxis umgesetzt, denn mein Gedächtnis war sehr arm. Nachdem ich den erhabenen Buddha traf, hörte ich seinen Lehren zu und wurde überzeugt. Ich versuchte seine Lehren zu erinnern – sogar jeden einzelnen Vers – in dem ich ihn wieder und wieder aufsagte, für hundert Tage, aber ich schaffte es nicht. Wenn ich anfing, mich an den Anfang zu errinnern, dann hatte ich den letzten Teil vergessen – und wenn ich den letzten Teil erinnerte, hatte ich den Anfang vergessen. Mein erhabener Tathagata hatte Mitleid mit mir und meiner Dummheit und lehrte mich, einfach ruhig mit einem leeren Geist dazusitzen – ruhig – einfach meinen ein- und ausstretenden Atem zu regulieren. Seit dem habe ich meinen Geist ständig auf meinen Atem konzentriert, der langsam immer feiner und feiner und friedlicher wurde. Zur gleichen Zeit verschwanden auch ganz langsam die Verunreinigungen meines Geistes, die durch die Konzeption von Wiedergeburt, Kontinuierlichkeit, Veränderung und Tod kamen – und mein Geist wurde erleuchtet. Mit der Zeit erreichte ich Freiheit von allen Bindungen und Kontaminierungen und mein Geist wurde so erleuchtet, daß ich den Grad des Heiligen erreichte. Seit dem habe ich durch den Einfluß des erhabenen Buddhas permanente Ruhe erlangt. Später bestätigte der erhabene Buddha meine Erreichung der perfekten Befreiung. Um die Frage meines erhabenen Buddhas zu beantworten, wie ich meine Befreiung erreichte, kann ich sagen – durch den ein und ausströmenden Atem – das war der Grund für das Erreichen meiner perfekten Befreiung.

Dann stand Gavampati von seinem Sitz auf, verbeugte sich vor dem Buddha und sagte: Gesegneter Erhabener! Vor langer Zeit, in vergangenen Zeitzyklen, machte ich mich über die heiligen Jünger lustig – und während ich das tat, zog ich die Sünde der Gotteslästerung auf mich und so war mein Karma entstanden, daß ich meine Nahrung wie eine Kuh wiederkäuen mußte – für viele wiederkehrende Leben.

(Hierzu gleich folgendes: Das glaube ich nicht – Gott ist nicht so übel, miserabel und rachsüchtig, so mickrig, so engherzig und so klein, wie er hier gerade von den Buddhisten beschrieben wird. Das ist pure Angstmache, nichts weiter! Laßt euch hier nicht täuschen, denn sämtliche Religionen arbeiten mit solch üblen Methoden – denn vergeßt nicht, ihr seid ja selber das Göttliche, der Tathagata – und in letzter Konsequenz – nämlich das allmächtige Göttliche ...)

In großem Mitgefühl zeigte mir mein erhabener Tathagata die Tür des großen Gesetzes (Dharma), welches zu Reinheit und Einfachheit des Herzens führt – wobei ich fähig war, alle meine willkürlichen Konzeptionen und Kontaminierungen zu zerstören, um dann absorbierend im Samadhi zu sein. Aus meiner langen Erfahrung war ich geführt, mich darauf zu konzentrieren, was die Natur meiner Zunge und deren Geschmack ist, nämlich das sie weder eine Art von Materie war, noch eine Art von Essenz – und plötzlich – durch eine Art der transzendentalen Klärung des Geistes, erreichte ich perfekte Freiheit von all den Abhängigkeiten und Kontaminierungen des Geistes, sodaß ich innerlich frei von allen willkürlichen Konzeptionen war – beides, von Körper und Geist – und äußerlich war ich frei von allen Bindungen an weltliche Dinge. Und endlich war es möglich, entfernt von sämtlichen Verschmutzungen der dreifachen Welt, zu leben. Ich fühlte mich wie ein Vogel, der endlich frei aus seinem Käfig war. Die intuitive Einsicht in meinem Dharma-Auge

(Drittes Auge) war plötzlich gereinigt und klar. Dieses Erreichen von perfekter Emanzipation war von meinem erhabenen Buddha bestätigt worden. Und als Antwort auf die Frage des Buddhas, würde ich antworten, das meine erste konkrete Erfahrung der achtzehn Sphären der Mentation, die Wiederkehr meiner Geschmacksfakultät zu ihrer ursprünglichen Intelligenz war.

Dann stand Pilankapatha von seinem Sitz auf, verbeugte sich vor dem Buddha und sagte: Gesegneter Erhabener! Als ich zuerst versuchte dem Buddha in der Praktizierung der Erleuchtung zu folgen, hörte ich sehr oft die Lehre, daß unter sämtlichen weltlichen Attraktionen nichts wirklich wahrhaftig wertvolles von Erfreulichem da war, nämlich alles führt früher oder später ins Leiden. Eines Tages, als ich in der Stadt war, um für Nahrung zu betteln – mit meinem Geist fixiert auf die Dharmatür – da berührte ein giftiger Splitter meinen Fuß und mein ganzer Körper schüttelte sich vor Schmerzen. Dieses führte dahin, mich zu erinnern, das ich den Schmerz nur wegen der Gefühle und Wahrnehmungen fühlte und obwohl ich in meinem ganzen Körper Schmerz fühlte, war ich so bedacht, daß ich in meinem wahren, reinen und ursprünglichen Geist keinen Schmerz hatte – auch nicht die Wahrnehmung davon. Ich war auch so bedacht, daß da nur solch ein Körper wie meiner war – wie war es möglich zwei unterschiedliche Arten der Gefühle zu haben – Schmerz in meinem Fuß, wegen des Giftes – und Freude in meinem tieferen Geist, wegen meiner tieferen Einsicht in die Dharmatür. Über diese Frage hielt ich meinen Geist in Konzentration – und plötzlich wurde mein ganzer Körper und Geist leer von allen willkürlichen Gedanken über die Dinge – und innerhalb drei Wochen verschwanden alle Bindungen und Kontaminierungen von meinem Geist – und ich erreichte die Stufe des Heiligen, welches durch den Buddha bestätigt wurde, als er bemerkte, daß ich fortgeschritten war zur perfekten Emanzipation des Geistes. Da der Buddha fragte, welches unsere erste perfekte Erfahrung von den achtzehn Sphären der Mentation in Kontakt mit Objekten durch unsere Sinnesorgane war, würde ich antworten, daß in meinem Fall es durch die perfekte Unbewußtheit von meinem physischen Körper – und meine Wiederkehr zu seinem ersten Stadium von perfekter Intuition von seiner tiefen Essenz des Geistes war.

Dann stand Subhuti von seinem Sitz auf, verbeugte sich vor dem Buddha und sagte: Gesegneter Erhabener, rundherum Glücklicher und Weiser, da auf dem Sitz liegender Buddhalein – ich erreichte das reine Stadium der mentalen Freiheit vor vielen, vielen Weltenzyklen, und ich erinnere mich, das meine Wiedergburten sooo zahlreich waren, wie der Sand in der Sahara und der Gobiwüste und der Kalahariwüste und und und, ja, der Sand am Ganges. In diesem Leben, während ich noch in dem Bauch meiner geliebten Mutter schwebte, realisierte ich schon die reine Leere des ursprünglichen Geistes – und langsam, als ich heranwuchs, realisierte ich Stufe um Stufe die reine Leere der Zehn Himmelsrichtungen des Universums – und da entwickelte ich innerhalb meines Geistes den Wunsch, das doch alle fühlenden Wesen diese Realisation erreichen – jedes von der eigenen Geist-Essenz. Dann endlich, durch die Inspiration der Lehre meines erhabenen Buddhas, die sich mit dem Prinzip der perfekten und wahren Leere von dem wundervollen, mysteriösen Geistursprung und seiner höchsten, perfekten Weisheit beschäftigt, wurde ich danach sofort absorbiert in dem gloriosen Ozean des Licht-Geistes meines erhabenen Buddhas – und mein Geist so wurde, wie der Geist meines erhabenen Buddhas – in Maßen seine Einsicht und Intelligenz teilend. Wegen dieses Erreichens erkannte mein erhabener Buddha meinen Zustand, daß ich reine Leere der Geist-Essenz erlangt hatte – und ich in diesem Erreichten der erste in dieser Versammlung war. Als Antwort auf die Frage meines erhabenen Buddhas, möchte ich nun sagen, ich erreichte meine Realisierung durch die Erinnerung und Bedachtheit und Fakultät von der Nicht-Existenz von allen Phänomenen – durch die Abwesenheit von meinem Denken an alle willkürlichen Konzepte von Phänomenen.

Dann stand auch Sariputra – ganz langsam – und mit einem Lächeln von seinem Sitz auf, machte seine Verbeugung und sagte: Ehhm … Buddha, mein Geliebter, mein Freund, ich werde nicht die gleichen Worte wiederholen, die der Schreiber des Manuskripts den anderen dummen, nachäffenden Bodhisattvas-Mahasattvas in den Mund gelegt hat, so als ob hier alles wie eine stupide, leblose Routine ablaufen würde – du verstehst was ich meine, geliebter Buddha. Der Buddha schmunzelte still vor sich hin und winkte mit seiner linken Augenbraue, als eine Geste der Einsicht, nach rechts in Richtung Südwest. Dann sagte Sariputra: Erhabener, geliebter Buddha! Seit vielen Weltenzyklen, so viele wie der Sand am Ganges und die Regentropfen in den Wolken, hat mein Geist seine Reinheit bewahrt – und deswegen hatte ich viele reine Wiedergeburten. Sobald meine Augen die Unterschiede in dem andauernd fließenden Prozeß der Veränderung wahrnahmen – beides, in dieser Welt und dem Weg der Emanzipation – verstand es mein Geist sofort – und deswegen erreichte ich die perfekte Freiheit. Als ich eines Tages auf der Straße war, traf ich den Bruder Kasyapa, der mir freundlicherweise die Prinzipien des erhabenen Buddhas erklärte, das nämlich alles von Ursache und Konditionen entsteht und es deswegen leer und vergänglich war – und ich realisierte die Endlosigkeit der reinen Geist-Essenz. Von da an folgte ich euch – dem Buddha – und meine Wahrnehmung des mentalen Sehens wurde transzendental und perfekt erleuchtet – und ich auch sofort die Erreichung von großer Angstlosigkeit und Selbstsicherheit erlangte. Deswegen erreichte ich das Stadium des Heiligen und wurde sogar der erste Prinz von meinem geliebten Buddha – erhalten durch die wahren Worte und ernährt und transformiert durch das tiefgründige Gesetz (Dharma). Als Antwort auf die Frage des Buddhas, welches die erste Erfahrung mit den achtzehn Sphären der Mentation in Kontakt mit Objekten durch die Sinnesorgane war – es war, weil mein eigener Geist seine transzendente Helligkeit noch hatte und diese leuchtenden Strahlen so auch noch meine Intelligenz erleuchteten, sodaß meine Einsicht davon erreicht wurde und zugleich davon durchdrungen war.

Und dann war Samantabhadra an der Reihe, auch er verbeugte sich vor dem Buddha und sagte: Ich wurde ein Prinz des Gesetzes meines erhabenen Buddhas vor vielen, vielen Weltenzyklen – und alle unzählbaren Tathagatas in den Zehn Himmelsrichtungen des Universums lehrten ihre Jünger – die qualifiziert waren, um Bodhisattvas-Maha sattvas zu werden – das Mitgefühl des Buddhas Samantabhadra zu üben, dieses unendende liebevolle, für alle fühlenden Wesen. Das transzendentale und tiefgründige Hören von meinem ursprünglichen Geist wurde sehr rein und transparent, welches ich dafür benutzen konnte, um Ideen von allen fühlenden Wesen zu diskriminieren und zu verstehen. Sollte da irgendwo in den Zehn Himmelsrichtungen des Universums ein fühlendes Wesen sein – vergangen, gegenwärtig oder zukünftig – um die Fähigkeiten des Buddhas Samantabhadra zu entwickeln, so würde ich sofort seine Vibration erkennen – durch die transzendentale Sensibilität von meinem Hören – und ich würde daraufhin sofort auf den Elefanten – dem mystischen, mit seinen sechs Stoßzähnen – in hundertausende verschiedene Manifestationen von mir selbst zu ihm kommen – und zur gleichen Zeit würde ich jeden an seinem eigenen Platz helfen. Was auch immer seine Schwierigkeiten sein mögen. Wie tief und seriös auch immer – ob er meine Gegenwart mag oder nicht mag – ich würde in seiner Nähe sein und meine Hand auf seinen Kopf legen, um ihn zu unterstützen, friedvoll und komfortabel machend, sodaß er weiterhin auf seinem höchsten Weg fortschreiten kann. Da mein erhabener Buddha fragte, wie unser Erreichen des ersten Samadhi in Kontakt mit Sinnesobjekten durch Sinnesorgane war, würde ich in meinem Fall sagen, daß es durch das tiefgründige Hören mit meinem ursprünglichen Geist und seiner zugleich spontanen und verstehenden Reaktion war.

(Hier ist der zweite Teil der Licht- und Ton-Meditation – oder des Klangs, der von den Lichtton-Meistern und -Meisterinnen angeboten wurde – das schreibe ich hier noch einmal als Bestätigung für jene, die sich damit beschäftigen – denn in der Licht- und Ton-Meditation, durch Initiation eines lebenden Meisters, sind ja zwei Teile – einmal das

Schauen auf das göttliche Licht in dir und einmal das Hören auf den göttlichen Ton in dir. Dadurch wird das Gemüt – der menschliche Geist – mit Wünschen, Phantasien u.s.w. – beseitigt – und nur der reine, ursprüngliche Geist wird erreicht – wenn du es schaffst ..., manchmal hilft der Chef oder die Chefin ja auch – was du ja – absurderweise – selber bist ..., nur die Vergeßlichkeit – ja, wenn die nicht wäre ... hast du vergessen, wer du in Wahrheit wirklich bist ...?!)

Danach stand Sandrananda auf und verbeugte sich vor dem Buddha und sprach: Gesegneter Buddha! Ich wurde ein Konvertierter unter den Instruktionen meines erhabenen Buddhas. Obwohl ich seitdem alle Gebote eingehalten hatte, ist mein Geist in einem konstanten Zustand der Unklarheit – und ich habe bis jetzt noch keinen Samadhi erreicht. Konsequenterweise habe ich deswegen noch keine Immunität gegen die Vergiftungen dieser Welt. Mein Buddha lehrte Bruder Kaustila und mich, die Konzentration der Aufmerksamkeit auf die Nasenspitze zu richten – und als ich das tat, fing ich nach drei Wochen an zu bemerken, daß mein Ein- und Ausatmen durch die Nase wie Rauch, der aus einem Schornstein kommt zu sein scheint. Zur gleichen Zeit wurde mein Körper und auch mein Geist innerlich klar und transparent – und ich konnte sehen, daß die ganze Welt klar und transparent wie eine kristallene Kugel wurde. Später verschwand langsam die Erscheinung des Rauchs, der von meiner Nase kam – und mein Atem wurde hell und leuchtend. Dann wurde mein Geist erleuchtet und ich erlangte das Stadium der Nicht- Vergiftung. Mein Ein- und Ausatmen wurde heller und es schien das gesamte Universum zu umfassen. Danach erreichte ich das Stadium des Heiligen und mein erhabener Buddha sagte, daß ich bald Erleuchtung erreichen werde. Als Antwort auf die Frage des erhabenen Buddhas, würde ich sagen, daß meine erste Erfahrung mit den achtzehn Sphären der Mentation durch das Beobachten meines ein- und ausgehenden Atems durch die Nase war und er aufgrund dessen, nach langem Praktizieren, hell und leuchtend wurde, welches sich entwickelte, als zugleich sämtliche

Vergiftungen von Abhängigkeit und Kontamination ausradiert wurden.

Dann stand Purna Metaluniputra von seinem Sitz auf, auch er verbeugte sich vor dem Buddha und sagte: Gesegneter Erhabener! Für eine Endlosigkeit von Zeitzyklen hatte ich große Freiheit das Gesetz der Leerheit und des Leidens zu predigen – und deshalb habe ich meine ursprüngliche Geist-Essenz erreicht. Auf dem Wege meines Predigens habe ich tiefgründig und wundervoll die Tür zum Gesetz interpretiert – überall und vor großen Versammlungen – mit großer Selbstbewußtheit und keinem Gefühl von Angst. Wegen meiner Redegewandtheit unterstützte mich der Buddha weiterzumachen und das Gesetz, durch die Art des Klanges meiner Stimme, zu proklamieren. Seit diesen geschichtlichen Tagen, seit dem der Buddha mit uns ist, habe ich meinen Dienst angeboten, das Rad des Gesetzes zu drehen und bin seit kurzem auf dem Stand eines Heiligen – durch die Art der Entwicklung meines Hörens durch Verstand, durch welchen ich bewußt für den transzendentalen Ton des Gesetzes – tönend wie die Stimme eines Löwen – bin. Konsequenterweise hat mich mein erhabener Buddha belohnt, indem er mich seinen größten Prediger von seinem mysteriösen Gesetz nannte. Da der erhabene Buddha uns ja gefragt hat, welches unsere frühste Erfahrung im Samadhi mit den achtzehn Sphären der Mentation in Kontakt mit Objekten durch Sinnesorgane war, würde ich sagen, daß meine erste Erfahrung die Unterwerfung von meinen inneren Abhängigkeiten, meinen inneren Feinden – und die Vernichtung von sämtlichem Toxischen war – durch diese Art des wirklichen, inneren Tons vom mysteriösen Dharma (Kosmisches Gesetz).

Und danach stand Uparli gemächlich auf, gähnte nicht, sondern machte einen Knicks, worauf die ganze Versammlung lachte, auch der Buddha lachte laut – und dann sagte Uparli: Geliebter Buddha! Ich folgte dir als du deinen Palast verlassen hattest und danach ein asketisches Leben führtest, da draußen im Urwald mit den

Schmetterlingen und Schlangen und Tigern und Elefanten und
Mücken. Für sechs Jahre hatte ich dich beobachtet, wie du das
Asketische lebtest und alle Täuschungen und Häretiker unterwarfst,
aber auch die Vergiftungen der weltlichen Wünsche exterminiertest.
Durch dein Beispiel und durch deine Instruktionen war ich fähig,
die Reinheit und alle Gesetze einzuhalten – auch die 3.000 Regeln
der Etikette und auch die 80.000 Verfeinerungen von den Regeln für
den Buddhisten, sodaß dadurch beides, mein Körper und Geist, rein
und ruhig wurden – und ich so die Heiligkeit erreichte. Ich bin von
allen hier der Perfekte – das perfekte Modell für Verhalten – und von
allen Jüngern angesehen. Weil der erhabene Buddha fragte, welches
unsere größte und perfekteste Samadhi-Erfahrung von den achtzehn
Sphären der Mentation in Kontakt mit Objekten durch die Sinnesorgane war, würde ich antworten – beides, meinen Körper und Geist
rein zu halten, sodaß mein Körper perfekte Gesundheit und mein
Geist perfekte Intelligenz hatte.

*(Hier muß gleich etwas gesagt werden, das ist wieder einmal typisch
»Buddhismus« …, irgendeiner hat sich diesen Quatsch ausgedacht, denn
diese buddhistischen Schriften, von den Reden Buddhas, sind ja auch erst
250 Jahre nach seinem Tod verfaßt worden. Damals, als der Buddha
lebte, gab es kein Buddhismus – und diese 80.000 Regeln, das allein
schon sind Stolpersteine für Abneigung gegen jede stupide Religion. Denn
jene, die das Wort Religion entwickelten sind jene, die auch die Kontrolle
darüber haben wollen – und zwar über Menschen, die da mitmachen
wollen – religio heißt verbinden … und zwar sagen die: Die Seele wieder
mit Gott verbinden …, was bodenloser, verlogener und stupider Quatsch
ist – oder aber verlogene Machtpolitik, um Macht über Menschen zu
haben. Denn da gibt es nichts zu verbinden – wenn die Seele nach deren
stupiden Denken göttlich ist, aus Gott geschaffen ist, dann ist sie nicht so
dumm, nichts zu wissen, nichts zu können und so weiter, was und wo sie
ist. Außerdem – nach meiner eigenen Erfahrung gibt es gar keine Seele –
du bist das Göttliche, das ist es – du bist das Göttliche selbst … Jene, die
noch dünkeln, daß es eine Seele gäbe, sind jene, die nur bis dahin
gekommen sind – doch ich habe nirgendwo jemals eine Seele gesehen …*

*Auch Buddha sagt ja klipp und klar, daß es keine Seele gibt – du bist
selbst das Göttliche – wach auf dazu, habe den Mut dazu ... Aber dieser
Uparli hier, dem hat man diese Worte 250 Jahre später in den Mund
gelegt – das allein schon ist beschämend für den Buddhismus, daß er so
etwas überhaupt macht. Naja, wie jede Religion – sie ist eben stupide ...,
diese erwähnten 80.000 Regeln, die gab es damals – vor 2600 Jahren –
gar nicht.*

*Das liest sich alles sehr schön, denn mit dem Wort kann man viele
Dinge als wahrhaftig schreiben – welches sie jedoch in Wahrheit gar nicht
sind. Allein schon die Tatsache, daß Uparli diese 80.000 Regeln eingehalten haben sollte, allein das ist schon ein Beweis für Lüge. Was hier
gemacht wird, ist folgendes: Sämtliche Regeln und Sinne und Aufbauten,
die diese Buddhisten hier haben, werden in Gestalten projeziert, die dann
diese Regeln angeblich verwirklicht haben sollen ...)*

Dann stand der große Maudgalyayana auf, verbeugte sich vor dem
Buddha und sagte sanft: Gesegneter Erhabener! Als ich auf dieser
Straße anfing, da traf ich die drei Kasyapa-Brüder, die mir dann des
erhabenen Tathagatas tiefgründige Prinzipien von Ursache und
Konditionen erklärten – wovon ich sehr stark beeinflußt war und sie
sehr früh realisierte und besonders klare Intelligenz bekam. Mein
erhabener Buddha war so liebenswürdig und legte selbst die wahre
Robe für meinen wahren Körper an – mein Bart und Kopf wurden
rasiert und ich wurde ein Folger des Buddhas. Seit dem ist meine
transzendentale Kraft wundervoll entwickelt – ich habe alle Zehn
Himmelsrichtungen des Universums besucht – ohne Hinderung von
Raum und sofort von einem Buddhaland zum anderen reisend –
ohne bewußt zu sein wie es passierte. Und so erreichte ich den Grad
des Heiligen und war anerkannt von meinem Buddha und allen
anderen, als der höchste unter den Jüngern – in perfekter Erleuchtung und großer Reinheit des Geistes, Spontanität und Angstlosigkeit in Manifestationen von transzendentalen Kräften. Mein
Buddha hat uns gefragt, welches der erste Samadhi von den achtzehn
Spähren der Mentation in Kontakt mit Objekten durch Sinnes-

organe war – ich würde sagen, bei mir war es, daß mein Geist abgezogen und abgesondert wurde – in ruhigen Reflektionen, welche auf mysteriöse Weise in erleuchtete Helligkeit entwickelt wurden, so als ob mein Geist, der wie ein modriger Fluß war, plötzlich transparent und klar wie ein Diamant wurde.

Dann stand Ushusma auf, verbeugte sich und sagte zum Buddha: Hallo' Buddha! Ich erinnere mich, daß in vielen vergangenen Zeitzyklen mein Herz voll von lustvollem Vergnügen war. Einmal war da ein Buddha, der Akasaraga genannt wurde und lehrte, jene, die lustvolle Gedanken haben, würden in einer brennende Flamme verbrannt werden. Er lehrte mich, wie ich intuitive Einsicht – durch Reflektion auf meine Körperteile oder dem Skelett – oder über die Empfänglichkeit von Hitze und Kälte – praktizieren kann. Durch diese Methode wurden meine lustvollen Gedanken in brennende Fackeln – von Weisheit und Intelligenz – sublimiert. Seitdem werde ich Ushusma – »die lodernde Fackel« – genannt. Und in der nachfolgenden Zeit erlangte ich Heiligkeit, die durch die lodernden, hellen Samadhis erreicht wurden. In der Zeit machte ich ein großes Gelübde, daß, wenn ein Bodhisattva-Mahasattva in meiner Zeit die Buddhaschaft erreicht, dann würde ich ihm ein Schutzengel sein und ihn vor allen Feinden und Täuschungen schützen. Da der Buddha fragte, welches unser erster Samadhi in Kontakt mit den achtzehn Sphären der Mentation mit Objekten durch die Sinnesorgane war – sage ich, bei mir war es durch die tiefe Einsicht in die Stadien der Kälte und Wärme meines Körpers – und in die Dunkelheit und Helligkeit meines Geistes, durch welche mein Geist in mir entwickelt wurde – wie ein loderndes Feuer – bis ich höchste Erleuchtung erreichte.

Dann stand der Bodhisattva-Mahasattva Dharanindhara auf, verbeugte sich und sagte auch wieder das gleiche: Gesegneter Buddha! Ich erinnere mich, daß vor langer Zeit, als ich noch ein Bettelmönch war, der Tathagata Samantaprabhasa in der Welt erschien. Er lehrte, mich auf das Element der Erde zu konzentrieren und ich gab das Gelübde ab, ständig dicht zur Erde zu arbeiten. Wann immer ich auf meinen Wegen auf einer Straße eine Enge sah oder etwas als Störung auf dem Weg lag, so machte ich die Strasse sofort wieder frei. Ich machte es mir zur Aufgabe, zu klären, aufzufüllen oder alle anderen Dinge zu heilen, die einen Weg oder eine Straße für andere Menschen oder Ochsenkarren gefährlich oder unpassierbar gemacht hatten. Während ich mit dieser Arbeit beschäftigt war, kamen und gingen viele Buddhas. Und wenn ich zu anderen Zeiten Streß bei anderen bemerkte, so gab ich ihnen meine Hilfe – und ging, ohne von ihnen dafür belohnt zu werden. Als der Buddha Vessabhu erschien gab es sehr oft große Hungersnöte. Zu der Zeit diente ich oft als Träger – und egal wie weit die Distanz war, ich fragte nie mehr als nach dem geringsten Lohn. Manchmal steckte der Karren und der Ochse im Schlamm fest und ich benutzte dann meine transzendentale Kraft, um so dem Ochsen zu helfen, die festgefahrene Karre herauszuziehen. Einmal bereitete der große König zu Ehren des Buddhas Vessabhu ein vegetarisches Fest vor – und ich säuberte die Straße, auf der er fahren würde, um auf ihn zu warten, wenn er vorbeikommen würde. Als der Buddha Vessabhu da war und mich bemerkte, gab er mir folgende Instruktionen – sagend: Zuerst säubere deinen eigenen Geist, dann wird auch jedes Teil der Erde gesäubert. Sofort wurde ich erleuchtet und habe seitdem realisiert, das der Staub, der die große Erde ausmacht – und auch mein eigener Körper – beides das gleiche waren. Außerdem habe ich noch realisiert, das es zwar in der Natur der Staubteilchen liegt, nicht in Kontakt mit anderen Staubteilchen zu sein – und sogar wenn ein Schwert durch den Körper schneidet, es nie in Kontakt mit dem Staubteilchen kommen würde, aus welchen der Körper gemacht ist. Ich realisierte weiterhin noch, daß es ein ursprünglicher Teil von allen Phänomenen war, keine Wiedergeburt zu haben, sondern nur ein endloses Weitergehen von Nichtgeburten. Dabei erreichte ich Heiligkeit und seit dem ist da eine konstante Erweiterung des Erreichten – bis jetzt habe ich den Sitz eines Bodhisattvas-Mahasattvas – und wo immer in den Zehn Himmelsrichtungen des

Universums ein Buddha ein Gespräch über das schöne, lotus-ähnliche Gesetz in seiner perfekten und intelligenten Einsicht macht, bin ich der erste, der dort anwesend ist, um in der vordersten Reihe Platz zu nehmen und willig seine Lehre zu empfangen. Da der Buddha nun fragte, wo unser erster bequemer Samadhi von den achtzehn Sphären der Mentation in Kontakt mit Objekten durch die Sinnesorgane war – meine erste Einsicht war, daß da kein Unterschied zwischen dem Erdelement von meinem Körper und dem Erdelement von seiner Sphäre der Mentation ist, denn beide waren nur phantastische Manifestationen von dem Schoß des Tathagatas – und als dann meine Konzeption von deren Nichtrealität erreicht war, wurde meine Intelligenz perfekt und klar und ich erreichte die höchste Erleuchtung.

Dann stand der Bodhisattva Chandraprabhasa auf, verbeugte sich ebenfalls, sagte nun auch gesegneter Erhabener und: Ich erinnere mich auch und es ist viele Zeitzyklen her, daß da ein Buddha Apoyika war, der die Bodhisattvas lehrte, sich auf das Element des Wassers – der Natur des Wassers – zu konzentrieren und um durch diese Art, den Samadhi zu erreichen. Seinen Instruktionen folgend, meditierte ich auf die Flüssigkeit innerhalb meines Körpers – auf alles was flüssig war, Blut, Samen, Schleim, Urin – und mein Geist war angefüllt mit Haß. Eines Tages hatte ich nun die Idee, das die Flüssigkeit des duftenden Ozeans, in dem die Märcheninsel der Seligen war, von der gleichen Natur wie meine gehaßten Flüssigkeiten des Körpers war. Aber für eine lange Zeit konnte ich nicht von der Idee loskommen, daß mein Körper eine substantielle Natur hätte. Eines Tages, als ich in meinem Zimmer dasaß und meditierte, schaute einer meiner Jünger, durch eine Ritze in der Tür, zu mir herein und sah mich dort sitzen und es erschien ihm, daß ich da voll im Wasser saß – der ganze Raum und nichts anderes war zu sehen. Da er ein ignoranter und dummer Junge war, warf er den Teil einer zerbrochenen Fliese in den Raum und verschwand. Als ich aus der Meditation kam und mein normales Bewußtsein wiederbekam, war mein Geist erfüllt mit einer seltsamen Ahnung und einem Herzschmerz. Ich sagte zu mir selbst, warum ist es, daß ich, der befreit von allen Krankheiten und ärgerlichen Emotionen ist, auf einmal diese Ahnungen und den Herzschmerz habe. Ist es möglich, daß ich zurückfalle und die erreichten Ziele verliere? Als der Junge meine Negativität sah, kam er zu mir und erzählte mir, was er gesehen und getan hatte. Ich bat ihn noch einmal in das Zimmer zu schauen und wenn er das gleiche sieht, in das Zimmer kommen sollte und das Stückchen Fliese aufheben, hinaustragen und fortwerfen sollte. Der Junge hatte nun seine Aufgabe, tat was ich ihm sagte und warf das Stückchen Fliese weg. Als ich damals aus der Meditation kam und mein normales Bewußtsein wieder hatte, war mein Geist ruhig und friedlich wie immer. Aber für lange Zeit machte ich keine erweiternden Fortschritte in spirituellen Erfahrungen. Zeiten nach Zeiten gingen vorbei, Buddha nach Buddha erschien, immer noch dachte ich an meinen Körper und konnte einfach nicht die Idee von meiner Selbstheit aus meinem Bewußtsein bekommen. Nach langer Zeit erschien der Tathagata Raga, der die transzendentale Kraft hatte durch Berge und Ozeane und die vielen anderen Behinderungen mit perfekter Leichtigkeit und Ruhe gehen zu können. Durch ihn realisierte ich nun perfekter die Natur meines Körper und Geistes, die ursprünglich wie die Flüssigkeit des Ozeans der Düfte war, die die Insel der Seligen umhüllte. Ich realisierte nun, das ich schon seit langen Zeiten diese gebrochenen Scherben, der Gedanken meines Geistes von Persönlichkeit, in die reine Durchsichtigkeit meiner ursprünglichen Natur geworfen hatte. Wegen dieser Erfahrung und Erreichung erhielt ich vom Buddha den Namen – unschuldiger Junge – »der ewig Unschuldige«, der keine Verhaftungen hatte und deswegen frei von allen entstehenden Konzepten war, da ich ewig jung und ja trotzdem fähig war, an den Sitzungen der Älteren teilzunehmen.

Da der Buddha nun fragte, welches der erste Samadhi in den achtzehn Sphären der Mentation in Kontakt mit Objekten durch Sinnesorgane war, würde ich antworten, es war die Konzentration auf die Natur des Wassers, durch welche ich die wahre Flüssigkeit meines ursprünglichen Geistes erkannte – und wodurch ich die transzendentale Fähigkeit erreichte, durch alle Dinge zu allen Zeiten gehen zu können – und das Stadium der Nichtgeburt erlangte – und ich so meine Erleuchtung erreichte.

Dann stand der Bodhisattva-Mahasattva Akshobhaya auf, verbeugte sich und sagte zum erhabenen Buddha Siddhartha Gautama Shakjamuni: Gesegneter Erhabener! Mein erhabener Tathagata und ich hatten zur gleichen Zeit den transzendentalen Körper der Endlosigkeit erreicht – vor langer Zeit, während der Zeit von Buddha Camatha-Prabhasa. Zu der Zeit besaß ich vier wertvolle Perlen, welche die transzendentale Kraft des Elements Feuer hatten und das der erleuchtende und klare Grund für meine intuitive Einsicht wurde – sogar zum entferntesten Buddhaland im grenzenlosen Universum. Im Licht dieser vier magischen Perlen wurde alles so leer und transparent, wie der reine Raum, mehr noch – innerhalb meines Geistes manifestierte sich ein großer Spiegel, der wundervoll selbstilluminierend war und zehn wunderschöne Arten von wundervoller, glorioser Helligkeit abstrahlte, die alle Zehn Himmelsrichtungen des Universums illuminierte – so weit reichend, bis in die letzten Winkel sämtlicher Universen – so weit reichend wie der allumarmende Raum. In diesem wunderdervollen Spiegel waren alle königlichen Kontinente der Gesegneten reflektiert – und wie die Mischung von verschiedenfarbenem Licht, vermischten sie sich mit meinem Körper in die reine Helligkeit und Klarheit von endlosem Raum – da war keine Behinderung zu deren Eintreten oder Gehen. Durch diese magische Kraft war ich fähig, alle Buddhaländer zu betreten – und so konnte ich an allen Buddha-Diensten der Bewunderung mit großer Leichtigkeit und perfektem Wohlbchagen teilnehmen. Diese transzendentale Kraft basierte auf meine intuitive Einsicht in die Quelle der vier großen Elemente – und durch Gründe, die nichts, außer Erscheinen und Verschwinden von falschen Imaginationen, waren – die alle leer wie reiner Raum waren

– mit keinem Unterschied. Und ich realisierte, das sämtliche unzählbaren Buddhaländer, innnerhalb und ausserhalb des Geistes, alle von der gleichen unvorstellbaren Reinheit waren. Wegen dieser intuitiven Einsicht erreichte ich konsquenterweise meinen Samadhi der spontanen Nicht-Geburt.

Da der Buddha fragte, welches der erste Samadhi war, antworte ich, daß es durch meine perfekte intuitive Einsicht in die Endlosigkeit des Raums war – illuminiert durch das Element Feuer – und dadurch so den höchsten Samadhi und die transzendentale Kraft von der Versenkung erreichte.

Dann stand Vejuria, der Prinz des erhabenen Dharma-Gesetzes, von seinem Platz auf, verbeugte sich auch und sagte dann mit einem verschmitzten, witzigen Lächeln im Gesicht zu Shakjamuni Buddha: Gesegneter Erhabener! Ich erinnere mich auch, es ist viele, viele Zeitzyklen her, da erschien ein Buddha, der Amitayus genannt wurde, welcher allen Bodhisattvas-Mahasattvas die intuitive und ursprüngliche Kraft des Geistes lehrte und ihnen mit Nachdruck sagte, ihren Geist auf die ursprüngliche Gleichheit dieser vergänglichen Welt und allen fühlenden Wesen darin zu konzentrieren – daß sie alle gleiche Manifestationen des Elements Wind oder Äther und seiner rhythmischen Vibrationen waren – und sind – der alles zum Vorschein bringt und manifestiert. In meiner meditativen Praktizierung konzentrierte ich mich darauf und reflektierte, wie diese große Welt in diesem riesigen Raum so aufrechterhalten war – und wie diese große Welt in andauernder Bewegung gehalten war – und wie mein Körper so in andauernder Bewegung gehalten war – bewegend stehend – und auf die rhythmische Bewegungs-Vibration des Atems und die Bewegung des Geistes, Gedanken-Entstehen und Gedanken-Vergehen. Ich reflektierte alle diese bewegenden Abläufe und Dinge und war sehr erstaunt über deren Gleichheit – ohne Unterschied – außer in deren Vibrations- Schwingungen. Ich realisierte, daß die Natur von diesen Vibrationen weder ein Quelle des Kommens, noch eine Destination des Gehens hatte – und daß alle fühlenden Wesen, so zahlreich wie die unzähligen Teilchen aus Staub im riesigen Raum waren – alle in sich selber in Vibrationen balancierten – und daß jeder und alle davon geblendet waren – mit der Illusion, daß er eine einzigartige Kreation war. Sämtliche fühlenden Wesen, in all diesen dreitausend großen Chillikosmen, sind von dieser Halluzination besessen. Sie sind wie unzählige Mücken in einem Gefährt eingeschlossen und summen in wilder Konfusion herum. Bei diesem Höllenlärm, innerhalb ihres engen Bereiches, sind sie doch manchmal zum Wahnsinn getrieben.

Nachdem ich den Buddha traf, erreichte ich das Stadium der intuitiven Realisation und Nicht-Geburt. Daraufhin wurde mein Geist erleuchtet und ich war fähig die Buddhaländer zu sehen – jenes der Unbeweglichkeit im östlichen Himmel, welches das reine Land des Buddhas Amitayus ist. Ich wurde als ein Prinz des wahren Dharma-Gesetzes anerkannt und legte das Gelübde ab, allen Buddhas zu dienen – überall. Und wegen meiner Erleuchtung und dem großen Gelübde wurde mein Körper und Geist perfekt rhythmisch, belebt und glänzend – mit allen anderen Vibrationen sich vermischend – ohne Behinderung in seiner perfekten Freiheit.

Da der Buddha fragte, welches meine erste Samadhi-Erfahrung war, will ich sagen – in meinem Fall war es durch die intuitive Einsicht in die Natur des Elements Äther und wie durch seinen balancierenden Rhythmus alles in dem erleuchteten Geist in perfekter Reinheit umarmt war – und als ich meinen Geist darauf konzentrierte, erreichte ich den Samadhi – und in diesem Samadhi realisierte ich die perfekte Einheit von allen Buddhas – in der Reinheit der wundervollen Geist-Essenz – welche der Segens-Körper der Buddhaheit ist.

(Hierzu möchte ich folgendes sagen: Durch meine eigene Erfahrung kann ich bestätigen was Vejuria sagte – nämlich das alles durch unter- und miteinander schwingende Vibrationen aufgebaut ist – im Bereich der Gegensätze, also Yin – Yang, positiv – negativ, plus – minus, hell – dunkel, Licht – Schatten ... und das alle Objekte und Phänomene so

*verwoben miteinander sind – nur wenn du den Mut hast heraus-
zufinden, was oder wer du wahrhaftig bist, wirst du dich – wenn du
Glück hast und einen starken Willen und einiges mehr, davon befreien
und erkennen, wie alle Licht-Bereiche und alle Ton-Bereiche unter- und
miteinander in perfekter Harmonie schwingen.*

*Spontan fällt mir noch folgendes zu Gurus und Meistern ein: Was
ganz wichtig ist – wichtig bist zu allererst du selbst – vergiß das nie,
denn kein Guru oder Meister ist wichtiger als du – und auch kein
Buddha ..., verankere das tief in dir selbst! Gurus sind sogenannte
Lichtbringer – alle die Licht bringen, egal was sie sagen, sie bringen
zugleich auch Schatten mit, den sie jedoch nicht zeigen. Jeder der noch im
Nur- Licht-Bereich ist, der ist auch in der Dualität verhaftet – jeder.
Babaramdas zum Beispiel, der sagte, du bist das Lichtwesen – oder auch
Saint Germain und viele andere, die sagen, das du das Lichtwesen bist –
sie haben nur eine Seite ihrer Dualität hervorgehoben – sie können aber
ihren physischen Schatten nicht auf Dauer verheimlichen oder unter-
drücken. Das was du wirklich bist, ist weit, weit, weit über die Elemente
erhaben – und Licht gehört eben noch zu den Elementen – das weiß ich
und habe ich selber erfahren ... Die ganze esoterische »Meisterschaft« –
alle sagen, du bist das Lichtwesen – das gehört sämtlich noch zum
Bereich der Magie. Und Magie ist eine Form der Energieverschiebung –
so wie die moderne Wissenschaft auch nichts anderes macht, als Energien
zu verschieben. Alle Lichtbringer sind deshalb keine wahrhaftigen
Grundlagenforscher – um das einmal poetisch-wissenschaftlich zu
formulieren ... Alles was mit Licht und Ton arbeitet ist noch im Bereich
der Sterblichkeit und will sie dadurch verlängern, was ja auch schön ist,
aber zu behaupten, daß es Non-plus-Omega ist, das ist nicht korrekt und
schon gar nicht herrlichschön. Naja, Verständnis habe ich ja für solche
Wesen, denn jeder sagt nur das, was er wirklich weiß und erreicht hat.
Viele plappern aber auch nur Worte aus Büchern nach, wie zum Beispiel
Lama Anagarika Govinda – diese typischen Kirchengelehrten, da paßt
er auch hinein. Er mag ja ein netter Mensch sein – ich kenne nur seine
Bücher. Trotzdem, da ist in fast allen Büchern, tausenden die ich gelesen*

habe, keiner dabei, der wahrhaftig echte spirituelle Erfahrung auf-
zuweisen hat – alle berichten nur theoretisch davon. Das ist nicht
akzeptabel – aber die Fixierung auf Worte ist ja eben eine große
Schwäche der Menschen, dadurch können sie wunderbar belogen werden
– aber auch die Lüge gehört zur Wahrheit, denn vergeßt nicht: Wahrheit
ist nur das, was nämlich, ja das, was wirkt nämlich ... das hat ja auch
schon Siddhartha Buddha einmal gesagt.)

Dann stand Bodhisattva-Mahasattva Maitreya von seinem Platz
auf, machte die Verbeugung und sagte zum Buddha: Gesegneter
Erhabener! Ich erinnere mich und das ist viele, viele Zeitzyklen her,
da war ein Buddha in der Welt, der Chandra-Surya-Pradipa-Prabhasa
genannt wurde – und dem ich als Jünger folgte. Zu der Zeit war ich
sehr dem weltlichen Leben zugetan und ich hatte gute Gesellschaft
zu den Reichen. Der erhabene Buddha, der das bemerkte, sagte mir,
ich sollte meinen Geist in der Meditation auf seine Bewußtheit
konzentrieren. Ich befolgte seine Instruktionen und erreichte den
Samadhi. Seit dem habe ich nun zahlreichen anderen Buddhas
gedient – immer die gleiche Methode benutzend und habe nun alle
weltlichen Wünsche losgelassen. Zu der Zeit, als Buddha Dipankara
erschien, hatte ich den wundervollen perfekten Samadhi des
transzendentalen Bewußtseins erreicht. Durch diesen höchsten
Samadhi war ich mir vom endlosen Raum bewußt und realisierte,
das alle Tathagata-Länder, ob rein oder unrein, existent oder nicht
existent, nichts anders als die Kreation meines eigenen Geistes sind.
Mein Erhabener – wegen meiner perfekten Realisation, das alle diese
fähigen Werkzeuge der Tathagatas nichts anderes waren, als die
Entwicklungen meines eigenen Geistes, da floß die ursprüngliche
Natur meines Bewußtseins heraus – in unzählbaren Manifestationen
von Tathagatas – und ich wurde dafür als der nächste Buddha aus-
erwählt, nachdem du, Shakjamuni Buddha, nicht mehr auf der Erde
sein wirst.
Da der erhabene Buddha fragte, welches mein erster Samadhi war,
sage ich – durch die perfekte Realisation, das alle Zehn Himmels-

richtungen des Universums nichts anderes waren, als die Aktivitäten meines eigenen Bewußtseins. Es war, daß mein Bewußtsein perfekt erleuchtet wurde und das die Limitierungen von meinem Geist sich auflösten – bis er nun die ganze Realität, alle Voreingenommenheiten von konditionierten und unkonditionierten Annahmen und Verunreinigungen umarmte – ich erreichte so perfekte Nicht-Geburt.

(Was Maitreya da sagt – vonwegen, daß der Geist sich auflöst oder ausdehnt, bis er die ganze Realität umfaßt, das erinnert mich an die Erfahrung, die ich in Mirleft/Marokko am Atlantik hatte, wo ich auch – was ich die rückläufige Methode nenne – durch alle vorherigen afrikanischen Inkarnationen ging – dann durch den engen Kanal – und dann endlich anfing, mich wieder auszudehnen und mich von der Erde entfernend, die Erde unter mir sah – und dann in mir – und mich ausdehnte, sodaß ich anfing nun das Sonnensystem in mir zu tragen ... und dann immer weiter, bis ich das Universum in mir trug ..., ja, bis dann meine damalige Frau Frances rief, komm zurück, wo bist du, komm zurück ... und da ich ihren Hilferuf hörte, kam ich wieder zurück – wie ich immer wieder zurückgekommen bin – nach meinen Erfahrungen – und als ganz normaler Mensch hier lebe ..., doch der Buddha, der kam nicht mehr zurück – der Buddha blieb immer dort, wo er auch angelangt war – so weit ihn alles brachte ...)

Dann stand Maha-Sthama-Prapta auf, verbeugte sich zusammen mit den 52 Mitgliedern seiner Bruderschaft – alle Bodhisattvas-Mahasattvas – vor dem Buddha und sagte: Gesegneter Erhabener! Ich erinnere mich und das ist viele, viele Zeitzyklen her, so viele wie es Sandkörner am Fluß Ganges gibt, da erschien in dieser Welt der Buddha Amithaba-Prabhasa, dessen Buddhaland im östlichen Himmel war. In dem Zeitzyklus erschienen zwölf Buddha-Tathagatas, jeder folgte dem anderen in kurzen Zeitabständen – der letzte war der Buddha Chandra-Surya-Gomin, der mir beibrachte auf den Namen Amithaba zu meditieren – sagend: Namo-Amithabha-Buddhaya.

(Eine Mantra-Meditation – hat bei mir immer am besten gewirkt.)

Am erfolgreichsten sind jedoch die Mantras, die für einen ganz persönlich die tiefste Bedeutung haben – und die ich mir selbst gemacht hatte.)

Der Wert dieser Praktik liegt darin: Solange eine Person ihre eigene Methode praktiziert und eine andere Person ebenfalls ihre eigene Methode praktiziert – balancieren sie sich nicht zusammen und ein Treffen ist so, wie kein Treffen. Wenn zwei Personen jedoch die selbe Methode praktizieren, wird ihre Bedachtheit tiefer und tiefer werden – und sie würden sich an sich selber erinnern und eine Affinität für jedes Leben entwickeln – Leben nach Leben. Es ist das gleiche für jene, die ihre Konzentration auf den Namen Amithaba praktizieren – sie entwickeln innerhalb ihres Geistes Amithabas Geist des Mitgefühls für alle fühlenden Wesen. Mehr noch – wer auch immer den Namen Amithaba rezetiert – egal ob in der Gegenwart oder in der Zukunft – der wird sicher den Buddha Amithaba sehen und nie von ihm separat sein. Durch den Grund dieser Assoziation – so wie ein Parfümmacher, mit dem man sich assoziiert, so wird man von seinem Parfüm auch eingehüllt – genauso wird man parfümiert mit Amithabas Mitgefühl – und wird so erleuchtet werden, ohne jegliche andere Art der Arbeit.

Gesegneter Erhabener! Meine Hingabe mit der Rezitierung des Namen Amithaba hatte keinen anderen Grund, als zu meiner ursprünglichen Natur der Reinheit zurückzukehren – und so dadurch erreichte ich das Stadium der Nicht-Geburt. In diesem Leben habe ich versprochen, meinen Jüngern beizubringen, ihren Geist durch die Rezitation des Namen Amithaba (Namo-Amithabha-Buddhaya) zu konzentrieren – und außerdem lehre ich sie, sich zu wünschen, im Land der Reinheit geboren zu werden und dieses zu ihrer einzigen Zuflucht zu machen.

Da der Buddha fragte, welches der erste Samadhi war, sage ich – ich stellte fest, daß da keine Separatheit oder Differenz zwischen meinen sechs Sinnesorganen war, sondern das zusammen genommen, in einen transzendentalen Sinn, von welchem die reine transzendentale Weisheit entsteht – das ist der Grund, weswegen ich den höchsten Samadhi und den Segen erreichte.

Dann stand der große Bodhisattva-Mahasattva Avalokitesvara von seinem Sitz auf, verbeugte sich vor Shakjamuni Buddha Tathagata und sagte: Gesegneter, erhabener Buddha! Auch ich erinnere mich, daß es viele, viele Zeitzyklen – so zahlreich wie der Sand am Ganges und auf dem Mond – her ist, daß da in der Welt ein Buddha war, der Avalokitesvara genannt wurde, durch deren Instruktionen ich unterstützt wurde Erleuchtung zu suchen. Ich wurde gelehrt, meine Praktizierung durch Konzentration meines Geistes auf die wahre Natur des transzendentalen Hörens zu richten. Und durch diese Praktizierung der Meditation auf das transzendentale Hören, erreichte ich den Samadhi. Als ich im Stadium des »in den Strom getreten« fortgeschritten war, determinierte ich, alle Gedanken fallen zu lassen, welche die Diskriminierungen beinhalten, wo ich bin, wer ich bin und wo ich gewesen war. Später ließ ich auch die Konzeption von Fortschritt völlig weg – und der Gedanke von entweder Aktivität oder Ruhe entstand in dieser Verbindung nicht mehr in meinem Geist. Kontinuierlich übte ich nun meine Praktizierung aus und langsam erreichte ich den Zustand, in dem alle Diskriminierungen von der hörenden Natur von meiner Selbstheit und von dem tiefgründigen, transzendentalen Hören aufgegeben wurden. Als dann jegliches Anhaften in meinem Geist für das Erreichen von tiefgründigem Hören aufhörte, war auch die Konzeption von Erleuchtung und erleuchteter Natur abwesend von meinem Geist. Als dieses Stadium von perfekter Leere des Geistes erreicht war, waren auch alle willkürlichen Konzeptionen von dem Erreichen des leeren Geistes und von erleuchteter Natur aufgegeben. Als dann sämtliche willkürlichen Konzeptionen von Entstehen und Verschwinden von Gedanken komplett aufgegeben waren, war das Stadium von Nirvana ganz klar realisiert. Plötzlich wurde da dann mein Geist zu beiden – himmlischen und irdischen Welten – transzendental – und da war, außer leerer Raum, nichts in all den Zehn Himmelsrichtungen – und in dem Stadium erreichte ich zwei wundervolle Transzendentalitäten. Die erste war ein transzendentales Bewußtsein, das mein Geist in perfekter Konformität mit dem ursprünglichen, dem mysteriösen

und erleuchteten Geist von allen Buddhas in allen Zehn Himmelsrichtungen des Universums war – und zudem war er in gleicher,
perfekter Konformität mit dem großen Herzen des Mitgefühls von
allen Buddhas. Die zweite Transzendentalität war, das mein Geist in
perfekter Konformität mit dem Geist von allen fühlenden Wesen in
den sechs Realitäten war und mit ihnen fühlte – und zwar mit dem
gleichen Ernst und dem Verlangen nach Befreiung.

Gesegneter Erhabener! Wegen meiner Bewunderung für den
Buddha Avalokitesvara, lehrte mich dieser dann, wie ich den dia-
mantenen Samadhi erreichen würde – nämlich durch eine einzige
Methode: die Konzentration meines Geistes auf das transzendentale
Hören.

*(Das ist das, was in der Licht- und Ton-Meditation auch gemacht
wird – es ist der Tonstrom oder das tranzendentale Hören des Tonstroms,
auf den während der Meditation gehört wird – durch die Initiierung
eines solchen Meisters.)*

Und mehr noch – er half mir die gleichen mitfühlenden Eigenschaften zu erreichen, die ja alle Tathagatas hatten – durch diesen
Grund erreichte ich die 32 Arten der Transformation, die dann
sofort – in Erwiderung zum Beten für Befreiung – von überall in der
Welt und zu jeder Zeit erhältlich sind.

Weltgeachteter, wenn da ein Bodhisattva ist, der Samadhi praktiziert, um das Transzendentale zu erreichen und das eine Chance für
ihn ist, absolute Wahrheit zu erreichen, dann werde ich als ein
Buddha erscheinen, um ihn den Dharma zu lehren und ihn so zu
befreien.

Wenn da einsame Studenten sind, die nur Selbst-Erleuchtung
suchen und die Stillheit des Nirvana praktizieren – wenn da aber
eine Chance ist, das sie das auch erreichen könnten, so werde ich als
ein Lehrer für Selbst-Erleuchtung erscheinen, um sie den Dharma zu
lehren, damit sie befreit werden.

Wenn da Studenten sind, welche die vier noblen Wahrheiten leben, jene, die, nachdem sie die Unrealität des Leidens und ihrer Ansammlung realisiert haben, den Pfad gehen, der zur Aufgabe der Leidenschaften führt – wenn da eine Chance für jene ist, das zu erreichen, so werde ich als ein Jünger Buddhas kommen, um sie den Dharma zu lehren, um sie zu befreien.

Wenn da lebende Wesen sind, die realisiert haben wie schädlich Wünsche des Geistes sind und alle diese weltlichen Verlangen des Körpers aufgegeben haben, um Reinheit zu erreichen, so werde ich als Brahma erscheinen, um sie den Dharma zu lehren, um sie zu befreien.

Wenn da lebende Wesen sind, die wünschen die Erhabenen der Götter zu sein und über die Reiche der Götter zu herrschen, so werde ich als ein Jünger Buddhas erscheinen, um sie den Dharma zu lehren, damit sie ihr Ziel erreichen.

Wenn da lebende Wesen sind, die wünschen frei in den Zehn Himmelsrichtungen zu reisen, so werde ich als persönliche Gottheit (Ishvaradeva) erscheinen, um sie den Dharma zu lehren, damit sie ihre Ziele erreichen.

Wenn da lebende Wesen sind, die wünschen frei im leeren Raum zu fliegen, so werde ich als Mahesvara (Großer Gott) erscheinen, um sie den Dharma zu lehren, damit sie ihr Ziel erreichen können.

Wenn da lebende Wesen sind, die wünschen die Herrscher der Geister zu werden, um ihre Länder zu schützen, so werde ich als großer Krieger erscheinen, um sie den Dharma zu lehren, damit sie ihre Ziele erreichen.

Wenn da lebende Wesen sind, die wünschen über die Welt zu regieren, um sie mit all ihren Bewohnern zu schützen, so werde ich als ein Götterkönig von den vier Wohnstätten erscheinen, um sie den Dharma zu lehren, damit sie ihr Ziel erreichen können.

Wenn da lebende Wesen sind, die wünschen im Palast der Götter wiedergeboren zu werden, um Geister und Gedanken zu regieren, so werde ich als ein Sohn des Götterkönigs von den vier Wohnstätten erscheinen, um sie den Dharma zu lehren, damit sie ihr Ziel erreichen.

Wenn da lebende Wesen sind, die wünschen Könige von Menschen zu sein, so werde ich als König erscheinen, um sie den Dharma zu lehren, damit sie ihr Ziel erreichen.

Wenn da lebende Wesen sind, die wünschen die Führer einer Gruppe zu sein, um deren Respekt zu bekommen, so werde ich als ein respektabler Älterer erscheinen, um den Dharma zu lehren, damit sie ihr Ziel erreichen.

Wenn da lebende Wesen sind, die Gefallen an schönen Diskussionen und respektiertem Wissen haben und ein reines Leben praktizieren, so werde ich als ein respektabler Gelehrter erscheinen, um sie den Dharma zu lehren, damit sie ihre Ziele erreichen.

Wenn da lebende Wesen sind, die wünschen Städte zu regieren, so werde ich als hoher Richter erscheinen, um sie den Dharma zu lehren, damit sie ihr Ziel erreichen.

Wenn da lebende Wesen sind, denen es Freude macht Mystizismus für das eigene Wohl zu praktizieren, so werde ich als Brahmin erscheinen, um sie den Dharma zu lehren, damit sie ihr Ziel erreichen.

(Mit anderen Worten: Jeder hier auf der Erde und im Universum ist

für alles und jeden – so der andere lernen will – ein Lehrer, ein göttlicher Lehrer ... Gott kommt selbst in Gestalt und Form und lehrt sich die Evolution ... Nur ein wenig mehr als verrückt ist die ganze Weltgeschichte ja schon, aber was soll's ..., ist ja eine göttliche Komödie ...)

Wenn da Männer sind, die neugierig sind zu studieren und lernen und ihr Heim verlassen, um die Regeln der Moral und Disziplin zu praktizieren, so werde ich als Mönch erscheinen, um sie den Dharma zu lehren, damit sie ihr Ziel erreichen.

Wenn da Frauen sind, die neugierig sind zu studieren und lernen und ihr Heim verlassen, um die Gebote zu praktizieren, so werde ich als Mönchin erscheinen, um sie den Dharma zu lehren, damit sie ihr Ziel erreichen.

Wenn da Männer sind, welche die fünf Gebote einhalten, so werde ich als ein Laie erscheinen, um sie den Dharma zu lehren, damit sie ihr Ziel erreichen.

Wenn da Frauen sind, die diese fünf Gebote einhalten, so werde ich als Laiin erscheinen, um sie den Dharma zu lehren, damit sie ihr Ziel erreichen.

Wenn da Frauen sind, denen es wichtig ist ihre Hausarbeit zu erfüllen und dadurch ein gutes Beispiel für andere Familien und das ganze Land sind, so werde ich als eine Königin, eine Prinzessin, eine noble Lady erscheinen.

Wenn da junge Männer sind, die keusch sind, so werde ich als ein unverheirateter Junge erscheinen, um sie den Dharma zu lehren, damit sie ihr Ziel erreichen.

Wenn da junge Frauen sind, die es wichtig finden Fleischlichkeit zu vermeiden, um ihre Unschuld zu behalten, so werde ich als eine

Jungfrau erscheinen, um sie den Dharma zu lehren, damit sie ihr Ziel erreichen.

Wenn da Götter sind, die wünschen aus der Gebundenheit ihrer Bereiche befreit zu werden, so werde ich als ein Himmelswesen erscheinen, um sie den Dharma zu lehren, damit sie ihr Ziel erreichen.

Wenn da Drachen sind, die wünschen von der Gefangenschaft in ihrer Realität befreit zu werden, so werde ich als ein Nag, ein halbgöttliches Wesen erscheinen, um sie den Dharma zu lehren, damit sie ihre Ziele erreichen.

(Was soll das hier eigentlich alles ..., hat Gott diese Welt als Kerker, als ein Gefangenenlager geschaffen – wie sehen diese Menschen, diese Buddhas das eigentlich – ist die Schöpfung eine Strafanstalt für Gott selber – für den allmächtigen Gott. Was ist hier los mit diesen Einsichten, Gedanken der buddhistischen Schriften. Ich habe hier den Eindruck, daß durch diese sogenannte Evolution, entweder im wissenschaftlich, ignoranten Bereich oder aber im spirituellen, inneren Bereich – dem Weg zu dir selbst – wie gesagt wird, du dich selbst erschaffst, du dich selbst erbaust – heute geht ja die Einsicht herum, daß es wichtig ist, sich daran zu erinnern, wer und was du wirklich bist – nämlich Gott selber – deine echte und wahre Fähigkeit erkennst und dich von deinen Illusionen, daß du nur dieser Körper bist, der dann in der Erde verwest, löst. Doch mit all dem was menschlich, global zu finden ist, in Schriften oder im direkten Menschenkontakt, fehlt doch immer das allmächtige, das ewige, höchste Bewußtsein – sei es nun die allmächtige Gottheit oder sonst irgendeine Bezeichnung ... Wer dieses Sutra einigermaßen wach und klar aufgenommen hat, der muß doch wissen, daß Buddha sagte, daß das Ursprüngliche, Reine, Intuitive und Vollerleuchtete, aber auch die Illusion, die Objekte und die Phänomene ein- und dasselbe sind. Da ist ja nun auch ganz einfach, denn einmal bildlich betrachtet – ist da die allmächtige Gottheit – und sie schafft dann die gesamte Welt, dann muß

ja die Welt und die Universen, ja auch die höchste Gottheit sein. Auch wenn die höchste Gottheit zuerst eine Anti-Gottheit-Welt geschaffen hätte – und aus ihr dann diese Welt erschaffen hätte, so ist auch die Antiwelt aus der höchsten Gottheit – und somit selbst die höchste Gottheit. Also alles ist und bleibt immer und ewig ein- und derselbe göttliche Ursprung mit seinen objektiven Bewegungen der Phänomen, die selber das Göttliche sind – also mußt du ja selbst das höchste Göttliche sein – klarer geht's doch wohl nicht ... Was in diesen Lehren passiert ist folgendes – sie versuchen in diesem Körper zu erreichen erkennen zu können, was es ist, dieses unsterbliche Fabelhafte zu sein – und müssen so durch die ganze Wirrnis hindurch ..., wie Buddha schon sagte: Wenn der Geist den Geist sucht, dann wird er irreal. Wenn sie dann wieder real geworden sind, dann haben einige natürlich fabelhafte Erfahrungen und Einsichten und Fähigkeiten – und können nun solche Dinge sagen und schreiben, obwohl das ja damals keiner geschrieben hatte, denn damals war ja alles mündliche Überlieferung ...

Und noch etwas: Wenn du also selbst das Göttliche bist, dann brauchst du doch keine Befreiung – das ist doch ein Hohn – deswegen sind jene, die Meister und Gurus und Buddhas sind, damit beschäftigt die Illusionen der anderen zu beseitigen, die sie sich selber durch ihre Phantasien aufgebaut haben. Aber auch die Meister und Gurus und Buddhas sind eine Zusammenfassung von Illusionen, da sie ja selber sich nun nicht als das allmächtige Göttliche erkannt haben, sondern nur das was sie ja selber geworden sind – durch ihr Suchen – oder etwa nicht ...

Mir geht es nun zu allererst darum, alles etwas einfacher zu machen, damit nicht so viele in diesem Wirrnishaufen der Sucherei untergehen – und damit nachher hier keine indischen Verhältnisse aufblühen ...

Wenn du für dich erkennst, daß du das Göttliche bist – und das Göttliche kommt ja in allen Variationen vor – arm, reich und so weiter – das sind nur physikalische Mäntel, sozusagen Anzüge in diesem Leben – dann ist es doch auch gar nicht nötig diese ganzen Praktiken auszuüben, sondern du bist mit dem zufrieden wie es ist – was da als Show abläuft – und du lebst dein Leben in diesem Körper ... Ob man nun vierzig Milliarden mal wiedergeboren wird oder dreißigtausend hoch eine Milliarde mal so viele Staubteilchen in allen 44 Universen – das ist doch völlig in Ordnung, denn du bist und bleibst doch das Göttliche – und nicht nur das, das tust du ja sowieso ..., denn wenn du sozusagen gerettet bist von den Seelenrettern, dann bist du ja Gott – und Gott ist wiederum in allem und jedem – und somit auch in jeder Form der Neuschöpfung ...)

Wenn da Dämonen sind, die wünschen von der Bindung in ihrem Bereich befreit zu werden, so werde ich selbst als ein Dämon erscheinen, um sie den Dharma zu lehren, damit sie ihr Ziel erreichen.

Wenn da lebende Wesen sind, die wünschen als Menschen wiedergeboren zu werden, so werde ich in menschlicher Form erscheinen und sie den Dharma lehren, damit sie ihr Ziel erreichen.

Wenn da nicht-humane Wesen mit oder ohne Form, weder gedankenvoll noch gedankenfrei sind, die wünschen aus der Gefangenschaft ihrer Realität befreit zu werden, so werde ich als einer von ihnen erscheinen, um sie den Dharma zu lehren, damit sie ihr Ziel erreichen.

Dieses sind einige meiner Transformationskörper als Antwort auf die Wünsche von allen Ländern im Kreislauf von Tod und Wiedergeburt – erreicht durch die Kraft der ungeschaffenen, souveränen Kraft des Samadhi und realisiert durch Sublimierung – der Verfeinerung der Fakultät des Hörens.

Weltgeachteter, ich benutze auch diese unerschaffene, souveräne Kraft des diamantenen Samadhi – erreicht durch verfeinertes Hören, um es mit allen lebenden Wesen in den sechs Reichen der Zehn Himmelsrichtungen zu teilen – der gleiche Weg für Mitgefühl – und ich lege dann auf sie die vierzehn Arten der Angstlosigkeit, die von meinem Körper und meinem Geist ausstrahlen.

1. Seit ich selber nicht auf den Ton meditiere, sondern auf den Meditierer, lasse ich so alle leidenden Wesen in den Ton ihrer Stimme hören, um Befreiung zu erlangen.

Das bedeutet in die Natur des Tones hineinzuhören. Davon löst man sich von allen Organen und Sinnesdaten und realisiert den allumfassenden Buddha, welcher alle lebenden Wesen in sich trägt.

(Das habe ich ja in Afrika mit meiner Frau auch erlebt, als sie mich mit Lovy, Lovy zurückrief ..., na und, es ist doch ganz normal – ich sage immer: Gottsein ist das Normalste im Leben – nichts ist normaler als Gott ..., oder etwa nicht ...)

2. Durch das Zurückführen des diskriminierenden Intellekts zu seiner Quelle – der absoluten – so schütze ich sie auch dann, wenn sie sich in einem großen Feuer befinden und verbrannt werden.

3. Durch das Zurückführen des Hörens zu seiner Quelle, bin ich so die Ursache dafür, daß sie nicht ertrinken, wenn sie auf hoher See sind.

4. Durch das Beenden von falschem Denken und so dadurch ihren Geist vom Schädlichen reinigend, führe ich sie so in Sicherheit, wenn sie in den Bereichen der üblen Geister wandern.

5. Durch Sublimierung ihres falschen Hörens, um eine absolute Kondition wieder herzustellen und dadurch alle sechs Organe reinigend und so ihre Funktion optimierend, bringe ich sie, wenn sie in Gefahr sind gegen scharfe Waffen immun zu sein, welche dadurch stumpf und nutzlos werden wie Wasser, das nicht geschnitten werden kann und Tageslicht, das nicht weggeblasen werden kann, weil sich die darunter liegende Natur nämlich nicht ändert.

6. Durch die Perfektionierung der Sublimierung ihres Hörens – sein helles Licht durchdringt das gesamte Dharma (Kosmisches

Gesetz), um ihre Dunkelheit, die Dunkelheit der Ignoranz zu zerstören – dadurch werden betörende, üble Wesen wie Yaksa, Raksa, Kumbhanda, Pisaci, Putana et cetera, geblendet und können einen nicht sehen, wenn man sie trifft.

7. Wenn Hören umgekehrt wird, sodaß der Ton komplett verschwindet und auch alle illusionären Objekte der Sinne verschwinden, sodaß der Praktizierende befreit ist von allen Fesseln, die ihn dann nicht länger festhalten können.

8. Die Eliminierung des Tons, um das Hören zu perfektionieren, resultiert in ein universales Mitgefühl, sodaß sie durch Regionen, infiziert mit Räubern und Banditen, gehen können, die ihn nicht ausplündern können.

9. Die Sublimierung und Vergeistigung des Hörens löst sie von den Objekten der Sinne und macht sie so immun gegen attraktive Formen, dadurch können sich lustvolle Wesen von Wünschen, Begierden und Sehnsüchten befreien.

10. Die Sublimierung des Tones eliminiert alle Sinnesdaten und resultiert in perfektem Vermischen von jedem Organ mit seinem Objekt und die totale Auslöschung von Subjekt und Objekt, deswegen sind diese rachesüchtigen Wesen dann fähig, allen Ärger und Haß zu begraben.

11. Nach der Eliminierung sämtlicher Sinnesdaten und der Rückkehr zum Hellen und der Realität, beides – innerer Körper und Geist und äußere Phänomene werden kristallklar und frei von allen Behinderungen, sodaß trübe und ignorante Ungläubige sich von der Dunkelheit ihrer Ignoranz befreien können.

12. Wenn ihr Körper in Harmonie mit der Natur des Hörens ist, können sie aus dem unveränderbaren Stadium der Erleuchtung wieder in die Welt zurückkehren, um andere zu befreien – ohne die Weltlichen zu schädigen – und sie können überall hingehen, um Opfergaben zu den Buddhas, zahlreich wie Staub, zu bringen, jedem Tathagata in der Kapazität eines Sohnes, eines Königs des Gesetzes dienend und die Kraft haben, männliche Nachfolger mit gesegneten Eigenschaften und Weisheit zu kinderlosen Menschen zu geben, die Jungen wollen.

13. Die Perfektion der sechs Sinnesorgane vereinheitlicht deren separate Funktionen nun so, das diese allumarmend werden und so den großen Spiegel zum Vorschein bringen lassen – Weisheit – und den nichtmateriellen Tathagata- Schoß, vergleichbar mit allen Dharma-Türen, gelehrt von Buddhas, so unzählbar wie der Staub. Sie können wunderschöne und respektierte Mädchen für kinderlose Eltern bringen, die Töchter wollen.

(…und wo bleibt hier eigentlich der allmächtige Gott, die höchste Gottheit, frage ich mich. Es wird Zeit, das ich selbst einmal den Tathagata-Seinszustand erfahre, um zu wissen, was hier nun eigentlich Wahrheit ist und was hier nur Phrasen von falschen Meistern sind, die schöne Fähigkeiten haben – Götter eben – mit spirituellen Phrasen zu blenden. Jedenfalls, ich muß hier ganz genau wissen was Sache ist … Auf meiner Solarkanu-Expedition, alleine durch den Churchill River, entlang und hoch zum Seal River in die Hudson Bay mit dem Kanu, da ist in mir in der Größe, die vor mir lag und der riesige Urwald mit seinen verzweigten Bächen, Seen und Strömen und Sümpfen, nun ganz klar geworden – wenn du nirgendwohin willst, kannst du dich auch nicht verlaufen oder verirren … Das war eine meiner wichtigsten Erkenntnisse in diesem, bist jetzt 48 Jährchen zählenden, Leben. Der Siddhartha Gautama vom Shakjamuni-Familienstamm, der hatte Todesängste als er mit dem Alter konfrontiert war – und wollte wissen, was dahinter steckt … Sein Weg führte in die Irrealität, wie er ja auch selbst in diesem Sutra sagte: Wer den Geist mit dem Geist sucht, der wird irreal. Mein absolut perfektes Mantra gegen jedes

Suchen und Alleinsein und Ängste und so weiter, heißt so: na und, na und, na und ...)

14. In diesem großen Chillikosmos, der unzählige Sonnen und Monde hat, da sind nun unzählbare Bodhisattvas wie es Sand an 62 Gangesflüssen geben würde. Sie praktizieren den Dharma, um ein gutes Beispiel für alle lebenden Wesen durch Freundschaft, Lehren und Überzeugung zu sein – in ihrer Weisheit ist ihre vorteilhafte Methode jedoch unterschiedlich. Weil ich ein Organ benutze, welches zu meiner Realisation durch die Fakultät des Hörens führte, umarmen mein Körper und mein Geist den ganzen Dharmabereich, in welchem ich alle lebenden Wesen lehre, ihren Geist zu konzentrieren, um meinen Namen zu rufen. Die Wohltat, die dadurch erreicht wird, ist die gleiche wie jene, die erreicht wird, wenn ich alle gesamten Bodhisattvas rufen würde. Weltgeachteter, mein einziger Name ist nicht unterschiedlich zu den unzählbaren anderen, aber wegen meiner Praktizierung und des Trainings zu meiner wahren Erleuchtung führte. Das sind die 14 angstlosen Kräfte, die ich den lebenden Wesen geben kann.

Weltgeachteter, wegen meines perfekten Verstehens, das zu meiner Erreichung des höchsten Pfades führte, erreichte ich vier unvorstellbare, absolute Eigenschaften:

Die erste ist die, das mein Geist in meine ursprüngliche Natur durch mein transzendentales Hören abstrahiert wurde – und sämtliche natürlichen Kräfte des Hörens, Sehens, Riechens, Schmeckens, Berührens und Verstehens erreichten ein Stadium von reiner, glorioser und perfekter Erleuchtung – gegenseitig in einer perfekten Bewußtheit. Dadurch habe ich diese große transzendentale Freiheit erreicht – und wenn ich den lebenden Wesen Befreiung gebe, kann ich mich in wundervolle Erscheinungen transformieren – und daneben kann ich noch unzählige mysteriöse, magische Formeln sprechen.

Manchmal erscheine ich in einer Form der Lieblichkeit, manchmal in einer Form der Gerechtigkeit – oder in einer

Verfassung der Konzentration oder Intelligenz. Aber in allem tue ich es für das Wohl der Befreiung und dem Schutz von fühlenden Wesen, damit auch sie diese große Freiheit erreichen können.

(Irgend etwas ist sehr faul an dieser Sache – sehr, sehr, sehr faul ... Besteht hier die Möglichkeit, daß dieses hier nur Theorie ist, in der man ja alles weiß, in der aber nichts richtig funktioniert ..., denn wenn es so sooooo viele Buddhas und so sooooo viele Bodhisattvas gibt, wieso sind dann diese wenigen Menschen alle noch nicht erleuchtet ...? Hier ist etwas mächtig faul in der Sache ... Buddhismus stinkt genauso wie Christentum und die vielen anderen Religionen. Wenn man sich nun beispielsweise die tibetanischen Geschichten durchliest, etwa die geheime Dakinilehre des Padmasamhasambasamba, was der alles kann und tut – sagenhaft ... Aber die Tibeter da in ihren Bergen, die sind völlig phantasiefrei – das ist ja schön – wenn du doch eins mit deiner Phantasie bist, das ist schon schön, wenn das was du phantasierst auch sofort materialisiert wird ..., das kenne ich noch aus meiner Jugend. Ist es möglich, daß der Spruch von Charles Bukowski auch auf meinen Körper zutrifft – nämlich: Du wirst als Genie geboren, doch die meisten sterben als Idioten. Naja, da müssen wir wohl alle aufpassen ...)

Die zweite unvorstellbare und wundervolle Transzendentalität der Spontanität ist wegen meiner Befreiung des Hörens und Denkens von Kontaminationen von den sechs Sinnesobjekten. Es ist so, als ob ein Ton durch die Wand reist – ohne Behinderung. So kann ich mich wunderbar in verschiedene Formen transformieren und die transzendentale Kraft der Angstlosigkeit an alle fühlenden Wesen weitergeben. Deswegen bin ich auch in allen Zehn Himmelsrichtungen des Universums als der Geber der transzendentalen Kraft der Angstlosigkeit bekannt.

(Kenne ich, die Angstlosigkeit – ist ein Teil von mir, der über dem physisch-mentalen Psychosprirituellen steht – ein Teil der Endlosigkeiten – auch meine endlose Angstlosigkeit.)
Die dritte unvorstellbare und wundervolle Transzendentalität der

Spontanität ist wegen meiner Praktizierung der reinen, originalen Essenz von perfekter Anpassung, damit – wo immer ich hingehe – ich fühlende Wesen dahin führe, ihre wertvollen Güter und ihr Leben hinzugeben, damit sie für mein Mitgefühl und meine Vergebung beten.

Die vierte unvorstellbare und wundervolle Transzendentalität der Spontanität ist deswegen, weil ich Buddhas tiefgründigen Geist und meine Überlegenheit erreicht habe, sodaß ich verschiedene Arten von Opfergaben all den Tathagatas in allen Zehn Himmelsrichtungen des Universums machen kann.

Da mein Erhabener gefragt hatte, welches unser erster perfekter Samadhi aus den achtzehn Sphären der Mentation in Kontakt mit Objekten durch die Sinnesorgane war, so antworte ich: Mein erster Samadhi war, als ich den Zustand perfekter Angepaßtheit, reflektierend den Samadhi, durch die Art meines tiefgründigen Hörens und transzendentaler, mentaler Freiheit von Objektkontaminierung erreichte, sodaß mein Geist abstrakt und absorbiert wurde in den göttlichen Strom *(Tonstrom: Am Anfang war das Wort – oder viele andere Bezeichnungen.)* und ich so den diamantenen Samadhi und Erleuchtung erlangte.

Gesegneter Erhabener! In den weit entfernten Tagen lobte mich mein erhabener Buddha Avalokitesvara wegen meiner talentierten Erreichungen von der alles angepaßten Tür von Dharma – und in einer seiner großen Versammlungen erklärte er, daß auch ich Avalokitesvara, der »Hörer und Beantworter von Gebeten« – der Bodhisattva von feinsten Mitgefühlen – genannt werden sollte, da so mein transzendentales Hören zu allen Zehn Himmelsrichtungen des Universums reicht – und auch im Namen von Avalokitesvara über alle extremen Leiden der Menschen und ihrer Gefahren wacht.

(...na' ob das man nicht einige Nummern zu groß an Worten ist ..., denn wo sind alle die von den Nazis ermordeten Juden ... und die vielen, massenweise ermordeten Indianer ... und was ist mit den nationalen, gegenseitigen Abschlachtungen und Morden ... und die vielen, vielen Kriegsopfer ... und so weiter, und so weiter ...)

MANJUSRIS ZUSAMMENFASSUNG, DIE RICHTIGE METHODE FÜR DIE MENSCHLICHEN WESEN LEHREN

Der gesegnete Erhabene, der auf seinem Thron zwischen den Tathagatas und höchsten Bodhisattvas-Mahasattvas von allen Buddhaländern saß, manifestierte daraufhin seine transzendente Strahlenkrone – die alle anderen übertraf. Von seinen Händen und Füßen, von seinem ganzen Körper, leuchteten supernatürliche Strahlen aus Licht, die auf jeder Krone der Tathagatas, Bodhisattvas-Mahasattvas und Prinzen des Gesetzes in allen Zehn Himmelsrichtungen von sämtlichen Universen landeten – in Zahlen viel größer als die kleinsten Staubteilchen.

Mehr noch, von den Händen und Füßen und Körpern aller Tathagatas, Bodhisattvas-Mahasattvas und Prinzen des erhabenen Dharmas in allen Zehn Himmelsrichtungen sämtlicher Universen, leuchteten gloriose, helle Strahlen, die nun auf der Krone des Erhabenen landeten und auch auf den Kronen aller Tathagatas, Bodhisattvas-Mahasattvas und sämtlicher Anwesenden dieser Versammlung.

Sämtliche Bäume im Jeta-Park und alle Wellen, die auf die Ufer seines Sees fielen, sangen zu selben Zeit die Musik des Dharmas – und alle sich kreuzenden Lichtstrahlen waren mit ihrer Helligkeit wie ein phantastisches Netz zusammengeflochten – und mit Juwelen – alles überwölbend. Eine so wunderschöne Sicht wurde noch nie erwartet oder vorgestellt und hielt deswegen sämtliche Anwesende in Staunen und Stille. Unwissentlich gingen sie alle in den segensvollen Frieden des diamantenen Samadhi. Und auf alle fiel ein leichter Regen aus den weichen Blättern von vielen bunten Lotusblüten – blau und rosa, gelb und weiß, alle paßten zusammen und wurden reflektiert im offenen Raum des Himmels, in allen Farben des Spektrums. Mehr noch – alle Unterschiede der Berge und Seen, der Flüsse und Wälder dieser Welt – alle leuchteten zusammen und verblaßten ganz – nur die blumenartige Einheit des ursprünglichen Kosmos übrig lassend, nicht tot und unbeweglich, sondern belebt mit rhythmischem Licht und Leben, vibrierend mit transzendentalem Ton von Liedern und Rhythmen – melodiös entstehend und fallend und verschmelzend – und dann verblassend in Ruhe und Stille.

Der erhabene Tathagata fing dann an, Manjusri als den Prinzen des Dharmas anzureden: Manjusri, du hast nun gehört was diese Bodhisattvas-Mahasattvas von größter und höchster Erreichung, hinsichtlich der wichtigen und damit zusammenhängenden Bedeutung, gesagt haben – und das Resultat, das mit spiritueller Gunst und Kraft des Konzentrierens gesehen wurde, die Folgen in einem hingebungsvollen Leben zu praktizieren. Jeder von ihnen sagte, das der Anfang in dem perfekten Angepaßten, innerhalb einer mentalen Ebene in Kontakt mit Sinnesobjekten, gesehen wurde – und davon folgte die perfekte Angepaßtheit von allen Sphären und Ebenen der Mentation – und dem Erreichen des Samadhi, Konzentration und die perfekte Aufmerksamkeit ihres intuitiven und ursprünglichen Geistes. So können wir sehen, das deren Hingabe und Praktizieren, trotz ihrer Variationen, doch alle in das gleiche gute Resultat gingen, egal was sie erreichten in der Zeit, die damit verbunden war.

Ich möchte, daß Ananda diese unterschiedlichen Zustände voll versteht und feststellt, welcher von den erwähnten für ihn der beste wäre – und ich wünsche auch, daß nach meinem Nirvana – wenn zukünftige Jünger dieser Welt versuchen den höchsten Zustand der Erleuchtung zu erreichen – alle von diesen Erfahrungen profitieren und sic wissen, welche Tür der Anwendung für jeden am leichtesten ist, um einzutreten.

Da sie nun alle die liebevollen Instruktionen des gesegneneten Erhabenen gehört hatten, stand Manjusri, der Prinz des Dharma, auf, verbeugte sich vor dem Buddha und – abgeklärt durch die Worte des erhabenen Buddhas – sagte er dann folgendes:

Die Natur der Erleuchtung ist Intuition, weit wie der Ozean, sie ist perfekt klar und angepaßt – und diese erleuchtete Intuition der perfekten Angepaßtheit ist tiefgründig und unvorstellbar mysteriös.

* * *

Sobald diese originale und perfekte, klare und alles umarmende, erleuchtete Intuition auf Objekte reflektiert wird, wird sie illusiv und verliert ihre wahre Natur.

Wenn dann Unterschiede manifestiert werden, entsteht phantastischerweise Raum – und durch die Art des Raumes kommen ganze Universen in Manifestation. Willkürliche Konzepte scheinen die Existenz der Universen zu unterstützen – und endlich, das was nun wahrgenommen und sensibel vom Universum aufgenommen wird, dieses wird angenommen als ein fühlendes Wesen, das eine Ego-Persönlichkeit besitzt.

(Wer kann sich vorstellen, daß es so sein soll, wie es hier gesagt wird – da wir ja mit unserem Körper leben. Hier darf nicht vergessen werden, das sämtliche Phänomene, wie unser menschlicher Körper, ja praktisch von uns selber erschaffen wurden – und auch weiterhin wird es so sein – und zwar nicht aus Ignoranz, sondern es hat einen Sinn, denn aus der ursprünglichen, reinen und intuitiven Gottesquelle kommt kein unreines, unklares und irrsinniges Etwas, das aus Zufall entstanden ist.)

* * *

Die Konzeption von leerem Raum ist in der erleuchteten Natur der Geistessenz existierend – aber nur wie Schaum, der auf den großen Wellen des Ozeans hin- und hergetrieben wird. Wie es unter der Kondition von diesem veränderlichen Schaum aussieht, ist doch klar – sämtliche unzählbaren Konzeptionen der Universen und alles was zu ihnen zählt, was zu den vergifteten Naturen von fühlenden Wesen existiert – sobald jedoch dieser Schaum verschwindet, ist da auch kein Raum mehr – und deswegen auch kein Universum – und die drei Reiche des fühlenden Lebens, Körper,

Geist und Ego-Persönlichkeit, verschwinden in die Nichtigkeit.

* * *

Da fühlende Wesen ja wünschen zu ihrer ursprünglichen Natur zurückzukehren, dorthin wo ihre Natur in perfekter Harmonie und Einheit sein kann, da gibt es auch viele Wege, die von ihnen benutzt werden können, um das zu erreichen.

Aber da ist ein Weg – egal welche Konditionen es für das Praktizieren gibt und egal wie schwer oder leicht es sein mag – der für alle passend ist – und obwohl die Zeit des Praktizierens auch unterschiedlich wegen unterschiedlicher Jünger sein wird – er wird sie sicherlich zu ihrem Ziel bringen. Es ist der noble Pfad, der gesegnete Pfad des Gesegneten, der zu perfekten Intuition des Samadhi führt.

* * *

Seit die Wahrnehmung des Sehens und die willkürlichen Konzeptionen von Sehen in dem Geist des Lernenden, vermischt mit den Phänomenen der Objekte des Sehens, sind, kann er selten Dinge klar und wahrhaftig sehen, egal wie verständnisvoll und hell sein denkender Geist auch sein mag. Es wird für ihn andauernd schwierig sein, perfekte Balance durch den Sinn des Sehens zu erreichen.

* * *

Mehr noch – seit der Anfänger leicht an den Ton der Wörter gebunden ist – und an den feinen Stil von gut komponierten Wortzusammenstellungen für schöne Bedeutungen und dem Sprechen – wird er es schwer finden, das Prinzip zu realisieren, welches eine zugrundeliegende Einheit sämtliche Phänomene umarmt – wie kann er so hoffen – durch den Ton der Worte – die ursprüngliche Natur der perfekten Angepaßtheit zu erreichen.

255

* * *

Das Phänomen der Düfte und die Emotion des Riechens sind durch die Wege der Konzeption von Riechen wahrgenommen – wenn so die Emotion und die Wahrnehmung getrennt sind, kann da auch keine Konzeption von Düften sein. Seit der Anfänger nicht die Permanenz seiner Riechnatur kennt, so wird es für ihn schwierig sein, die perfekte Natur der Angepaßtheit durch den Sinn des Riechens zu erreichen.

Die Qualität des Geschmacks ist nicht beständig. Sie existiert nur wenn sie gebraucht wird. Solange der Anfänger Unterschiede des Geschmacks macht und nicht die Permanenz seiner tiefgründigen Natur realisiert hat, ist da auch kaum ein Grund für ihn zu hoffen, die ursprüngliche Natur der perfekten Angepaßtheit durch den Sinn des Schmeckens zu erreichen.

* * *

Gefühl entsteht vom Kontakt des Körpers mit irgend etwas – wenn da kein Kontakt ist, dann ist da auch kein Gefühl. Seit der Anfänger es schwer findet, seinen Geist durch Kontakte ungestört zu halten und nicht realisiert, daß er eine permanente, tiefgründige Fühlnatur hat, ist da auch wenig Grund für ihn zu erwarten, die perfekte Natur der perfekten Angepaßtheit durch den Weg der Gefühle zu erreichen.

(Hier muß ich doch sagen, daß das alles Quatsch ist, was der Manjusri da gesagt haben soll – schwer zu verstehen, daß der so etwas Dummes gesagt hat ..., da ja in Allem die permanente Natur – sozusagen im tiefgründigen Hintergrund – liegt, mit anderen Worten, du das ja bist, ist es auch nicht schwer das zu finden. Überhaupt: Wieso etwas finden, was man ja längst ist ... und nicht nur das – hier ist die Beschränktheit des Intellekts zu sehen, der immer in Widersprüche gefangen ist. Was der Manjusri hier sagt ist blindes Gerede von der Höhe

eines verblendeten Geistes, der meint, nur da sei das wahre Leben und die wirkliche Wahrheit und nirgendwo anders ... Noch einmal, es ist gar nicht nötig da irgend etwas zu finden – seine wahre Natur. Da es jedoch Menschen gegeben hat, die zu suchen angefangen haben, wer und was sie sind, ist dadurch eine Evolution entstanden, die das alles in Gang gebracht hatte – und nun ist das sogenannte spirituelle Schlamassel mit all seinen Widersprüchen da – als ob sich die allmächtige Gottheit da jemals in die Karten schauen ließe ..., letztendlich wird dann das Wort -mysteriös- gebraucht. Überhaupt – in diesem Sutra, dieser Bibel, ist es so leer, so kühl, so unnahbar, so entfernt und so durchtrieben mit phantasievollen Übertreibungen gegen das Leben der Gräser, Vögel, Fliegen, der Wolken und den Sonnenschein, gegen das Leben der Gestirne und Blumen, gegen das Leben von Rehen und Libellen – und Menschen – und gegen die Erschaffung des Universums als solches ..., also gegen das, was erschaffen hat – und nur die menschliche Erkenntnis von Buddha oder den Mahasattvas zählt ... Aber ich laß mich da von den Redereien und Erfahrungen nicht täuschen. Buddha kann nichts retten – er hat nur den Einfluß seines Lebens, das er gelebt hat – warum hat er dann nicht alles Leidende gerettet, aber dafür gibt es dann wieder logische Ausreden ... Es ist eine erbärmliche Herzlosigkeit und Lieblosigkeit in dieser Bibel, diesem Sutra, zu spüren ..., unpoetisches, kaltes Gemurre und eine Reagenzglaslogik, die auch heute die Erde vergiftet hat ...

Nicht nur das – über seine eigene Schöpfung dann so lieblos und kalt zu reden, so als wären Menschen nicht existent – ist schon wirklich unsagbar langweilig und stupide – und mit ihrer Erleuchtung und dem Mitleid für alle lebenden Wesen ... einfach unsagbar stupide ...)

* * *

Sobald man Konzeptionen von Objekten in seinem Geist läßt, ist da auch die Annahme, daß das Objekt existiert. Seit der Anfänger nicht realisiert, daß beides – Ursache und Konditionen der Existenz, Hand in Hand mit seiner diskriminierenden Natur gehen, so ist dann da auch wenig Grund für ihn zu hoffen, die Natur der perfekten Angepaßtheit durch diskriminierendes Denken zu erreichen.

* * *

Jeder Anfänger hat seine ursprüngliche Natur gesehen, jedoch hat er sie nicht realisiert. Es ist so, als ob er nur die vordere Seite gesehen hat und nicht auch die Rückseite. Da ist dann wenig Grund für ihn zu erwarten, seine ursprüngliche Natur der perfekten Angepaßtheit durch das Schauen auf Objekte zu erreichen.

(Deine wahre Natur hat weder eine Vorder- noch eine Rückseite – und wenn du ja deine wahre Natur gesehen hast, dann brauchst du sie auch nicht noch erst zu realisieren.

Und hier eben liegt die Selbstsucht derjenigen, die ihr Leben damit verbracht haben das zu tun – und sie wollen das nun auf andere abwälzen.)

* * *

Atmen ist ein spontane Aktivität des Organismus, es ist konditioniert durch Launen und Emotionen. Der Anfänger hat noch nicht das verfeinerte Stadium des Ein- und Ausatmens erreicht, weil sein Geist und Atem noch nicht in einer ausgeglichenen Balance der stillen Ruhe vereint sind – und es schwer erreichbar ist. So wird es auch schwer für ihn sein, seine ursprüngliche Natur der perfekten Angepaßtheit durch einfaches Konzentrieren des Geistes auf seinen ein- und ausgehenden Atem zu erreichen.

* * *

Da die Zunge von einem Anfänger genauso wie bei jedem anderen Menschen ist, reicht sein Sinn des Geschmacks nur so lange wie er Geschmack erfährt – und wenn der Geschmack verschwindet, sein Bewußtsein davon, welches auf seiner Zunge basierte, verschwindet auch. Deswegen ist da auch wenig Grund für ihn zu hoffen, die ursprüngliche Natur der perfekten Angepaßtheit durch den Sinn des Geschmacks zu erreichen.

* * *

Da der Anfänger beginnt seinen Sinn für Gefühle zu entwickeln, wenn er in Kontakt mit etwas ist, ist Bewußtsein abhängig vom Körper und verschwindet, wenn es separat von ihm ist. Das Gefühl und das Nicht-Gefühl von seinem Körper gehören konsequenterweise nicht zu der Intuition der perfekten Angepaßtheit – nämlich die Sphäre von Gefühlen und Nicht-Gefühlen und die Kapazität zu Fühlen, können nicht für separates Realisieren abstrahiert werden. So ist da auch kaum ein Grund für jemanden zu hoffen, seine ursprüngliche Natur der perfekten Angepaßtheit durch den Sinn des Berührens zu erreichen.

(In diesem wissenschaftlichen Auflösungsbericht von Buddha und seinen Mitspielern, gilt nur das, was wirklich übrig bleibt ..., das ist schön, aber es ist wie Heroin – giftig – weil es abstrahiert ist, denn Gott ist nun einmal nicht abstrahiert – da alleine – ohne den Rest der Welt, Gott ist immer alles und nicht die Heroinabstraktion der Buddhas. Du magst zwar ganz schön schnell mit Heroinbuddha fliegen können, aber du wirst süchtig davon und kannst dann nicht mehr im Hier und Jetzt mit deiner Umgebung leben – außer, man beliefert dich ständig mit dem Heroin Buddhas ... Nicht nur das – der ganze Ton dieser Menschen ist ja so aufgebaut, daß das was sie sagen, eine Absolutheitsrichtung hat, sodaß das jeder zu tun hat – und wehe nicht, dann bist du nur eine ignorante, nichtlebende Wesensabstraktion ohne Sinn und ohne dein wahres Wesen – was katastrophaler Unsinn ist ... Wenn man sich die Bücher der tibetanischen Wandermönche anschaut, die sie hier mit Sogyal Rinpoche und dergleichen auf den Weltmarkt werfen lassen ..., was da für eine humane Dummheit und vor allem, was da alles an Menschenverachtung zu lesen ist – alle anderen sind für die tot, leblos und so

weiter. Beispielsweise das Buch vom Leben und Sterben, da kann man deren Schwachsinn gut nachlesen. Ich habe ja gar nichts dagegen – nur sollte man hier nicht anfangen so zu reden, als ob deren Seuche die Seuche ist, die nun jeder braucht … Religionen haben schon genug Seuchen und Kriege und Grenzen – mit ihrer verlogenen Menschenverachtung – hervorgebracht und aufgebaut …, es reicht nun mit diesen Absolutheitspredigten … ihr tibetischen Himalaya-Dummköpfe …)

* * *

Da das Organ des diskriminierenden Geistes mit Gedanken des Konflikts angefüllt ist, kann der Anfänger nicht seinen transparenten und in der Stille ruhenden Geist kennen – und da seine Konfliktgedanken nicht völlig beseitigt werden können, ist da auch kein Grund für ihn zu hoffen, die Natur der perfekten Angepaßtheit durch die Art des denkenden Geistes zu erreichen.

* * *

Da das Bewußtsein von den Augen abhängig ist, existiert es durch die Art des Augenorgans, dessen Emotionen und seinem Bewußtsein des Gesehenen. Wenn wir seine Originalität untersuchen, ist da kein Grund für Sicherheit in ihm. Seit der Anfänger für sich selber nicht die Gültigkeit beweisen kann, ist da auch kein Grund der Hoffnung für ihn, von dem Sinn des Sehens die ursprüngliche Natur der perfekten Angepaßtheit zu erreichen.

* * *

Die Hör-Natur des ursprünglichen Geistes reicht zu allen Zehn Himmelsrichtungen der Universen und ist die Quelle für einige der großen transzendentalen Kräfte. Aber seit der Anfänger diese transzendentalen Kräfte nicht erreicht hat, ist da auch kein Grund für ihn zu hoffen, diese ursprüngliche Natur der perfekten

Angepaßtheit durch die Art seines Hörens zu erreichen.

* * *

Mit der Praktizierung der Meditation suchen viele Anfänger –
durch Fixierung ihrer Aufmerksamkeit auf die Spitze der Nase –
Konzentration des Geistes zu erreichen, aber da diese ja nur eine
vorübergehende Art für die umhertreibenden Gedanken und den
konfusen Geist ist, kann es nie als eine permanente Art angenommen
werden, um so die Natur der perfekten Angepaßtheit zu erreichen.

* * *

Wenn nun ein Anfänger über die vier großen Elemente, angefangen mit der Erde, nachdenkt, dann wird sein Geist andauernd an
Härte und an Undurchdringbarkeit denken – welches jedoch einfach
nur konditionierte Reflektionen sind – und keine Erleuchtung
seines intuitiven Geistes ist, so ist da natürlich nun auch kein Grund
für ihn, seine ursprüngliche Natur der perfekten Angepaßtheit durch
diese Art zu suchen.

Wenn ein Anfänger über das Element des Wassers nachdenkt,
wird sein Geist andauernd über Flüssigkeit und Impermanenz
denken, welches einfach verwandte Reflektionen sind – und nicht
Erleuchtung von seinem intuitiven Geist. Und seit er nicht frei ist
von der Natur des Wassers selber, kann es für ihn nicht die richtige
Art sein, Konzentration zu praktizieren, um dadurch die ursprüngliche Natur der perfekten Angepaßtheit zu erreichen.

* * *

Wenn der Anfänger über das Element des Feuers nachdenkt, wird
sein Geist es einfach mit Abneigung betrachten und versucht es zu
beenden. Und seit er nicht frei von der Natur des Feuers ist, kann es
für ihn nicht die richtige Art sein, Konzentration darüber zu

praktizieren und dadurch erwarten, daß er so die ursprüngliche Natur der perfekten Angepaßtheit erreicht.

* * *

Wenn der Anfänger über die universale Natur des Windes nachdenkt, können seine Reflektionen nicht frei von Gedanken von der Relativität der Bewegungen und Nicht-Bewegungen sein, da sein Geist durch Gedanken dieser Relationen beschäftigt ist, kann es also nicht höchste Erleuchtung sein. Wie kann es dann sein, daß er dadurch die ursprüngliche Natur der perfekten Angepaßtheit erreicht.

* * *

Wenn ein Anfänger über die Natur des reinen Raumes meditiert, werden seine Reflektionen natürlich dünn und vernebelt sein. Solche Reflektionen können nicht die Natur der Erleuchtung sein. Und so kann er auch nicht die ursprüngliche Natur der perfekten Angepaßtheit erreichen.

* * *

(... nun also folgendes: Laßt euch, von dem was hier geschrieben steht, nicht verunsichern, denn alles, aber auch wirklich alles, steht im Widerspruch zur eigenen Aussage, denn vergeßt nicht – Gott baut keine Fallen auf – oder hängt schwingende Strickleitern in luftige Höhen, die dann kaum oder nur schwer zu erreichen sind. Was hier gesagt wird, ist eine Sichtweise aus dem, was die angeblich erreicht haben – und nun meinen, daß dieses jeder andere auch erreichen muß, sonst ist er nichts wert oder ist sogar nur ignorant. Vergeßt niemals, daß ihr in letzter Konsequenz das Göttliche ja selber seid! Das was hier abläuft ist, daß das Dogma aufgebaut wird, von dem man ja eigentlich wegkommen will, da die Religionshypnose nun weltweit die größte Seuche ist – bis heute

werden weltweit Religionskriege geführt. Also seid wachsam, laßt euch nicht in die Erfahrungen anderer mit einbeziehen — und versucht nicht, das was ein anderer geworden ist, auch zu werden — bleibt euch selber treu und lebt euer eigenes echtes Leben, denn Gott baut keine Duplikate — wie sie die Buddhas und Meister rüberbringen wollen. Es ist gut damit zu arbeiten — perfekte Angepaßtheit zu erreichen — aber bleibt euch selber treu, seid aufmerksam und vorsichtig, hier spricht das Kollektive, der Schöpfergeist Kal persönlich. Ich würde mich nicht wundern, wenn Buddhas Personifizierungen die des Schöpfergeistes Kal sind — also der negativen Macht, der Kraft die zerstört wird. Wenn ja einer schon sagt, daß du das und das zu tun hast, um frei zu werden — und zwar göttlich frei zu werden, ist das alles Quatsch. Da können zwar Denkblockaden sein und sogar Ignoranz, aber vergeßt nicht, dahinter steht immer dein unzerstörbares, freies und voll erleuchtetes Wesen — vergeßt das nicht, denn ihr seid das schon längst — vergeßt das nicht, denn auch Buddha kämpfte gegen die Hindus — und die, die haben ihn dann als einen Gesandten des Teufels dargestellt. Also seht ihr, laßt euch nicht in diese sogenannten Religionsseuchen mit einbeziehen — lebt ohne Religion — frei — und erfreut euch eures Lebens, macht es euch so schön, wie es für euch geht, um dabei glücklich, froh und frei zu bleiben — das mit dem Sterben ist bloße Angstmacherei und Ausbeutung dieser verbreiteten Ängste — und genauso ist das auch mit der Wiedergeburt ... als Tier oder sonst etwas ..., denn vergeßt nicht: Gott ist in Allem — also im Stein und im Tier und in der Pflanze und so weiter ... Und wenn Gott schon im Tier oder im Stein ist, dann ist es doch wohl auch völlig in Ordnung, wenn du da auch bist, denn dadurch bist du ja bei Gott und mit ihm — immer. Was hier von dem kaltblütigen Manjusri gezeigt wird, ist bloße Negativisierung eines jeden, der das nicht erreicht hat, was er selbst erreicht hat ..., das ist ganz einfach ein Schlechtmachen auf wissenschaftliche Art — und die ist giftig.)

Wenn der Anfänger über die Lehre meditiert, das alle Dinge impermanent sind, dann werden seine Reflektionen zum Zyklus des Lebens und Sterbens gehören. So wird das Subjekt seiner

Reflektionen nicht in Konformität mit der Permanenz der wahren Erleuchtung sein. Wie kann er dann jemals die ursprüngliche Natur der perfekten Angepaßtheit durch eine solche Art erreichen.

(Was ist das nur für eine dumme Aussage von Manjusri – die Aussage, daß alle Dinge impermanent sind, die ist völlig richtig – und sie basiert auf dieser Einsicht und Erfahrung – und nicht nur das, jener oder jenes oder der Mensch, der das erkannt hat und weiß, hat das nur erkannt, weil er die Bewegung und Impermanenz dadurch erkannt hat. Der Erkenner jedoch das, was er wirklich ist, kann dieses nur erkannt haben, weil er ja die Nicht-Bewegung war ..., denn Bewegung könnte keine Bewegung erkennen. Also ist jeder, der das erkennt, genau das, wovon Buddha spricht: das unbewegliche Ewige ... wenn das das Edelste überhaupt ist.

Aber Manjusri, der redet wirklich dummes Zeug ... Die Aussage, daß alle Dinge impermanent sind, ist völlig richtig, denn die Betonung liegt hier nämlich auf Dinge ...)

* * *

Da sind Unterweisungen, die ohne den Ton der Wörter gegeben werden, die erleuchtend für fortgeschrittene Anfänger sind, deren Geist im vorherigen Leben diszipliniert wurde, was aber für die nutzlos ist, die noch abhängig von Worten, Definition und Stil sind, um deren Interesse daran aufrecht zu halten. Der Anfänger kann davon für die Erreichung der ursprünglichen Natur der perfekten Angepaßtheit nicht abhängig werden.

* * *

Das Befolgen der Gebote ist ein wichtiger Teil der Praktizierung von Meditation, jedoch der Anfänger kann nicht darauf aufbauen, daß ihn so etwas zu der ursprünglichen Natur der perfekten Angepaßtheit bringt.

* * *

Die Samen von transzendentalen Kräften sind in vorherigen Leben gepflanzt und deshalb kann der Anfänger sie nicht in diesem Leben erreichen. *(Was für ein Blödsinn ..., wie hat er sie denn im vorherigen Leben – was ja auch ein Leben war – bekommen.)* Der Grund warum er sie nicht erreichen kann ist, weil er fortwährend Diskriminierungen über die Phänomene in seinem Bewußtsein macht, was abhängig von dem denkenden Geist ist – und sobald er sich an Phänomene erinnert, wird sein Geist konfus. So ist da auch keine Chance für ihn, die Essenz seiner ursprünglichen Natur der perfekten Angepaßtheit durch die Arten der transzendentalen Kräfte zu erreichen.

* * *

Nur weil der diskriminierende und denkende Geist momentan durch glückliche Umstände friedvoll ist, heißt das nicht, das es durchgängiger Frieden und die Basis für Permanenz und Frieden der perfekten, ursprünglichen Angepaßtheit der reinen Geistessenz ist.

* * *

Dann sprach Manjusri zum erhabenen Buddha – sagend: Gesegneter Erhabener! Seit mein Buddha von dem Götterbereich zu dieser Welt des Lebens und Sterbens herunter gekommen ist, hat er uns durch seine wundervollen, erleuchteten Lehren sehr geholfen. Zuerst erhalten wir diese Lehren durch unseren Sinn des Hörens, aber wenn wir völlig fähig sind sie zu realisieren, werden sie uns durch transzendentales und intuitives Hören auch eingehen. Dieses macht die Erwachung und Perfektionierung von der transzendentalen Fakultät des Hörens sehr, sehr wichtig für jeden Anfänger. Wenn sich so der Wunsch für den Samadhi im Geist des Anfängers vertieft, kann er das am sichersten durch das transzendentale Organ des Hörens erreichen.

Für viele Zeitzyklen, so zahlreich wie die Teilchen des Sandes am Gangesfluß, besuchte Buddha Avalokitesvara, der Hörer und Beantworter von Gebeten, die Buddhaländer in allen Zehn Himmelsrichtungen aller Universen und hat die transzendentalen Kräfte von Angstlosigkeit und endloser Freiheit erreicht – und hat versprochen alle fühlenden Wesen von ihren Gefangenschaften und Leiden zu befreien. Wie süßlich und mysteriös ist der transzendentale Ton von Avalokitesvara – es ist der reine Brahma-Ton *(Aber der Brahmaton ist, laut Licht-Ton-Meister, nur der Schöpfergott – die dritte Ebene, Ursache- und Konditionsebene oder Kausalebene.)*, es ist der stille Ton – das Gemurmel von der Seeflut – der sich nach innen bewegt. Sein mysteriöser Ton bringt Befreiung und Frieden für alle fühlenden Wesen, die ihn in ihrer Not anrufen – es entsteht ein Sinn von Permanenz für die, die wahrhaftig das Erreichen des Friedens im Nirvana suchen.

* * *

(Um bei meiner eigenen Wahrheit zu bleiben – ich selber bin, wie schon erwähnt, in den Tonstrom oder das Wort oder Shabd oder den transzendentalen Ton eingeweiht und initiiert durch die Meisterin Ching Hai ..., mal sehen was daraus wird. In meiner Suche nach mir selbst und Gott habe ich den Tonstrom schon einige Male gehört und kann sagen: sehr, sehr schön ..., wie eine plastische Welle voller unzähliger Töne – eine Symphonie – und wie Pythagoras schon schrieb: die Sphären-Musik – Sokrates sagte, daß er den inneren Ton höre – auch Plato, er nannte ihn Logos. Shamas Tabriz, der Lehrer von Mevlana Rumi und Rumi selbst, alle lehrten den Tonstrom, den inneren – ihm zuzuhören und sich dadurch zu befreien.

Christus und auch Buddha Shakjamuni sollen diese Art gelehrt haben, was man ja aus diesem Sutra hier ersehen kann, da ja seine Folger auch davon wissen und es von ihm also ja bekommen haben müssen.

Und König Ikhnaton, der Ägypter, verbreitete diese Praxis – es wurde

Aton genannt. Im kupfernen Zeitalter sprach Krishna davon und lehrte den Ton – Laotse sprach vom Tao, dem Weg oder das Wort – Zarathustra nannte es Sharosha – in der Bibel wird es das Wort genannt ... und so weiter und so weiter ...)

* * *

Während ich hier zu meinem erhabenen Buddha spreche, hört er zur gleichen Zeit auch den transzendentalen Ton von Avalokitesvara. Es ist einfach so – während wir hier an diesem ruhigen Platz unseren Meditations-Praktizierungen nachgehen, sollte da in unseren Ohren der Ton von Trommeln sein. Wenn nun unser Geist, der den Ton hört, ungestört und ruhig bleibt, dann ist das die Natur der perfekten Angepaßtheit.

* * *

Der Körper entwickelt Gefühle, in dem er in Kontakt mit etwas kommt – und das Sehen der Augen wird behindert durch die Unklarheit der Objekte – und ähnlich ist es mit dem Sinn des Riechens und dem Sinn des Geschmacks, jedoch ist es anders mit dem diskriminierenden Geist – Gedanken entstehen, vermischen sich und verschwinden. Zur selben Zeit ist er neugierig auf die Töne im nächsten Zimmer und auf die Töne, die von weit entfernt kommen. Die anderen Sinne sind nicht so verfeinert wie der Sinn des Hörens – die Natur des Hörens ist die wahre Realität der Durchgängigkeit.

Die Essenz des Tons ist gefühlt in beidem: Bewegung und Stille, sie geht von der Existenz zur Nicht-Existenz. Wenn da kein Ton ist, wird gesagt, daß da kein Hören ist – aber das bedeutet nicht, das Hören seine Vorbereitschaft verloren hat – wirklich! Wenn da kein Ton ist, dann ist das Hören maximal wach – wenn da ein Ton ist, so ist das Hören nur minimal entwickelt. Wenn ein Jünger von den beiden Illusionen Erscheinen und Verschwinden – das ist von Tod und Wiedergeburt – befreit werden kann, so hat er die wahre Realität der Permanenz erreicht.

* * *

Sogar in Träumen, nachdem alles Denken ruhig wurde, ist die Hör-Natur ganz wach. Es ist wie ein Spiegel der Erleuchtung, der transzendental zum denkenden Geist ist, es ist nämlich außerhalb der Bewußtseinssphäre von beidem: Körper und Geist. In der physischen Welt könnte die Doktrin vom tiefgründigen, transzendentalen Ton verbreitet werden, aber fühlende Wesen, als eine Gruppe, bleiben ignorant und gleichgültig gegenüber ihres tiefgründigen Hörens. Sie reagieren nur auf die phänomenalen Töne und sind gestört durch beide – den melodiösen und den unmelodiösen Tönen.

Auch Ananda, mit seinem wundervollen Gedächtnis, war nicht fähig zu verhindern, sich auf einen üblen Weg zu begeben. Er war umhergetrieben auf einer gnadenlosen See. Wenn er aber seinen Geist von der treibenden Strömung seiner Gedanken wegdrehen würde, dann würde er sich bald erholt haben und zu seiner nüchternen Weisheit des ursprünglichen Geistes zurückgefunden haben.

Ananda, höre mir zu! Ich habe immer auf die Lehre des Buddhas vertraut, die mich zu dem wirklich unbeschreiblichen Dharmaton des diamantenen Samadhi bringen wird. Ananda! Du hast nun die geheimen Lehren von allen Buddhaländern gesucht, ohne zuerst deine Befreiung von deinen Wünschen und Verunreinigungen deiner eigenen Kontaminierungen und Abhängigkeiten zu erreichen – mit dem Resultat, daß du in deiner Erinnerung eine riesige Menge an weltlichem Wissen gespeichert hast, welches einen Berg von Fehlern und Fälschungen mit sich trägt.

Du hast die Lehre durch das Hören auf die Worte des Buddhas gelernt und dann das Gehörte in deiner Erinnerung gespeichert. Warum lernst du nicht von deinem eigenen Selbst, in dem du auf den tiefgründigen Ton des Dharmas hörst – und dann praktiziere die Reflektion darüber. Die Wahrnehmung des transzendentalen Hörens ist jedoch nicht durch einen natürlichen Prozeß, unter Kontrolle deiner eigenen Gesetze, entwickelt. Wenn du manchmal über dein transzendentales Hören nachdenkst und ein zufälliger Ton hat plötzlich deine Aufmerksamkeit – so legt ihn dein Geist zur Seite und diskriminiert und zerstört ihn dadurch. Sobald du aber den phänomenalen Ton ignorieren kannst, wird auch die Wahrnehmung des transzendentalen Tons aufhören – und du wirst so dein tiefgründiges Hören realisieren.

Sobald diese eine Sinneswahrnehmung des Hörens zu deiner Ursprünglichkeit zurückgeführt wird und du klar ihre Falschheit verstanden hast, dann hat der Geist auch sofort die Falschheit sämtlicher Sinneswahrnehmungen verstanden – und ist sofort von der Verbindung des Sehens, Hörens, Riechens, Schmeckens, Berührens und Denkens befreit – denn sie sind alle zusammen illusiv und delusionäre Visionen von Unrealität – und alle drei großen Bereiche der Existenz sind so gesehen das, was sie wirklich sind: imaginäre Blüten in der Luft.

Sobald die täuschende Wahrnehmung des Hörens emanzipiert ist, werden alle objektiven Phänomene verschwinden und dein intuitiver Geist wird perfekt rein. Sobald du die höchste Reinheit der Geistessenz erreicht hast, ist ihre tiefgründige Helligkeit spontan in alle Direktionen leuchtend – und wenn du in ruhiger Meditation sitzt, wird der Geist in perfekter Angepaßtheit mit dem Raum sein.

Ananda! Wenn du dann zur phänomenalen Welt zurückkommst, wird es sein, wie eine Vision in einem Traum. Und auch deine Erfahrung mit dem Mädchen Pchiti, wird dir wie ein Traum erscheinen – und dein eigener Körper wird seine Solidität und seine Permanenz verlieren. Es scheint dann auch so, als ob jeder Mensch, männlich oder weiblich, einfach nur eine Manifestation von einem talentierten Magier ist, der alle seine Aktivitäten unter Kontrolle hatte. Oder jeder Mensch scheint dann wie eine automatische Maschine zu sein, die einmal durch sich selber gestartet wurde und nun läuft – sobald diese automatische Maschine jedoch ihre Motivationskraft verliert, steht sie dann nicht nur einfach still, sondern ihre eigene Existenz verschwindet auch.

So ist es mit den sechs Sinnesorganen, die fundamental von einem vereinheitlichenden und erleuchteten Geist abhängig sind, die aber durch die Ignoranz in sechs semi- selbstständige Kompositionen und Konformitäten zerteilt wurden. Sollte ein Organ befreit werden und zu seiner ursprünglichen Originalität zurückkehren, ist es vereint in seiner fundamentalen Originalität, daß alle anderen Organe sofort ihre Aktivitäten aufgeben würden. Und alle weltlichen Verunreinigungen würden durch einen einzigen Gedanken gereinigt werden – und du würdest zu der wunderdvollen Reinheit der perfekten Erleuchtung kommen.

Sollte da aber eine minimale Kontaminierung übrig bleiben, solltest du mehr und ernsthafter praktizieren, bis du zur perfekten Erleuchtung kommst – und das ist zu der Erleuchtung eines Tathagatas.

Alle ihr Brüder und Schwestern in dieser Versammlung und auch du Ananda, solltet eure nach außen gerichtete Wahrnehmung des Hörens nach innen richten und innerlich dann auf den perfekten, einheitlichen und tiefgründigen, Ton eures eigenen Geistursprungs hören, denn sobald ihr perfekte Übereinstimmung erreicht, habt ihr dann auch die höchste Erleuchtung erreicht. Dieses ist der einzige Weg zum Nirvana.

Dieser Weg ist von sämtlichen Tathagatas in der Vergangenheit befolgt worden – und mehr noch – er ist auch für sämtliche Bodhisattvas-Mahasattvas der Gegenwart und auch für alle in der Zukunft, wenn sie auf die perfekte Erleuchtung hoffen. Nicht nur Avalokitesvara hatte perfekte Erleuchtung durch diesen goldenen

Weg in vielen Zeitzyklen erreicht – aber auch in der Gegenwart bin ich einer davon.

Der Buddha hat uns gefragt, welche Art und Weise von uns jeder angewendet hat, um diesen noblen Pfad zu folgen. Ich selber bezeuge, daß die Art wie sie Avalokitesvara angewendet hat, die höchst erfolgreichste Methode für alle ist, seit alle anderen Wege vom Buddha mit seinen transzendentalen Kräften geführt und gestützt werden müssen. Obwohl man auch alle seine weltlichen Verbindungen aufgeben kann, kann man nicht andauernd diese verschiedenen Wege praktizieren – sie sind besonders für Jugendliche und Senioren geeignet, aber für den normalen Menschen ist diese Methode, seinen Geist auf den Sinn des Hörens zu konzentrieren und dann nach innen zu wenden, um durch diese Tür des Dharma den transzendentalen Ton seines ursprünglichen Geistes zu hören – sehr weise und auch möglich.

Oh, gesegneter Erhabener! Ich verbeuge mich vor meinem erhabenen Tathagatas Schoß, welcher völlig rein und unantastbar in seiner perfekten Freiheit, frei von allen Kontaminierungen und Verfärbungen, ist – und ich bitte meinen erhabenen Buddha, sein endloses Mitgefühl auf alle fühlenden Wesen auszuweiten, für die Hilfe aller zukünftigen Jünger, sodaß ich weitermachen kann Ananda und alle gegenwärtigen, fühlenden Wesen in diesem gegenwärtigen Zeitzyklus zu lehren, Vertrauen in diese wundervolle Tür des Dharmas zu haben – in das tiefgründige Hören von ihrem eigenen Geistursprung, der durch diese höchst wirksame Methode sicher erreicht wird. Wenn irgend jemand einfach diese intuitive Bedeutung für seine geistige Konzentration in der Meditation auf dieses Organ für das transzendentale Hören nimmt, dann würden daraufhin bald auch alle anderen Sinnesorgane in perfekte Harmonie mit ihm fallen – und durch diese einzige Art des tiefgründigen Hörens, würde er die perfekte Angepaßtheit von seinem ursprünglichen Geist erreichen.

DIE ERLEUCHTUNG VON ANDEREN – DIE WICHTIGKEIT, DIE GEBOTE EINZUHALTEN

Ananda und die gesamte große Versammlung wurden gereinigt – in Körper und Geist. Sie bekamen ein tiefes Verständnis und eine klare Einsicht in die Natur der Erleuchtung des erhabenen Buddhas – und alle erfuhren sie dadurch den höchsten Samadhi. Sie alle hatten nun uneingeschränktes Vertrauen – wie ein Mann, der loszog ein wichtiges Geschäft in einem weit entfernten Land zu machen – denn sie kannten nun den Weg und wie sie zurück kommen konnten. Alle Jünger dieser großen Versammlung realisierten jetzt ihre eigene Essenz des Geistes und beschlossen weiterhin, entfernt von sämtlichen weltlichen Vermischungen und Färbungen, zu leben und kontinuierlich in der reinen Helligkeit des Auges des Dharmas *(Offenes drittes Auge)* zu leben.

Inmitten der Versammlung stand Ananda auf, glättete seine Robe und kniete sich mit zusammengefalteten Händen vor den Buddha. *(Das würde heute, außer einfältig Ignorante, keiner mehr tun – ist ja auch schon 2600 Jahre her …)* In der Tiefe seiner Natur war er schon erleuchtet und sein Herz war angefüllt mit Glücklichkeit und Mitgefühl für alle fühlenden Wesen – und besonders hatte er das Verlangen, ihnen, durch sein neu erlangtes Wissen, Vorteile zu verschaffen. Er wandte sich an den erhabenen Buddha – sagend: Ohhh, mein Lord des großen Mitgefühls! Ich habe jetzt für die Erreichung der Erleuchtung die Tür des Dharma realisiert und habe keine Zweifel mehr, das sie die alleinige Tür zu perfekten Erleuchtung ist. Mein Lord hat uns gelehrt, daß jene, die mit der Praktizierung des Bodhisattvalebens erst anfangen und sich noch nicht befreit haben, jedoch schon wünschen andere zu befreien, daß das ein Zeichen von Bodhisattva ist. *(Mit anderen Worten: In der humanen Gesellschaft – alle, die Wissen als Macht gegen dich benutzen, sind minderwertige Geschöpfe – alle, die dich nicht schlau und weise und glücklich machen wollen, sind gierige, blinde, dumme, ignorante und wilde Seuchen im Körper eines Menschen …, Sklaven des Brahmagottes – oder Kal, wie ihn die anderen nennen – oder des Schöpfergottes, wie ihn die Chtisten nennen.)* Und wenn solche die Erleuchtung erreicht haben – einen tiefen Grund haben andere zu erleuchten, ist das ein Zeichen für das Absteigen des Lords Tathagata vom reinen Land – für die Befreiung der gesamten Welt. Obwohl ich mich selbst noch nicht befreit habe, wünsche ich doch schon andere Wesen von diesem Zeitzyklus zu befreien. Nobler Lord! In diesem Zeitalter werden fühlende Wesen dieser Welt langsam immer mehr und mehr entfremdet von dem Gefallen des erhabenen Lords und sie propagieren falsche Lehren, häretische Lehren, welche die Menschen täuschen und sie ins Chaos führen – das wird immer mehr und mehr.

(Das scheint schon immer so gewesen zu sein, auch heute floriert Wissen in einem breitgefächerten Mantel – na und …, heute ist ja Individualismus angesagt und da lebt jeder sein »Ding«, ob er nun ein Milliardär oder ein Leprakranker ist …, jedoch, da alles Gott ist, ist also auch alles andere gar nicht so häretisch, wie es Ananda zu wissen scheint.)

Ich möchte sie überzeugen, ihren Geist in der Meditation nun auf das Erreichen des Samadhi zu konzentrieren. Was kann ich tun, ihnen zu helfen, innerhalb ihres Geistes einen wahren Altar zur Erleuchtung zu errichten, sodaß sie von täuschenden Verführungen abgehalten werden können – und damit es in ihrem Fortschritt keine Zurückfälle oder Ängste in dem Erreichen der Erleuchtung gibt?

Als Antwort auf die Frage sprach der gesegnete Erhabene zur Versammlung – sagend: Ananda hat eben gefragt, wie ein wahrer Altar der Erleuchtung gelehrt werden kann, auf dem in diesem Zeitalter alle fühlenden Wesen zur Befreiung und zum Schutz kommen können – hört nun gut zu, ich werde es euch erkären.

Ananda und alle in dieser Versammlung! Wenn ich euch die Bestimmungen der Disziplin erkläre, die ich schon öfter erwähnt habe, so sind es diese drei gute Gründe – nämlich:

1. Der einzige Weg die Gebote einzuhalten ist, zuerst fähig zu sein, den Geist zu konzentrieren.
2. Durch das Einhalten der Gebote wirst du fähig sein den Samadhi zu erreichen.
3. Durch den Samadhi entwickelt man Intelligenz und Weisheit. Wenn man diese drei guten Lehren gelernt hat, hat man Freiheit von den Vergiftungen und Behinderungen erreicht.

Ananda, warum ist die Konzentration des Geistes wichtig, bevor man die Gebote einhalten kann? Und warum ist es nötig, die Gebote einzuhalten, bevor man richtig meditieren und den Samadhi erreichen kann? Und warum ist die Erreichung vom Samadhi wichtig, bevor man wahre Intelligenz und Weisheit erreichen kann? Laß es mich dir erklären: Alle fühlenden Wesen in den sechs Realitäten der Existenz sind empfänglich für Verführungen und Lockmittel. Wenn sie aber nun diesen Verführungen und Lockmitteln nachgehen, fallen sie hinein und werden fest an den wiederkehrenden Zyklus von Tod und Wiedergeburt gebunden. Da man diesen Verlockungen und Verführungen verfallen kann, muß man, um frei von dieser Gebundenheit und allen ihren Vergiftungen zu werden, seinen Geist resolut und mit Kraft lehren, diesen Verführungen bis zum äußersten zu widerstehen. Das wichtigste dieser Lockmittel ist die Verführung in sexuelle Gedanken, Wünschen und Genüssen zu verfallen – mit ihrem folgenden Rückfall in Gebundenheit und Leiden. Wenn man sich nicht von dieser Gebundenheit und Kontaminierung befreien kann und der sexuellen Lust weiter nachgeht, wird da auch keine Flucht von den nachfolgenden Leiden möglich sein – auch nicht die Hoffnung auf Fortschritt in der Erleuchtung und der vollen Friedlichkeit. Egal wie schlau du mental auch sein magst, egal wieviel du meditierst, egal wie hoch der Grad des anscheinenden Samadhis auch sein mag, den du erreichen könntest – wenn du nicht völlig die sexuelle Lust beendet hast, wirst du danach ohne weiteres in die niederen Bereiche der Existenz fallen. In diesen niederen Mara-Reichen gibt es dann drei Stufen des üblen Bereichs: den Todeskönig, üble Dämonen und weibliche Freunde – und alle von ihnen haben von sich selber jeweils ein Doppel, welches sich als Engel des Lichts verkleidet, der höchste Erleuchtung erreicht hat. *(Mara ist die Verkörperung des Todes. Der Legende nach soll Buddha Shakjamuni, während seines Strebens nach Erleuchtung, von Mara besucht worden sein – und ihn daran hindern wollte, den Menschen, den von Leiden befreienden Weg zu weisen. Mara bot zuerst eine Unzahl von Teufeln auf, doch Siddhartha hatte keine Angst davor. Dann entsandte Mara seine schönste Tochter, die Sidharta verführen sollte – die sich jedoch vor seinen Augen in eine häßliche Frau verwandelte – worauf Mara sich dann endgültig geschlagen gab ... kosmische Schöpfung. Wenn ich schon so etwas lese – wo bleibt da Gott, ich – eine seltsame Welt unter diesem Blickwinkel ..., na ja, hier hilft wohl nur noch Heldenmut, ohne mutig zu sein.)*

Nach meinem Parinirvana *(Völliges Erlöschen)*, in dem letzten Zeitzyklus dieser Welt, werden da viele von diesen Arten der üblen Geister sein – überall. Manche von ihnen werden dich ganz offen mit Habsucht oder Geiz oder sinnlichen Begierden besetzen – und andere werden als Heilige oder gelernte Meister erscheinen. Keiner wird dann ihren üblen Machenschaften entkommen, die sie in die Sümpfe der Verschlechterungen bringen und dann so den Pfad zur Erleuchtung vergessen. Deswegen Ananda – und ihr anderen alle, ihr solltet ständig die Menschen lehren die perfekte Konzentration des Geistes zu erreichen, sodaß sie fähig sind, die Gebote zu halten und Meditation zu praktizieren – und den Samadhi zu erreichen. Dieses ist die klare Lehre von sämtlichen Buddhas in der Vergangenheit – und es ist meine Instruktion in dieser Gegenwart – und wird die Instruktion von allen Tathagatas in der Zukunft sein.

Deswegen Ananda, ein Mann der versucht Meditation zu praktizieren, ohne vorher die Kontrolle seines Geistes erreicht zu haben, ist wie ein Mann, der versucht Brot von einem Teig aus Sand zu backen – backe es solange du willst, es wird nur Sand sein, der heiß ist. Es ist das gleiche mit fühlenden Wesen, Ananda. Sie können nicht hoffen, Buddhaschaft durch die Art eines unschönen Körpers zu erreichen. Wie können sie hoffen, die wundervolle Art des Samadhi aus Unzüchtigkeit zu erreichen. Wenn die Quelle unschön ist, ist auch das Produkt unschön – da wird immer wieder ein Zurückkehren zu Tod und Wiedergeburt sein. Sexuelle Lust führt zur Multiplizität – Kontrolle des Geistes führt zur Erleuchtung und dem intuitiven Leben der Buddhaschaft. Multiplizität führt zu Kämpfen und Leiden – Kontrolle des Geistes führt zu Meditation und zum friedvollen Segen von Samadhi und Buddhaschaft.

(Hier möchte ich gleich folgendes zu sagen. Ich habe zwar noch nicht vollkommen mein wahres Wesen – durch bewußte Praktizierung darauf – erkannt, aber der Ansatz, den Buddha da angeblich gemacht hat, der ist falsch, denn: Du machst ja den Anfang nicht mit deinem Körper, egal wie schmutzig der auch sein mag oder egal wieviel Rasierwasser er auf sich trägt, du machst den Ansatz aus dir – dem unsterblichen Wesen – zumindest aber aus deiner Mentalität, deswegen ist der Ansatz – meiner Erfahrung nach – nicht richtig ... Ich habe Fleisch gegessen, Wein getrunken und Frauen geliebt – und während dieser Zeit habe ich viele spirituelle Erfahrungen gemacht ... Hierzu kann ich folgendes sagen: Wer genau aufpaßt, hat bemerkt, das jeder Meister von einem anderen Meister abstammt und dessen Verhaltensstrukturen mitnimmt – deswegen kann der Buddha auch nur das sagen, was er selbst gelebt hat. Es wird aber auch andere geben, die Gott oder sich selber unter anderen Bedingungen erlebt haben – das ist jedenfalls meine Erfahrung, denn dein Körper ist nie schlecht ..., auch wenn er bösartig und voller sogenannter Sünden sein soll – Gier Habgier. Es ist immer nur eine andere Form des Lichts, die da gelebt wird – aber in diesen Dualitäten, die der Buddhageistwelt angehören, denke ich nicht – und lebe ich auch nicht. Denn vergiß etwas ganz wichtiges nicht: Da du ja in Wahrhaftigkeit wirklich das unsterbliche Göttliche bist, kreierst du diese ganze Götterwelt – und auch alle anderen Welten – selbst ..., denn sonst müßte man ja sagen, das die gesamte dreidimensionale Welt eine Schöpfung des Üblen ist ..., so etwas glaube ich nicht – es sind nur Menschen, die sich so etwas zusammenbrauen.)

Scheu vor sexuellen Gedanken und die Vernichtung von sexueller Lust ist der Pfad zum Samadhi. Und sogar die Konzepte von Scheu und Vernichtung müssen vergessen und entfernt werden. Wenn der Geist unter perfekter Kontrolle ist und sämtliche unschönen Gedanken verschwunden sind, dann erst ist da eine begründete Erwartung für die Erleuchtung zum Buddha. Jede andere Lehre ist die Lehre des üblen Maras – des Todesgottes. Dieses ist meine erste Ermahnung, bezüglich der Einhaltung der Gebote.

(Also, ich als Noch-nicht-Buddha will sagen, daß hier ein Bild hochgeredet wird, das da nun sämtliches Leben – außer dem Leben der Buddhas – als minderwertig und übel betrachtet ... Ist es denn möglich, daß man sich von dieser Art der Sichtweise der menschlichen Vorfahren entfernen muß – ich würde sagen, ja, ich muß es erfahren ..., also Samadhi, wo bist du?)

Die nächste wichtige Hinderung und Versuchung ist die Tendenz von allen fühlenden Wesen, aus allen sechs Realitäten der Existenz, den Stolz und Egoismus zu beschönigen. Um so zu werden, ist es unausweichlich, daß man unlieb und barsch, und ungerecht und kalt zu anderen fühlenden Wesen wird. Diese Tendenz lockt einen in die Gefangenschaft des Todes und der Wiedergeburt – wenn aber diese Tendenz kontrolliert werden kann, werden sie auch nicht länger in diese Gefangenschaft gelockt, denn richtige Kontrolle des Geistes wird sie auch fähig machen, die Gebote einzuhalten – das Gebot der vollen Liebe und Freundlichkeit zu allem Leben. Der Grund für die Meditationspraxis und die Suche nach dem Samadhi ist der, aus dem Leiden des Lebens zu entkommen – aber warum sollten wir bei der Suche nach Freiheit vom Leiden, anderen Schmerzen zufügen? Bis du deinen Geist nicht so kontrollieren kannst, das sogar der Gedanke von brutaler Lieblosigkeit und Töten verschwunden ist, wirst du auch niemals fähig sein, den Gebundenheiten dieser Welt zu entkommen. Egal wie schlau du mental sein wirst, egal wieviel Meditation du praktizieren wirst, egal wie hoch dein Grad des

Samadhis auch sein wird – bis du nicht völlig die Tendenz zur Lieblosigkeit gegenüber anderen beendet hast, wirst du wieder in die Reiche der Existenz fallen, wo die üblen Geister leben.

(In diesem Punkt hat Buddha meine volle Einsicht ..., nicht umsonst bin ich ja 1966 nach Kanada ausgewandert, um nicht an dem Schwachsinn der Bundeswehr und den militärischen, weltweiten Seuchen teilzunehmen – natürlich bin ich auch nicht für das Töten, auch nicht für das Töten von Tieren, um sie zu essen.)

Es gibt drei Ränge von Geistern: Der höchste Rang ist der mächtige Geist, dann die Yaksa-Geister, die in der Luft fliegen – und dann die niedrigsten, die Rakhsa-Geister, die unter der Erde leben. Jeder dieser Geister hat sein Doppel, welches sich als voll erleuchtet verkleidet. Nach meinem Parinirvana, in dem letzten Zeitzyklus, werden all diese unterschiedlichen Geister überall anwesend sein – die Menschen täuschen und sie lehren, daß sie Fleisch essen können und trotzdem Erleuchtung damit erreichen würden – aber wie kann ein treuer Folger des Lord Tathagata fühlende Wesen töten und ihr Fleisch essen?

Ihr alle in dieser großen Versammlung habt zu schätzen, das solche Menschen, die möglicherweise erleuchtet werden und den Samadhi erreichen können, aufgrund ihres Fleischessens nur hoffen können, den Rang eines großen Rakhsas zu erreichen – bis zum Ende ihres Vergnügens, denn sie müssen wieder in den nie endenden Zyklus von Tod und Wiedergeburt sinken. Sie sind keine wahren Jünger des Buddhas. Wenn sie fühlende Wesen töten und deren Fleisch essen, werden sie auch nie fähig sein, dieser dreifachen Welt zu entkommen. Darum Ananda – neben die Menschen zu lehren, in diesem Zeitzyklus alle sexuelle Lust fallen zu lassen *(Sexuelle Lust ist etwas anderes als Liebe ...)*, müßt ihr sie auch lehren, allem Töten und allen Brutalitäten anderer Art ein Ende zu setzen.

Wenn man die Meditation praktiziert und immer noch Fleisch ißt, würde man wie ein Mann sein, der seine Ohren verschlossen hat und laut ruft und dann sagt, er hätte gar nichts gehört. Um so mehr man Dinge versteckt, um so sichtbarer werden sie. Reine und ernste Mönche und Bodhisattvas-Mahasattvas werden – wenn sie den schmalen Pfad gehen – sogar nicht auf das grüne Gras, was neben dem Pfad wächst, treten. Wie kann dann ein Mönch, der hofft ein Befreier von anderen zu werden, selber vom Fleisch anderer fühlender Wesen leben.

(Schön Buddha ..., prima, komm Buddha und sag es ihnen, denn alle Fleischesser sind Leichenfresser ...!)

Reine und ernste Mönche – wenn sie wahrhaftig und ehrlich sind – werden auch nie Kleidung tragen, die aus Seide ist – oder Schuhe aus Leder, denn diese Materialien sind durch das Töten von lebenden Wesen entstanden. Auch werden sie weder Milch noch Käse zu sich nehmen, weil dadurch ja den jungen Tieren die Nahrung vorenthalten wird. Nur solche wahren und ehrlichen Mönche, die ihr Karma aus vorherigen Leben abgezahlt haben, werden die echte Befreiung erreichen – nur solche Mönche sind nicht mehr gebunden in dieser dreifachen Welt zu wandern.

Kleidung zu tragen oder nur etwas zum eigenen Vergnügen mitmachen, sich selbst, hinsichtlich des Leidens, täuschen, welches anderen dadurch zugefügt wird, das bedeutet eine Affinität aufzubauen, mit welchem das niedere Leben einen zu sich zieht. So müssen alle Mönche sehr vorsichtig sein – und sie müssen in voller Wahrheit leben – sie müssen sich sogar weit entfernt davon halten, auch nur so zu erscheinen, als ob sie lieblos zum Leben wären. Nur solche echtherzigen Mönche werden die wahre Befreiung erhalten. Sogar in der Sprache und insbesondere im Lehren müssen sie reine Milde lehren, denn eine Lehre die nicht liebevoll ist, kann auch nicht die Lehre eines Buddhas sein. Nicht liebevoll zu sein, ist der Mörder der Weisheit. Dieses ist die zweite Belehrung von Lord Buddha – Gebote einzuhalten.

Dann ist da das Gebot nichts zu nehmen, was einem nicht gehört und nichts zu begehren und zu bewundern. Man muß lernen dieses Gebot in voller Wahrheit zu halten, wenn man von dem Zyklus von

Tod und Wiedergeburt befreit werden will. Der Sinn dieser Praxis des Meditierens ist – dem Leiden dieser sterblichen Welt zu entkommen. Egal wie schlau du auch sein magst, egal wie gut du auch Meditation praktizierst, egal wie hoch dein angeblicher Samadhi ist – wenn du nicht vom Stehlen und Begehren Dinge anderer wegkommst, wirst du in den Bereich der Häretiker fallen.

Da sind drei Grade der Häretiker: Der erste Grad ist der spirituelle Häretiker, der einen in Rang und Privilegien, Macht und egoistischen Stolz verführt. Der zweite Grad ist der mentale Goblin *(mentaler Kobold)*, der einen in falsche Ideen verführt, die dein Wissen, deine Gelehrsamkeit und Belesenheit verschönert. Der dritte Grad sind die normalen Häretiker dieser Welt, die die Menschen das lehren, was nicht der echte Dharma ist. Du wirst von diesen Häretikern an jede Hand genommen – innerhalb und außerhalb. Und jeder von diesen häretischen Kobolde wird sein Doppel haben, welches sich dann als jemand verkleidet, der die höchste Erleuchtung erreicht hat und sich als ein Lehrer darstellt – ein Lehrer der höchsten Wahrheit. Nach meinem Parinirvana, im letzten Zeitzyklus dieser Welt, werden da viele von diesen Kobold-Häretikern sein und sich in den Persönlichkeiten der Heiligen verstecken, in denen sie am besten ihre Tricks austragen können. Manchmal erreichen sie die Kontrolle über einen großen und guten Meister und lehren dann unter seinem Prestigenamen. Oft sagen sie, das sie ihr Dharma von einem noblen Meister erhalten haben, um damit ignorante Menschen zu täuschen, sie zu entmutigen und sie sogar damit verrückt zu machen. Auf solchen täuschenden Wegen verbreiten sie dann ihre falschen und zerstörerischen Lehren.

(...tja, das ist eine knifflige Sache hier ... Es wird mit anderen Worten aber auch alles schlecht gemacht, was es sonst noch auf der Erde an lebenden Wesen gibt – aber auch wirklich alles – auch die niedlichen Häretiker. Naja und wenn alles schlecht gemacht ist, dann wird nur der Buddha als der alleinige Retter angeboten ... In aller Achtung für den Buddha, tut mir nicht leid das zu sagen: Hier ist etwas sehr, sehr faul. Ist

es möglich, daß überhaupt die ganze religiöse Angelegenheit im Kern sehr, sehr faul ist – auch diese schönen Gebote im Auge behaltend, für die ich auch bin, denn schaut man sich einmal um, ist da also die Erde mit ihren Menschen und Wesen – und die sind also alle Gefangene – und nun kommt alle 2000 Jahre ein Buddha und lebt und tut da irgendwo ..., was ist das für ein bodenloser Quatsch und eine Höllenlogik ... Nein, hier kommen mir wieder sehr, sehr starke Zweifel – denn wie gesagt, ich habe ja selbst Erleuchtungs-Erfahrungen gemacht – trotzdem, hier stimmt etwas nicht – in dieser Anspruchsrolle der Totalität. Da ist schon mehr als ein übles Dogma drin – es ist sogar die totale Versklavung auf allen Ebenen. Außer – ich erfahre es selbst, daß es so ist, kann ich einer solchen Lehre nicht uneingeschränkt zustimmen und gutheißen ..., erst sind da alle mit üblen Eigenschaften besetzt – und dann gibt es nur eine Sorte von Rettern ..., da ist doch etwas faul ...

Da fällt mir noch Paul Twitchel ein, der Eckankar gegründet hat – sehr, sehr dubios. Der war nur mit Geistwesen zusammen und hatte nie einen Meister in Fleisch und Blut – und alles, aber auch alles, was es an anderen Wissen und Einsichten gab, das war nichts – nur das Eck, wie er es nannte, war echt. Dabei ist der Gott Eckankar – gut nachzulesen bei Hazur Maharaji Sawan Singh – eine Unterstufe der Gottheit – zu lesen in Philosophie of the Masters ...)

Aus all diesen unterschiedlichen Gründen lehre ich meine Mönchsbrüder, nicht Komfort oder Privilegien zu suchen, sondern ihre Nahrung zu erbetteln – nicht hier und da und nicht jetzt oder später, sondern macht es zu einer regulären Gewohnheit, sodaß ihr besser fähig seid die Erleuchtung – ohne Habgier und Geiz, die das behindern – zu erreichen. Ich lehre euch nicht eure eigene Nahrung zu kochen, sondern von anderen abhängig zu sein – sogar für das ärmste Leben – so, daß ihr eure Einheit mit allem Leben realisiert und nur Reisende in diesem Leben seid. Wie kann unter diesen Konditionen ein schlechter Mann dazu verführt

werden, buddhistische Kleidung zu tragen und den Dharma von
sämtlichen Tathagatas als Einkaufsware anzupreisen? Wenn er dieses
tut, wird er alle Arten von üblem Karma ansammeln.

*(Hier sieht man schon, daß da etwas faul ist. Buddhismus gibt es erst
seit – ich weiß nicht genau, aber Buddha selbst war kein Buddhist – und
auch Jesus kein Christ – Mohamed kein Mohamedaner – und so
weiter ..., hier ist etwas faul an der Sache.)*

*(Diese Häretiker bestehen darauf, das ihre egozentrischen und
angesammelten Taten in Konformität mit Buddhas Lehren sind – und
das Buddhismus ihnen erlaubt in diesen angesammelten Wegen zu lehren
und zu handeln. Auf diese Art diffamieren sie die echten und wahren
buddhistischen Mönche – diese Art, die in einer formellen religiösen
Zeremonie getestet und versucht wurde. Im Gegenteil, sie zeigen sich so
selber als Zugehörige einer häretischen Sekte, während sie getäuschte und
konfuse Falschgeleitete machen – und dadurch viele fühlende Wesen
hindern, sodaß diese in die Hölle des Leidens fallen ...*

*Es tut mir nicht leid das zu schreiben, denn hier stinkt es höllisch –
höllisch nach Dogma und allerlei anderem Übel und Dummen ..., hier
stinkt es nach bodenlosem und abgrundtiefem Buddhismus, der heute
nicht fähig seine würde einen echten Buddha zu empfangen. Wenn heute
der Buddha Maitraija – der nächste, wie er sich ja hier schon vorgestellt
hatte – hier sein würde, die Buddhisten würden ihn verteufeln – gefangen
in ihren 80 Millionen Ritualen und gehirngewaschenen, dummen,
religiösen Ignoranzen ...)*

Wenn nach meinem Parinirvana da Mönche sein sollten, die
unter meiner Anweisung Meditation praktizieren und den Samadhi
erreichen und ihre Ernsthaftigkeit bewiesen haben, durch ein Opfer,
das sie vor dem Bild eines Tathagatas gemacht haben – wie einen Teil
ihres Körpers abschneiden – oder ihre Finger verbrennen – oder
sogar einen Teil mit Wut auf ihrem Kopf verbrennen – solch ein
Mönch hat sofort all sein Karma bezahlt, welches seit anfangloser
Zeit angesammelt wurde – und er wird sofort von der Gebundenheit

in dieser dreifachen Welt befreit sein. Obwohl so ein Mönch nicht sofort die höchste Erleuchtung erreicht, zeigt er echte Resulotion und ist auf dem richtigen Pfad durch die Praktizierung der Meditation.

(Nein, nein, nein ..., hier ist doch etwas mächtig faul. Zuerst wird in den allerhöchsten Tönen gepredigt, alles Leben zu achten und so weiter – und dann sich selber zerstückeln ..., nein, nein, nein. Der das da zusammengekritzelt hat, der war offensichtlich ganz übel und ist selbst ein Häretiker. Sämtliche Buddhisten scheinen nämlich Häretiker zu sein – so wie es die Christen auch sind, aber das ist ja nun nichts Neues – und weiter schlimm ist es auch nicht.)

Wenn sie jedoch nicht ernsthaft genug sind, eben den kleinsten Komfort aufzugeben, auch sogar wenn sie ein Maß an stiller Ruhe erreicht haben – so werden sie in einem menschlichen Körper wiedergeboren, um ihre vorherigen Schulden zu bezahlen. Sogar ich leidete – für etwa drei Monate – als ich den Hafer vom Futter der Pferde aß – ich war so hungrig – und das als Antwort auf die Schulden meines vorherigen Lebens. So müßt ihr die Menschen dieser Welt – die Meditation praktizieren, um den Samadhi zu erreichen – lehren, sich von dem Stehlen und dem Begehren weit fern zu halten.

(Was ist das nur für ein Gott, den Buddha gesehen hat und lehrt – wo ist da Liebe und die Liebe ... oder zum Beispiel, alkoholfreien Champagner trinken ... Nein, nein, nein, hier ist etwas faul. Sind wir denn nicht alle Gott, die wir uns nun Menschen nennen ..., nein, hier ist etwas mächtig faul.

Religion und Religion und Religion ist faul und faul und faul – denn in Indien ist der Buddha als Buddhismus ja nicht anwesend – da haben ihn die Hindus hinausgejagt ... Religion ... ein Klumpfuß der menschlichen Entwicklung.)

Darum Ananda – wenn irgendeiner meiner Mönche, der Meditation praktiziert, nicht auch Abstand vom Stehlen nimmt, deren Mühen sind wie jemand, der einen Topf voller Löcher mit Wasser füllt – egal wie lange sie meditieren werden, sie werden nie erfolgreich sein. Alle ihr anfangenden Jünger solltet außer ärmlicher Kleidung und eurer Bettelschale nichts weiteres besitzen – sogar eure erbettelte Nahrung, die nachdem ihr gegessen habt, übrigbleibt, sollte hungrigen, fühlenden Wesen gegeben werden – und sollte nicht für ein weiteres Mahl behalten werden. Mehr noch – ihr solltet euren eigenen Körper, sein Fleisch *(Also Fleisch ist etwas, was von getöteten Lebewesen kommt – und ein Körper der lebt, hat kein Fleisch. Also was soll dieses dumme Gerede ..., von irgendeinem Mönch nach Buddhas Tod geschrieben.)*, Blut und Knochen, so, als nicht zu euch gehörend anschauen, sondern so, als wäre er eins mit Körpern aller anderen fühlenden Wesen und damit immer bereit ist, ein Opfer für das allgemeine Wohl zu geben. Sogar wenn Menschen dich schlagen und beschimpfen mußt du es geduldig akzeptieren und mit zusammengefalteten Händen dich demütig verbeugen. Mehr noch – ihr solltet keine Lehre akzeptieren, die leicht und akzeptabel ist und den Rest des Dharmas nicht akzeptiert – ihr solltet alles mit unparteiischem Geist akzeptieren, da ihr sonst den Dharma für die neuen Ankömmlinge mißinterpretiert. So zu leben wird der Lord Buddha euer Erreichtes bestätigen, wie einem, der den wahren Samadhi erreicht hat. Wenn ihr den Dharma lehrt seid sicher, daß eure Lehre in Übereinstimmung mit den erwähnten Geboten ist, sodaß sie als eine wahre Lehre der Buddhas angenommen wird. Sonst würde es eine häretische Lehre mit täuschenden Worten von den Kobold-Häretikern sein, welche Mörder sind – Mörder für das Leben der Weisheit. Dieses ist die dritte Belehrung bezüglich der Einhaltung der Gebote.

(Somit ist ja Buddhismus selbst eine häretische Lehre – wie Christen- oder Muselmanentum, was ja auch erfahrungsgemäß durch ihr weltweites Verhalten bestätigt wurde – Päpste sind die Mörder und Steuereintreiber für ihre eigenen Machtsüchte und ihrer enormen Ausbeutungsgier. Christen fressen Fleisch, lügen und betrügen und machen Weltkriege –

*Buddhisten geben ihren Senf im Fleischfressen, Lügen und täuschen dazu
– Moslems, naja, die sind sogar so übel mit ihren Kamikaze-
Fundamentalisten, die wollen ja gleich die gesamte Menschheit um-
bringen, wenn sie nicht alle so sind oder werden wie sie selber – nämlich
fanatische Kobolde. Religion ist die größte Seuche – schlimmer als Krebs,
Aids oder sonst irgend etwas ...)*

Dann ist da das Gebot des nicht Täuschens oder Lügen erzählen.
Wenn die fühlenden Wesen dieser sechs Bereiche der Existenz
Abstand vom Töten, Stehlen und Ehebruch genommen haben – und
sogar Abstand genommen haben, eben daran zu denken – aber sie
sind nicht fähig das Gebot der Wahrhaftigkeit zu leben und nicht
echt in ihrer Praktizierung der Meditation und deren Erreichung
von Samadhi, da wird so keine Befreiung für sie sein – sie würden in
den Rang der Maras *(Zerstörer, Todesgott)* fallen, die mit dem
kleinsten Erreichten zufrieden sind und sich dafür rühmen – oder
sie würden in die Ränge der Maras fallen, welche voreingenommen
und von egoistischer Selbstheit sind – und was noch wichtiger ist: sie
würden ihren Samen der Buddhaschaft verlieren.

Solche voreingenommenen Jünger und Mönche nehmen an, daß
sie erreicht haben, bevor sie erreicht haben – bevor sie echte
Realisierung erreicht haben, sie geben vor, die höchsten und am
meisten respektierten Meister zu sein – und sprechen zu den
Menschen bewegt übertreibend: Ich habe den Grad des Nie-
wiederkehrers erreicht – oder er erzählt andere Lügen – oder er sagt:
Ich habe den Grad eines Heiligen erreicht. Sie geben vor, sie hätten
den Grund der stillen Ruhe erreicht – oder den Grad der Bodhisattvas-Mahasattvas, die ja das Stadium der Nicht-Rückkehr erreicht
haben. Mehr noch – sie bekehren die respektvollen Menschen, sie
möchten sie gerne in ihrer Gegenwart demütig sehen und gierig
verlangen sie auch Geschenke und Reichtum von ihnen.

*(Osho verlangte ja auch, daß die Leute ihr Geld geben – selbst-
verständlich mit einer logischen Begründung ... Aber auch die*

Eckkankar-Leute, die verlangen ja sogar Geld, damit du für Gott ausgebildet wirst – und damit sie dich in den göttlichen Tonstrom und sein Licht einweihen ...
Naja, Menschsein ... eben ein Zirkusleben.
Der Staat und Staatsführer, der Kirchenstaat Papsthausen in Rom, der ist ja sogar aus seinen Machtansprüchen, der Menschenverachtung, des Mordens und Lügens und Betrügens – der mit der Mafia verbundene Staat, der sammelt sogar von den deutschen Obrigkeitshörigen, per Staatsseuche, Gottessteuern ein ..., ja, so übel ist Religion ... so frei und so wahrhaftig ...)

Solche Mönche und Jünger sollten nicht besser geachtet und gestellt sein, als die Nicht-Gläubigen – nicht besser als harte Icchantikas *(Glaubenslose)*.

(Die Buddhisten streiten sogar darüber, ob ein glaubensloser Buddha überhaupt Natur besitzt. Wirklich. Also wirklich – Religionen, was die sich alles anmaßen – Lieblose unter dem Mantel der höchsten Gebote und Reinheiten, kaltblütige Selbstbetitelte, die die Welt retten wollen, die Gott geschaffen hat – was für eine selbstherrliche Anmassung – in ihrer Angst vor sich selber ...)

Sie verlieren nicht nur ihren eigenen Samen der Buddhaschaft, sie zerstören auch den Samen der Buddhaschaft in anderen. *(Wenn der Samen der Buddhaschaft so einfach zerstört werden kann, dann kann er auch nichts wert sein.)* Solche Mönche und Jünger verlieren progressiv die Natur ihrer Liebenswürdigkeit und langsam verlieren sie so auch jedes Maß für das Verstehen, welches sie zuvor erreicht hatten – und zuletzt sinken sie in die See der drei Arten von Leiden, nämlich:
1. Leiden von Schmerzen,
2. Verlieren der Freude,
3. Leiden des Verfalls.
Sie werden lange, lange Zeit nicht den Samadhi erreichen – und auch für eine lange Zeit nicht in ihrem nächsten Leben.

Trotzdem Ananda, in der Zeit nach meinem Parinirvana betone ich für alle Bodhisattvas-Mahasattvas und Heiligen hier, dennoch in diesem letzten Zeitzyklus wiedergeboren zu werden, nur damit ihr die fühlenden Wesen befreien könnt. Ihr solltet sämtliche Arten der Transformation benutzen – wie Jünger, einfache Menschen, Könige, Lords, Minister, unschuldige Jungen, Eunuchen, Witwen, Ehebrecher, Diebe, Schlachter, Reisende et cetera – sodaß ihr fähig seid, euch mit allen Sorten von Menschen zu vermischen – und so die wahre Befreiung des Buddhas und den damit verbundenen Segen des Samadhis lehrt und weitergebt. Du darfst nur nie deinen eigenen Rang des Bodhisattvas-Mahasattvas oder Heiligen preisgeben – du mußt nie den geheimen Grund der Erreichung des Lord Buddhas preisgeben – auch solltest du mit Respekt von anderen sprechen, die keine Meditation praktizieren. Insbesondere – wenn es dann zum Ende deines sterblichen Lebens kommt, kannst du deinen, ganz besonders gelehrigsten, Folgern die geheime Lehre und die Instruktionen offenbaren, denn sonst würden sie die teuflischen Häretiker durch ihre Lügen weglocken. Die Welt zu lehren, die Gebote von wahrhaftiger Aufrichtigkeit zu beachten, Meditation mit Aufrichtigkeit zu praktizieren und einen wahren Samadhi zu erreichen – das ist die klare und wahre Instruktion des Lord Buddha.

Deswegen Ananda, wenn irgendein Jünger nicht Abstand von Täuschen nimmt, ist er wie ein Mann, der menschlichen Dung formt, anstatt süßlich duftendes Sandelholz. Ich habe meine Mönche immer ihren intuitiven Geist, in Direktheit und Wahrheit, als ihren wahren Altar der Erleuchtung gelehrt – und zu allen Zeiten – beim Gehen, Stehen, Sitzen oder Liegen – da sollte keine Falschheit in deinem Leben sein. Wie übel ist es für die Häretiker, deren Leben mit Täuschungen gefüllt ist, die sich als höchst Erleuchtete präsentieren. Sie sind wie mit Armut beladene Leute, die vorgeben Könige oder reiche Kaufleute zu sein, nur um sich selbst zu beschämen und ihr Leben zu zerstören. Für irgend solch einen Jünger, der es wagt sich so als Prinz des Dharmas zu repräsentieren, für den wird eine fürchterliche Vergeltung kommen. Es ist andauernd wahrhaftig, das sich irgendeine Krankheit in einem Samen sich zeigen wird – in Krankheit und verfaulter Frucht. Solch ein Jünger, der die Buddhaschaft sucht, ist jemand der versucht sich in den eigenen Nabel zu beißen. Für solche ist es unmöglich wahre Erleuchtung zu erreichen, aber Mönche, deren Leben gerade wie die Sehne eines Bogens ist, die werden sicherlich den Samadhi erreichen. Sie brauchen vor dem wildesten Mara nie ängstlich zu sein, denn sie sind Mönche, die sicherlich Bodhisattva-Mahasattvaheit mit dem höchsten Verständnis und Einsichten erreichen werden. Sämtliche Lehren, die in Übereinstimmung mit dem eben Erwähnten sind, können geglaubt werden, daß sie die wahren Lehren des Lord Buddha sind.

Aber unterschiedlich davon sind einfach die falschen Lehren der Häretiker, die andauernd die Mörder der Weisheit sind. Dieses ist nun die vierte Berlehrung zur Einhaltung der Gebote.

DAS GROSSE MANTRA

Ananda! Da du mich gefragt hast, welches die beste Methode ist den Geist zu konzentrieren – für jene die Schwierigkeiten haben den normalen Methoden zu folgen – werde ich dir nun Lord Buddhas geheime Methode für das Erreichen der Bodhisattva-Mahasattvaheit zeigen. Aber du mußt dich daran erinnern, daß es die größte Wichtigkeit ist, die vier Gebote einzuhalten, wie ich sie zuvor erklärt habe. Um ein Bodhisattva-Mahasattva zu werden, muß man eine Natur so rein und klar und abstoßend wie Frost und Eis haben, sodaß keine falschen Auswüchse von Blättern und Ästen aus dem wahren Geist wachsen – Auswüchse wie die drei Gifte – Lust, Haß und Wut entstehen – oder die vier üblen Sachen des Mundes, Falschheit, üble Nachrede, häßliche Worte und Schmeichelei.

(Ich verstehe Buddha gut – und trotzdem, aus dem wahren Geist können keine falschen Auswüchse kommen – die entstehen nur aus dem menschlichen Geist, dem Verstand und Intellekt – aus dem Brahma, dem Schöpfergott selbst. Das ist ein Fehler, der hier gemacht wird – es ist bloßes Mönchsgeschwafel ... und nicht Buddha.)

Ananda! Wenn irgendeiner der Mönche im letzten Zeitzyklus unfähig sein sollte seine alten Gewohnheiten loszulassen, kannst du sie lehren, das große Mantra von mir zu rezitieren. Es wird auch das höchste Mantra der leuchtenden Helligkeit des Lord Buddhas krönender Erfahrung genannt. Es ist die unsichtbare transzendentale Kraft, die aus Tathagatas Weisheitsauge strahlt, die den unkonditionierten, ursprünglichen Geist des Lord Buddha manifestiert. Es ist die transzendentale Radio-Aktivität von Kraft und Erfolg, die mir zur Zeit meines höchsten Samadhis gezeigt wurde – in der Stunde meiner perfekten Erleuchtung – als ich zwischen den wundervollen Lotusblüten unter dem Bodhibaum saß.

(Da gab es doch gar keine Lotosblüten ..., denn wo ein Bodhibaum wächst, da gibt es keine Lotusblüten.)

Hör zu Ananda! Zu der Zeit als du hilflos dem magischen Charme des Mädchens Pchiti ausgesetzt warst, was ist es das dich davon befreite und deine Kontrolle des Geistes zurückbrachte. Als du unter ihre Kontrolle kamst, war es kein Zufall in diesem Leben oder diesem Zeitalter alleine – du hattest für viele Zeitzyklen eine Affinität mit ihr. Als plötzlich Manjusri dieses Mantra wiederholte, wurden die Verbindungen, die dich an sie gefangen hielten, zerstört – ihre Leidenschaft für dich wurde so beendet – und durch das einmalige Zuhören meiner Lehre wurde sie erleuchtet. *(Komisch ..., Jesus hat ja auch so eine Sache in seiner Geschichte – oder waren es wieder die Religionsmafiosi, die diese Sachen so einpflanzten, daß da was sein sollte ...)*

Obwohl sie eine Prostituierte war und angeblich kein Interesse am Dharma hatte – durch die unsichtbare Kraft meines transzendentalen Mantras erreichte sie sofort die Perfektion sämtlicher Meditationspraktiken. Was dieses Mantra für sie und für dich bewirkte, so kann es das auch für viele andere bewirken. Seid versichert, alle meine Mönchsbrüder in dieser großen Versammlung, ihr, die ernsthaft die höchste Erleuchtung sucht – seid versichert, das ihr durch die Kraft dieses großen Mantras die Buddhaheit erreichen werdet.

Dann verbeugte sich Ananda zu Füßen des erhabenen Buddhas und sagte: Mein nobler Erhabener! Der Grund warum ich bis jetzt noch nicht die perfekte Befreiung von willkürlichen Konzeptionen von Phänomenen erreicht habe, seit ich dein Jünger bin, ist wegen meines Stolzes als dein favorisierter Cousin und meines außergewöhnlichen Lernens bekannt zu sein – als ich unter dem Einfluß der alten Frau mit ihrem magischen Wesen geriet – denn trotz des bewußten Sinnes meines Geistes, war ich nicht fähig mich von ihr zu befreien. Glücklicherweise sendete mein Lord den Bruder Manjusri, um mich durch die spirituelle Kraft des großen Kronen-Mantras meines Lords zu befreien. Unglücklicherweise habe ich das noch nicht gemeistert und bitte nun, mein Lord, es liebenswürdigerweise noch einmal zu wiederholen, sodaß ich und alle anderen Praktizierenden in dieser Versammlung – und durch uns alle Jünger der Zukunft, die noch im Zyklus von Tod und Wiedergeburt sind, in einer Zeit der Gefahr, frei werden können von beidem: Geist und Körper.

Die gesamte Audienz, die nun Anandas Bitte gehört hatte, stand von ihren Sitzen auf, alle verbeugten sich vor dem Buddha und warteten jetzt aufmerksam und in ruhiger Verfassung auf das Kronen-Mantra des Buddhas. Als sie nun in dieser ruhigen Stille warteten, erschien da eine höchst wundervolle Sicht. Von der Krone des Kopfes des Gesegneten strömte da eine gloriose Schönheit hervor, ähnlich eines wundervollen Lotus' – und in der Mitte der wunderschönen Fülle der Blume sitzend, in dieser Mitte der Blume war der erhabene Tathagatas Nirmanakaya *(Erscheinungskörper des Tathagatas Buddha)*. Von der Krone des Buddhakopfes leuchteten unzählige Strahlen von hellem Licht, welches nach außen in alle Zehn Himmelsrichtungen schoß – und in jedem dieser hellen Strahlen waren Figuren von transzendentalen, mysteriösen Vajra-Göttern *(Diamantene Götter, Götter der Unzerstörbarkeit)*, die überall im offenen Raum der Universen waren und die jene elektrizitätsgleiche Potenz aller transzendentalen Kräfte darstellten. Aufrecht und wachsam stand da jeder dieser Götter, fertig und wartend, aber schon siegreich mit seinem Symbol in den Händen. Die ganze Versammlung war mit Staunen vor Angst und Bewunderung bewegt. Mit einer spontanen Bewegung ihrer Herzen gingen sie weiterhin ihrer Bewunderung nach und beteten für den Segen und Schutz von dieser erschreckenden, aber doch wohltuenden Kraft. Als die Vision verschwand verblieb die ganze Versammlung in großer Stille und wartete nun auf das transzendentale Mantra des erhabenen Buddhas. Der erhabene Buddha stand in der Mitte – Helligkeit und Kraft strahlte von der Krone seines Kopfes – und sprach nun

Das große Mantra

Bewunderung für alle Buddhas und Bodhisattvas,
Verbeugung vor ihrer perfekten Erleuchtung
und der perfekten stillen Ruhe.
Bewunderung für alle lebenden Heiligen,
Bewunderung für alle Millionen von Jüngern,
die den Orden ausmachen.
Bewunderung für jene, die
in den »Strom« eingetreten sind.
Bewunderung für jene, die
nur noch einmal wiederkehren,
Bewunderung für jene, die
nie mehr zu dieser Welt zurückkehren werden,
Verbeugung vor ihrer perfekten Rechtschaffenheit.
Verbeugung vor den drei Kostbarkeiten:
vor Buddha, dem Dharma und dem Orden.
Bewunderung für die Gesegneten
– Erhabenen, Festen, Dauernden, Kraftvollen –
die Könige unter den Tathagatas.
Verbeugung vor deren perfekter Weisheit!
Bewunderung für den gesegneten Amithabha Tathagata,
Bewunderung für den gesegneten Akshobya Tathagata.
Verbeugung vor deren perfekter Weisheit!
Bewunderung für den gesegneten Meister
des Heilens, den gloriosen Bhairaviya,
dem königlichen Tathagata.
Bewunderung für den gesegneten Sambhasana,
der Sala-Baum unter den Bäumen,
der königliche Tathagata.
Bewunderung für den gesegneten
Shakjamuni Tathagata,
Bewunderung für seine höchste Weisheit!

Bewunderung für die gesegneten
Prinzen unter den Tathagatas,
für den gesegneten Pundarika-Prinz,
für den gesegneten Vajra-Prinz,
für den gesegneten Muni-Prinz,
für den gesegneten Garbha-Prinz.

Bewunderung für die himmlischen Götter
und Rishis-Disziplinierte und verwirklichte
Ausführer dieses Mantras.
Bewunderung für deren transzendentalen Kräfte,
deren Disziplin und Möglichkeiten.
Bewunderung für Brahman,
für Indra, die gesegnete Rudra
und deren Kollegen Indrana und Sahai,
Bewunderung für Narajana, Lord von dieser Welt,
Gott der fünf großen Mudras und seinen Kollegen.

OM! Du, der du das Siegel der Kraft hältst,
hebe deine diamantene Hand, bringe zu Ende,
zerstöre, exterminiere.
Oh, du Erhalter, erhalte alle, die in Extremität sind.
Oh, du Reiniger, reinige alle, die in Gefangenschaft
zum Selbst sind.
OM möge alle diese Leiden beenden − sei siegreich.
OM, oh du perfekt Erleuchteter,
erleuchte alle fühlenden Wesen,
oh, du bist perfekt in deiner Weisheit
und deinem Mitgefühl,
befreie alle Wesen und
bringe sie zur Buddhaschaft.

− OM −

Bewunderung für die Tathagatas, Sugatas,
Buddha von perfekter Weisheit und Mitgefühl,
du, der du es erreicht hast, jetzt erreichst
und erreichen wirst,
alle diese Worte der Mysteriösität.

Svaha!
So sei es!

* * *

DIE LETZTEN WORTE

Als der Erhabene seine Rezitation des großen Kronen- Mantras beendet hatte, nahm er nun seine Instruktion für Ananda wieder auf und sagte: Dieses mysteriöse Agadha Dharani von Siddhartha Pdara, welches die Quintessenz der Helligkeit und der Kraft aus der Krone des erhabenen Buddhas ausstrahlt, ist eins mit der Helligkeit und der Kraft, die von sämtlichen Buddhas aus allen Zehn Himmelsrichtungen von allen Universen austrahlt. Es ist der Sambhogakaya, der Glückseligkeits-Körper der Buddhaheit, weise leuchtend und potential und unendlich mitfühlend – das Leben sämtlicher fühlenden Wesen in das allumarmende, ganzheitliche und vereinigende Friedvolle ziehend. Es war durch diese transzendentale Kraft, der Quintessenz des Lord Buddhas perfektem Samadhi und dem endlos Versunkensein, das alle Tathagatas – vergangene, gegenwärtige und zukünftige von allen Universen – Anuttara Samyak Sambodhi *(Vollkommene, universelle Erleuchtung)* erreichten und fähig waren, alle Maras, Todesgötter und Häretiker zu besänftigen – und auf ihrem Thron mit den gloriosen Lotusblüten sitzend und für immer auf die Fragen der fühlenden Wesen in der Existenz zu antworten, in allen Königreichen der Existenz – vergangenen, gegenwärtigen und zukünftigen.

Durch diese Art drehen die Tathagatas fortwährend das Rad des tiefgründigen Dharmas – durch diese Art sind die Tathagatas in enger Freundschaft mit jedem individuellen Jünger, unterstützend, führend und stärkend – egal wie unsicher ein Jünger auch sein mag, sie erhalten Unterstützung für ihre höchste Erreichung der Buddhaheit. Durch diese Art waren alle Tathagatas von allen Zehn Himmelsrichtungen fähig, Befreiung für die unglücklichen Jünger zu geben, wo sie das Karma in die Leiden brachte – sogar in dem Erleiden der tiefsten Hölle, wo die hungrigen Dämonen sind. Noch viel mehr waren durch diese Art fähig, andere zu unterstützen und Erleichterung zu geben, wenn die Jünger in ihrem normalen Leiden, der Blindheit und Taubheit, Dummheit oder Übelkeit, der Feinde oder Abwesenheit von den Geliebten, unerfüllte Wünsche und das Leiden, welches entsteht, wenn die unerlaubten Wünsche der fünf Sinneszutaten entstehen. Durch diese Art waren alle Tathagatas fähig ihre Jünger durch den Schaden von natürlichen Schwierigkeiten, von Krieg, Räubern und Gefängnis, Hungersnöten und starken Stürmen, Überflutungen und Trockenheiten zu schützen – denn jedes Leiden muß aufhören und zu einem Ende kommen.

Durch diese Art haben alle Tathagatas so die großen Meister unterstützt, um Belehrungen mit großer Spontanität und Korrektheit zu geben oder sie mit nötigem Geld unterstützt oder sie vor Schaden geschützt, wenn sie liegen, gehen, sitzen – und sie zu Plätzen gebracht, welche eine Achtung von den Bodhisattvas-Mahasattvas, den Prinzen des Dharmas, bringen. Durch diese Art waren alle Tathagatas fähig, die Anfänger unter den Jüngern zu unterstützen – und auch solche, die durch die tiefgründige Lehre des Dharma ängstlich wurden.

Durch diese Art waren alle Tathagatas fähig, ihre eigene höchste Erleuchtung zu erreichen – jeder unter seinem eigenen spirituellen Bodhi-Baum – und endlich das große Nirvana zu erreichen.

Nach dem Verschwinden der Tathagatas zeigt das große Mantra – durch diese Art – allen Jüngern die Verantwortung und auch die Privilegien dieser Praxis des großen Dharma, sodaß es permanent in der Existenz weiterlebt und die Gesetze strikt beachtet und die Jünger so in Reinheit leben.

Sollte ein Jünger vom Morgen bis zum Abend, ohne Unterlaß oder etwas hinzuzufügen, dieses große Mantra rezitieren, so wird sein Lohn unendlich sein – sogar nach unzähligen Kalpas *(Weltperioden)*. Sollte einer der praktizierenden Jünger, der noch nicht seine Bedenken mit Tod und Wiedergeburt abgeschnitten hat, ernsthaft versuchen Heiligkeit zu erreichen und Meditation praktiziert, ohne zuvor an diese Kraft des Mantras zu glauben, für ihn würde es hoffnungslos sein, den Täuschungen und Machenschaften der Maras zu entkommen.

(Ich denke die Tathagatas passen auf ihre Jünger in allen Situationen auf ..., was soll das hier, das ist eine Doublebind-Aussage ... Hier ist wieder einmal etwas faul.)

Ananda, sollte irgendein fühlendes Wesen, in irgendeinem der Königreiche der Existenz, dieses Mantra auf Palmenblätter oder Birkenrinde oder Papier, welches aus Papyrus oder weißer Tierhaut gemacht ist, kopieren und es sicher in einem duftenden Versteck unter Verschluß halten − ein solches Wesen, egal wie machtlos sein Herz ist oder wie unfähig es ist, die Wörter für die Rezitation zu erinnern, es jedoch in seinem Raum kopiert und so bei sich behält − dieses fühlende Wesen wird sein ganzes Leben lang durch die Gifte der Maras unbeschädigt bleiben.

* * *

TITELGEBUNG DES GROSSEN SUTRAS,
um so seine Wichtigkeit zu zeugen:
sein Ziel und Erhältlichkeit von perfekter
Angepaßtheit.

Zu dieser Zeit stand Manjusri, Prinz des Lord des Dharmas, von seinem Platz auf, verbeugte sich vor dem Buddha und sagte dann:

Unser gesegneter, erhabener Lord! Wie sollen wir diese Lehre nennen, sodaß alle zukünftigen Jünger es intelligent studieren können – und auch als seine Lehre beachten?

Der erhabene Buddha antwortete: Manjusri! Dieses Sutra sollte bestimmt sein, als des Lord Buddhas Krone von Siddhartha Pdara – oder als das reine, ozeanweite Auge von sämtlichen Tathagatas der Zehn Himmelsrichtungen – oder als die Verwandtschafts-Ursache von der Befreiung von Ananda und der Nonne Pchiti, sodaß sie die Erleuchtung des Geistes erreichten und in den Ozean der Allwissenheit traten – oder als die perfekte Lehre von der Praktizierung und Erreichung von Tathagatas geheimen Pfad – oder als die große, außerordentliche, allumarmende Königlichkeit vom wundervollen Lotus – oder als das große Mantra vom Buddha der Zehn Himmelsrichtungen – oder als die initiierende Lehre, welche die permanente Praktizierung der Meditation von sämtlichen Bodhisattvas-Mahasattvas erklärt.

Manjusri! Wenn du dieses große Sutra liest, welches ich mit großer Sorgfalt interpretiert habe, solltest du sehr aufmerksam alle unterschiedlichen Titel studieren, denn jeder hat seine eigene Signifikanz.

(Alleine schon diese perfekte Angepaßtheit ärgert mich hier mächtig. Es ist ein Widerspruch zu meinem Ursprung, meiner Quelle ..., wer Angepaßheit erreichen will, erreicht sie nie, denn das was angepaßt ist, nämlich so wie es ist, ist es angepaßt, kann nie erreicht werden, weil ja sonst das was ursprünglich schon angepaßt ist, zerstört werden muß, um eine neue Angepaßtheit zu erreichen ...)

Als der erhabene Buddha nun seine Instruktionen beendet hatte, war da große Freude in den Herzen aller Anwesenden – Mönchen und Nonnen, den himmlischen Devas und Asuras, Bodhisattvas und Mahasattvas von sämtlichen Welten, von Heiligen, hohen Göttern, supernatürlichen Cherubinen von den himmlischen Bereichen – und neu initiierten Göttern. Alle machten ehrliche und demütige Verbeugungen vor dem Lord Buddha und verließen ihn dann mit freudigen und glücklichen Herzen.

ENDE

NACHWORT

Heute, am 2. August 1996, bin ich hier in Bad Zwesten mit dem Übersetzen fertig geworden. Eigentlich wollte ich ja schon zweimal zuvor ein Buch über meine Solar-Kanu-Expedition zur Hudson Bay schreiben – sämtliche Unterlagen waren schon bereit gelegt, doch immer wieder wurde auf mysteriöse Weise etwas dazwischen gelegt – es war schon sehr seltsam, das zu beobachten. So, als ob ein unsichtbares Etwas nicht wollte, daß ich mich an die Arbeit dieses Expeditionsbuches machen sollte. Doch dann entschied ich mich plötzlich, diese alte Schrift zu übersetzen – fast ein wenig gegen meinen Willen. Sonderbar mysteriös – und hoffentlich erleuchtet – ging ich an diese Schrift heran. Zuvor hatte ich sie schon in englischer Sprache gelesen und den Wunsch gehabt, sie in die deutsche Sprache zu übersetzen, um die Einsicht weiter zu geben. Während der Übersetzungsarbeit mußte ich mich noch intensiver damit auseinandersetzen, genauer hinschauen und vor allem jedoch – mitdenken oder vergleichen. Dabei stellte ich fest, daß vieles einfach nicht stimmen konnte – und da ich ja wußte, daß der Buddha niemals ein Wort davon selber geschrieben hat – und die Lehre erst viele hundert Jahre später von Mönchen in Wort und Schrift gebracht wurde – aus dem Gedächtnis heraus sozusagen. Deswegen sind ja wohl auch dogmatische und rigide Strukturen mit einbezogen worden. Im Buddhismus gibt es ja unterschiedliche Sekten, die Buddhas Worte, welche eigentlich die Worte der Mönche waren – sie ja von Gedächtnis zu Gedächtnis übermittelt wurden – in ihrer Verfassung weiterleiteten.

Es gibt Buddhisten, die essen Fleisch – und es gibt Buddhisten, die essen kein Fleisch – manche sind sexuell aktiv, andere wieder nicht ... und so weiter ... und so weiter.

Dann hatte ich noch ein anders Surangama Sutra dabei, um zu vergleichen. Da war zum Beispiel kein großes Mantra aufgeschrieben und auch der gesamte Aufbau geschah mit einem anderen Mönch.

Ich werde noch ein weiteres Surangama Sutra übersetzen – da geht es dann um die negativen Seiten dieser Lehre – den Fallen, den Täuschungen und Irrwegen und weitere interessante Aspekte.

Für mich ging es vornehmlich darum – quasi als Bestätigung – zu erfahren, das Buddhas höchste Lehre, die Lehre von dem transzendentalen Ton und von dem transzendentalen Licht ist ..., dieser Tonstrom oder Das Wort, wie es in der Bibel heißt – die Sphärenmusik, von der Sokrates gesprochen hat – ansonsten habe ich für Religionen nichts übrig, auch nicht für Buddhismus. Diese religiösen Ansammlungen alter Voreingenommenheiten, die ja am Wesentlichen vorbeigehen, die interessieren mich überhaupt nicht. Der Buddha von damals würde heute nicht mehr in diese Zeit passen – Meister müssen heute ganz anders sein als damals. Heutzutage würden die Buddhisten den Buddha Maitraiya nicht akzeptieren, sie würden ihn vermutlich verfluchen, da die Buddhisten nun völlig vernebelt von der Vergangenheit sind – mit ihren Ritualen, die sie ja auch brauchen, um sich sicher zu fühlen ..., hier ein Gong, da ein Göngchen, hier eine Verbeugung, dort ein Bildchen und so weiter. Für mich ist das alles Götter-Anbetung – ich habe auch für Götter nichts übrig – Buddhas sind für mich nur Götter. Mich interessiert nur die höchste Gottheit, das höchste Bewußtsein – allem anderen jubele ich nicht zu. Religionen haben sich ja bewiesenermaßen weltweit nur zu außerordentlichen Blockaden entwickelt – ihre Chefs sind der puren Macht verfallene Menschen, die um Monopole zocken – mit Menschenmassen.

Die Tatsache, daß die Welt zuerst schlechtgemacht wird, daß alle anderen schlechtgemacht und geringeschätzt werden – und alle sozusagen Häretiker sind – das ist schon eine bodenlose Ignoranz und zeugt allein von dem immensen Skeptizismus dieser Welt-religionen – mögen sie auch noch so hoch in ihrem Samapatti-Samadhi sein ... und dann werden die Buddhas sogar noch als die Welt- und Menschenretter dargestellt ...

Wenn Gott jetzt nicht hier wäre – keiner dieser Häretiker würde leben können, denn wenn das göttliche Spiel tatsächlich so eintönig, so einseitig und einfältig wäre, wie in den Weltreligionen – dann wäre Gott wirklich nicht Gott.

Ich sage immer: Habe Mut zu dir selber – benutze alles zu deiner schönen und liebevollen Entfaltung. Da ich in den transzendentalen Ton und das transzendentale Licht eingeweiht bin, folge ich jedoch nicht meiner Meisterin, sondern für mich ist die höchste Gottheit mein Meister – und sonst absolut nichts und niemand.

Wenn da jemand ist der sagt, ja ich kann dich in den göttlichen Ton einweihen und dir das göttliche Licht zeigen, sage ich mir, prima, laß mal sehen, was das wird – wenn ich mir ein Eis von Langnese kaufe und es mir damit gut gehen lasse, will ich ja auch nicht gleich automatisch deren Firmenpolitik übernehmen.

Ich selber habe für mich schon zu viele eigene Selbsterkenntnis-Erfahrungen gemacht – inklusive, innen meine göttliche Sonne gesehen und vieles mehr, sodaß ich sagen kann: Jeder ist ja in Wahrheit das Göttliche selber – also Mensch sei still und wisse, daß du Gott bist. So etwas – die Gleichmachung der Religionen – ist nicht mein Ding und die Ausbeutung erst recht nicht, die Ignoranz auch nicht – und die Verblödung schon erst gar nicht. Der Fundamentalismus ist grundsätzlich kriminell – der Tonstrom ist dagegen ein ununterbrochenes Fließen der Musik des Lebens – Gottes. Feste Strukturen sind in Religionen – nur die Machtgier der Mullahs, Bullas und Trullas, die sogar weltweit zum Töten aufrufen, um ein Gottesstaat zu gründen – so idiotisch sind die. Das Wort re-ligio ist für mich auch eine Manipulation, um Schäfchen zu fangen, denn es gibt da gar nichts zu verbinden – alles ist immer und ewig verbunden. Wenn es so etwas gäbe, wie Nicht-verbunden-sein, wäre es nicht existent – oder mit anderen Worten, es würde sofort unfähig sein zu leben. Trotzdem sagen die Licht-Ton-Meister, daß sie die Seele mit dem göttlichen Strom – tranzendentalem Ton und Licht – verbinden, was falsch ist. Sie nutzen hier nur ihre meditative Macht, die sie erreicht haben und übermitteln dir hier nur ihre eigenen Einsichten. Die Wahrheit ist jedoch: Jeder und jedes und alles ist zu jeder Zeit immer und ewig mit dem transzendentalen Tonstrom und transzendentalen Lichtstrom – dem Wort Gottes verbunden ..., Gott ist also in Kriminellen und in Heiligen oder Jesus oder einem neuen Buddha.

Wichtig zu erwähnen bleibt noch, daß du als Mensch die Möglichkeit hast, dich aus der physischen Manipulation durch Erkenntnis zu befreien – dann gibt es ja auch noch die geistige Manipulation – und das ist nun schon etwas schwieriger, denn da mußt du sehr aufpassen, sobald du dich nämlich als ein Geistwesen siehst, sind sofort auch wieder viele da, die Macht leben wollen – anstatt Liebe und Schönheit ... Der Schatten der Macht zeigt sich immer dann, wenn andere versuchen, dir ihren Standard-Maßstab aufzuzwängen – das verletzt die Würde deines Wesens. Genauso ungesund ist es, wenn du zuläßt, daß andere dir ihre Vorstellungen und Werte aufdrängen, denn dann mußt du deren Erwartungen erfüllen. Diese Fremdbestimmung ist großes Unrecht gegenüber deines wahren und unsterblichen Wesens. Wenn noch versucht wird, auch im Namen Gottes, andere zu dominieren, ist das ein Verstoß gegen das ansich wertfreie Dasein der Liebe zum Leben und der Freiheit eines jeden.

Meine Meisterin hatte mir – beispielsweise – vorher auch nicht gesagt, daß sie in meinem Dritten Auge aktiv sein wird. Hier ist gleich wieder zu erkennen, daß Macht, egal auf welchem Niveau, sich nicht darum kümmert, was mit denen ist, die das Wissen nicht haben.

Immer wird alles – nur für dein Bestes – getan, diese alte Leier kennen wir ja alle. Aber wenn du doch das Göttliche bist, wie kann dann ein anderer dem Göttlichen das Beste tun ... Das ist es schon immer: Es wird immer nur mit der Angst gearbeitet, da Menschen nun mal Angst haben ...

Sie haben also ihre göttliche Quelle der intuitiven Inspiration etwas vernebelt und verdunkelt – und nun suchen sie entsprechenden Ersatz. Und dann bieten sich auch die unterschiedlichsten Wesen gleich an – jeder nach seiner eigenen Erkenntnis und

Erfahrung. Seid also sehr aufmerksam und vorsichtig – habt doch einfach mehr Vertrauen und Mut in euch selber ..., ihr sterbt ja sowieso nicht – nur euer physischer Körper – und der wird ja einfach nur abgelegt – wie Kleidung. Und mit dieser Perspektive sage ich dir: Habe doch noch einfach mehr Mut und Vertrauen zu dir selbst – und falle nicht aus deiner eigenen Schwäche in die Arme der Religions-Ängstemacher ..., denn du selber bist das Unsterbliche – du selber bist das Ewige.

* * *

Wir sind alle dazu bestimmt, zu leuchten!

Unsere tiefgreifendste Angst ist nicht,
daß wir ungenügend sind.
Unsere tiefgreifendste Angst ist,
über das Meßbare hinaus kraftvoll zu sein.

Es ist unser Licht,
nicht unsere Dunkelheit,
die uns am meisten Angst macht.

Wir fragen uns, wer bin ich,
mich brilliant, großartig, talentiert
und phantastisch zu nennen?
Aber wer bist du, dich nicht so zu nennen?

Du bist ein Kind Gottes.

Dich selbst klein zu halten, dient nicht der Welt.
Es ist nichts Erleuchtetes daran, sich so klein
zu machen, daß andere um dich herum
sich nicht unsicher fühlen.

Wir sind alle bestimmt, zu leuchten,
wie es die Kinder tun.
Wir sind geboren worden,
um den Glanz Gottes,
der in uns ist, zu manifestieren.
Er ist nicht nur in einigen von uns,
er ist in jedem einzelnen.

Und wenn wir unser Licht erscheinen lassen,
geben wir unbewußt anderen Menschen
die Erlaubnis, dasselbe zu tun.
Wenn wir von unserer eigenen Angst
befreit sind, befreit unsere Gegenwart
automatisch auch andere.

Nelson Mandela

* * *

Mit diesem kleinen Text von Nelson Mandela wünsche ich euch
allen viel, viel mehr Vertrauen in euch selber.

Ich sende euch allen sonnige Grüße!

Wolf Schorat
Bad Zwesten, 2. August 1996

1. deutsche Auflage 2003   2.deutsche Auflage 2013 Druck BoD GmbH
© TonStrom-Verlag
   Heinrich-Heine-Straße 17
   34596 Bad Zwesten
   Tel./Fax (0 56 26) 14 14
Lektorat: Rolf D. Jandrei †, Wolf Schorat, Ulf Dunkel
Satz: invers Software/Ulf Dunkel, Löningen
Gesetzt in URW Garamond No. 3 regular und italic
Alle Rechte vorbehalten.
Printed in Germany

ISBN 3-932209-02-8

ISBN-978-3-932209-02-4

ICH BRINGE EUCH HEIM

Ausgewählte spirituelle Lehren von der
Höchsten Meisterin Ching Hai

*„Ich träume davon,
dass auf der ganzen Welt
Frieden herrscht und
jeder ein Buddha wird."*

Die von der Höchsten Meisterin Ching Hai gelehrte Guanyin-Methode (Kontemplation des inneren Lichts und Klangstroms) eröffnet uns einen Weg, Gottes grenzenlose Liebe zu erfahren und eins mit Ihm zu werden: „Wahrscheinlich habt ihr schon gehört, dass es verschiedene Methoden gibt, die zur Erleuchtung führen, und es gibt auch tatsächlich mehrere. Aber es gibt nur eine Methode, die euch zur höchsten Erleuchtung bringen kann. Am Anfang könnt ihr verschiedenen Wegen folgen, aber um ganz nach oben zu gelangen, müsst ihr auf diesem Weg gehen. Er muss die Kontemplation des inneren Lichts beinhalten, und der inneren Schwingung, die in der Bibel das Wort genannt wird."

„Dieses Wort oder diese göttliche Schwingung wird in allen Religionen erwähnt. Wir nennen sie ‚Yin', andere bezeichnen sie als ‚Logos', ‚Tao', ‚himmlische Musik' usw. Ihre Schwingung ist in allem Leben und erhält das ganze Universum.
Diese innere Melodie kann alle Wunden heilen, alle Wünsche erfüllen und allen weltlichen Durst löschen. Sie ist reine Kraft und reine Liebe. Weil wir aus diesem Klang gemacht sind, lässt uns der Kontakt mit ihm im Herzen Frieden und Zufriedenheit finden. Nachdem wir dem Klang gelauscht haben, verändert sich unser ganzes Wesen, unsere Lebenseinstellung wandelt sich ganz und gar zum Besseren."

Bestellungen: *Michael Veithen
Tel.: 0174-5265242
E-Mail: dusseldorfcenter@hotmail.com

*Helmut Nietzschke
Tel/Fax: 030-2176599
E-Mail: heidmutwenitz@hotmail.com

Weitere Informationen: www.Direkter-Kontakt-mit-Gott.org/heim/

Printed by Libri Plureos GmbH in Hamburg,
Germany